Kohlhammer

Die Autorin

Dr. phil. Beate Wilken ist Psychologische Psychotherapeutin sowie Ausbilderin und Supervisorin für Verhaltenstherapie. Nach Tätigkeiten in Forschung und Lehre an der Universität Münster arbeitet sie seit vielen Jahren in eigener Praxis. Sie ist Mutter von drei Kindern.

www.dr-beate-wilken.de

Beate Wilken

Burnout mit 25?

Junge Erwachsene zwischen
Optimierungsdruck, Dauerkrisen und
Zukunftsangst

Verlag W. Kohlhammer

Dieses Werk einschließlich aller seiner Teile ist urheberrechtlich geschützt. Jede Verwendung außerhalb der engen Grenzen des Urheberrechts ist ohne Zustimmung des Verlags unzulässig und strafbar. Das gilt insbesondere für Vervielfältigungen, Übersetzungen und für die Einspeicherung und Verarbeitung in elektronischen Systemen.

Pharmakologische Daten verändern sich ständig. Verlag und Autoren tragen dafür Sorge, dass alle gemachten Angaben dem derzeitigen Wissensstand entsprechen. Eine Haftung hierfür kann jedoch nicht übernommen werden. Es empfiehlt sich, die Angaben anhand des Beipackzettels und der entsprechenden Fachinformationen zu überprüfen. Aufgrund der Auswahl häufig angewendeter Arzneimittel besteht kein Anspruch auf Vollständigkeit.

Die Wiedergabe von Warenbezeichnungen, Handelsnamen und sonstigen Kennzeichen berechtigt nicht zu der Annahme, dass diese frei benutzt werden dürfen. Vielmehr kann es sich auch dann um eingetragene Warenzeichen oder sonstige geschützte Kennzeichen handeln, wenn sie nicht eigens als solche gekennzeichnet sind.

Es konnten nicht alle Rechtsinhaber von Abbildungen ermittelt werden. Sollte dem Verlag gegenüber der Nachweis der Rechtsinhaberschaft geführt werden, wird das branchenübliche Honorar nachträglich gezahlt.

Dieses Werk enthält Hinweise/Links zu externen Websites Dritter, auf deren Inhalt der Verlag keinen Einfluss hat und die der Haftung der jeweiligen Seitenanbieter oder -betreiber unterliegen. Zum Zeitpunkt der Verlinkung wurden die externen Websites auf mögliche Rechtsverstöße überprüft und dabei keine Rechtsverletzung festgestellt. Ohne konkrete Hinweise auf eine solche Rechtsverletzung ist eine permanente inhaltliche Kontrolle der verlinkten Seiten nicht zumutbar. Sollten jedoch Rechtsverletzungen bekannt werden, werden die betroffenen externen Links soweit möglich unverzüglich entfernt.

1. Auflage 2024

Alle Rechte vorbehalten
© W. Kohlhammer GmbH, Stuttgart
Gesamtherstellung: W. Kohlhammer GmbH, Stuttgart

Print:
ISBN 978-3-17-043595-7

E-Book-Formate:
pdf: ISBN 978-3-17-43596-4
epub: ISBN 978-3-17-43597-1

Inhalt

1 Warum dieses Buch? 7

2 Optimierungsdruck und Perfektionismus: »Nie gut genug sein« 13

3 Beschleunigung und durchgetaktete Lebensabläufe schon seit der Kindheit: G8, Bologna-Reform & Co... 34

4 Social Media: Soziale Vergleiche, FOMO und die Vermarktung des Selbst 54

5 Die Vielfalt der Optionen: Angst vor falschen Entscheidungen und Suche nach Orientierung 79

6 Das Aus des Narrativs von immer mehr Wachstum und Konsum: Finanzielle Sorgen, Mangel an bezahlbarem Wohnraum und Arbeitsplatzunsicherheit 100

7 Die Klimakatastrophe: Zukunftsangst und reduzierte Zukunftsperspektive 118

8 Real gewordene Dystopien (Coronakrise, Ukraine-Krieg ...): »Was kommt jetzt noch alles?« 138

9	Ohnmachtserleben und Resignation: »keine Macht haben«, »sich nicht gesehen/gehört fühlen von den älteren Generationen«	154
10	Was hilft? Was tun? Hoffnung gebende Ideen und gesellschaftliche Visionen	169
11	Persönliche Schlussbemerkung: Wehrt Euch!	189
	Einige weiterführende Informationen	193
	Anmerkungen und Quellen	197

1 Warum dieses Buch?

»Ich ›funktioniere‹ zwar, hab gerade meinen Bachelor gemacht, aber dann kommt sofort die nächste Herausforderung, nie hab ich wirklich Ruhe … Immer vergleiche ich mich mit anderen und denke, die kriegen ihr Leben besser hin als ich, ich bin einfach nur nicht gut genug dafür das hinzukriegen. Ich reiche irgendwie nicht aus. Ich lächle zwar in meine Smartphonekamera, aber innerlich bin ich ein emotionales Wrack. … Und ich hab nur noch Angst. Angst, nicht mithalten zu können und mein Leben nicht zu schaffen, Angst auch nicht genug Geld zu verdienen, um mir mal eine gute Wohnung leisten zu können. Und dann die Klimakrise. Ich fühle mich so ohnmächtig, weil so wenig getan wird. Der Krieg, all das was so schiefläuft in unserer Gesellschaft lässt mich erstarren und nimmt mir die Hoffnung für meine Zukunft.« (E., 24 J.)

Es geht mir in diesem Buch um Menschen wie E. – um junge Erwachsene zwischen ca. 20 und 30 Jahren, die sich in unserer Gesellschaft aktuell hohen Anforderungen gegenübergestellt sehen, gleichzeitig aber einer Zukunft entgegengehen, die unsicherer ist als je zuvor. Von der Gesellschaft und von der Politik wurden sie bisher wenig beachtet und in den letzten Jahren bei vielen Entscheidungen (z. B. in der Coronakrise) sogar sträflich übergangen. Ihr Kampf um eine für sie lebenswerte Zukunft fühlt sich für viele von ihnen an wie ein Kampf »gegen Windmühlen«. Im aktuellen gesellschaftlichen Diskurs werden sie gerne etikettiert als »zu verwöhnt«, »nicht belastbar«, »nicht arbeitswillig«. Ich hoffe, dass den Leser*innen am Ende dieses Buches deutlich geworden sein wird, dass solche pauschalen Urteile mitnichten gerechtfertigt sind.

1 Warum dieses Buch?

Die Idee zu diesem Buch entstand zunächst aus meinem Praxisalltag als ambulant tätige Psychologische Psychotherapeutin. Immer häufiger begegneten mir dort in den letzten Jahren (und auch schon vor Beginn der Coronakrise) junge Menschen zwischen ca. 20 und 30 Jahren mit Erschöpfungszuständen – schweren Erschöpfungszuständen, wie ich sie in meiner langjährigen Tätigkeit als Psychotherapeutin so zuvor nur bei Menschen ab 50 Jahren aufwärts gesehen hatte (z. B. nach jahrelangen Überlastungszuständen im Beruf oder in der Familie). Oft waren diese Erschöpfungszustände verbunden mit starken Selbstzweifeln und Zukunftsängsten, bei vielen Betroffenen auch mit Depressionen und anderen psychischen oder psychosomatischen Störungen. Dabei handelte es sich bei diesen jungen Patient*innen in der Regel um gut ausgebildete, in relativem Wohlstand aufgewachsene, von ihren Eltern geförderte und politisch informierte, verantwortungsvolle junge Menschen. Die meisten von ihnen waren Studierende oder standen in den ersten Jahren ihrer Berufstätigkeit.

Die Statistiken, u. a. auch die jährlichen Berichte der großen Krankenkassen zu ihren Versicherten, bestätigten meinen subjektiven Eindruck: Die Zahl junger Menschen mit psychischen Störungen und psychischen Problemen steigt seit Jahren an, und dies nicht erst seit der Coronakrise, die die Situation noch einmal verschlimmert hat.

So benennt z. B. die Techniker Krankenkasse eine diesbezügliche Studie der Columbia-Universität von 2018: In dieser Studie unter Studienanfängern in acht Ländern, darunter auch Deutschland, gaben 35 % der Studierenden an, dass sie schon einmal von psychischen Störungen wie z. B. Angststörungen oder Depressionen betroffen gewesen seien.[1] Im Arztreport der Barmer von 2018 wird berichtet, dass 2016 25,8 % der 18- bis 25-Jährigen von einer psychischen Erkrankung (wie Depressionen und Angststörungen) betroffen gewesen seien. Speziell die Zahl junger Erwachsener mit einer depressiven Erkrankung sei zwischen 2005 und 2016 um 76 % gestiegen.[2] Bei einer Befragung des Portals Linkedin von 2018 gaben 67 % der deutschen Arbeitnehmer*innen an, vor ihrem 30. Lebensjahr schon einmal eine schwere Krise gehabt zu haben.[3] Laut einer Befragung der Techniker Krankenkasse vom Januar 2023 sind aktuell 37 % (!) der Studierenden stark emotional erschöpft und daher von einem Burnout bedroht. Auch die Verordnung von Psychopharmaka habe in dieser Altersgruppe deutlich zugenommen.[4] Und auch eine Online-Um-

1 Warum dieses Buch?

frage der AXA-Versicherung von 2023 ergab eine Zunahme von psychischen Beschwerden und Erkrankungen bei jungen Erwachsenen.⁵

Daher drängte sich mir immer mehr die Frage auf: Wie ist diese Entwicklung zu erklären? Was verbindet diese jungen Leute? Was sind – über individuelle Aspekte hinaus – die Belastungen, die diese jungen Menschen zu tragen haben? Was sind die Themen, die sie beschäftigen? Was sind die Aspekte unserer Gesellschaft und ihrer Lebenswelt, die dazu beitragen, dass viele von ihnen sich schon im Alter von 25 oder 30 Jahren als erschöpft und »ausgebrannt« erleben und nur wenig Freude und Zuversicht für ihr Leben entwickeln können?

Diese Frage ließ mich nicht mehr los. Ich begann nicht nur mit meinen Patient*innen in der Praxis, sondern auch mit weiteren jungen Menschen aus meinem privaten und beruflichen Umfeld über dieses Thema zu sprechen, und ich begann, in der psychologischen und soziologischen Literatur nach möglichen Erklärungen zu suchen. Ich führte Interviews mit einzelnen Betroffenen durch und startete eine Internetumfrage mit Hilfe eines Umfrageportals, in dem die Teilnehmer*innen mir – völlig anonym – Fragen zu den o. g. Aspekten beantworten konnten.⁶

Das wichtigste Ergebnis dieser Gespräche und Recherchen vorab: Die Ursachen für die geschilderten Erschöpfungszustände bzw. Empfindungen sind keinesfalls allein in den individuellen Begebenheiten der Betroffenen zu suchen. Es wäre schlichtweg falsch, sie als persönliches »Versagen« oder »Schwäche« der Einzelnen abzutun! Auch eine Psychotherapie, die allein auf die Stärkung von Stressbewältigungsstrategien und Resilienz auf individueller Ebene abzielt, greift meines Erachtens hier zu kurz. Vielmehr wurde mir im Laufe meiner Beschäftigung mit dem Thema zunehmend deutlich, wie sehr die aktuellen Lebensbedingungen in unserer an Wachstum und ständiger Effizienzsteigerung orientierten Gesellschaft und die durch diese Bedingungen geprägten Normen und Automatismen gerade junge Menschen in diesem Alter belasten und bei ihnen zu massiven Erschöpfungsreaktionen und zu einer mangelnden Zuversicht für das eigene Leben beitragen können. In der deutschsprachigen Soziologie werden diese Bedingungen seit Jahren in ihren Auswirkungen auf die Gesamtbevölkerung diskutiert; Veröffentlichungen zahlreicher renommierter

1 Warum dieses Buch?

Soziologen wie Alain Ehrenberg (»Das erschöpfte Selbst«), Byung-Chul Han (»Die Müdigkeitsgesellschaft«), Hartmut Rosa (»Beschleunigung und Entfremdung.«) oder Armin Nassehi (»Unbehagen. Theorie der überforderten Gesellschaft.«) verweisen darauf. Wie sich diese Bedingungen speziell auf das Leben junger Menschen auswirken können, wurde bisher jedoch nur wenig untersucht.

Wichtige Stichpunkte sind in diesem Zusammenhang für mich:

- der Zwang zur Optimierung in nahezu allen Lebensbereichen,
- eine »beschleunigte« Gesellschaft und durchgetaktete Lebensabläufe,
- die Belastung durch soziale Vergleiche (gefördert durch Social Media),
- die Vermarktung des Selbst,
- Konkurrenz statt Solidarität,
- Häufig erforderliche Wohnort- und Arbeitsplatzwechsel,
- die Überforderung durch eine Vielfalt von Optionen in Entscheidungssituationen,
- der Verlust von Halt und Sicherheit in stabilen Beziehungsstrukturen,
- finanzielle Sorgen und
- Mangel an bezahlbarem Wohnraum.

Dazu kommen aktuell weltweite Bedrohungsszenarien, mit denen die vorhergehenden Generationen in dieser Form nicht konfrontiert waren: die zunehmend spürbare Bedrohung sämtlicher zukünftiger Lebensgrundlagen durch den Klimawandel und andere damit verwobene ökologische Krisen, die Bedrohung der Gesundheit durch eine Pandemie, die Bedrohung unserer demokratischen Gesellschaftssysteme durch zunehmenden Rechtsradikalismus und Autoritarismus und aktuelle Kriege, deren Folgen langfristig noch gar nicht absehbar sind.

All diese Themen »erdrücken« und »bedrücken« die heutigen Mittzwanziger*innen (zusätzlich zu möglicherweise vorhandenen sonstigen individuellen Problemen und Schwierigkeiten) und machen für manche die eigene Zukunft zunehmend »unplanbar«.

So sagt z. B. R., 27 J., zum Thema Optimierungsdruck: »Ich war noch nie wirklich glücklich und zufrieden mit mir, noch nie richtig unbeschwert.

Immer trage ich das Gefühl in mir, nicht gut genug zu sein, in dieser Gesellschaft nicht mithalten zu können, egal in welchem Lebensbereich.«

Und N., 26 J., schreibt zum Thema Zukunftsperspektive: »Über der Zukunft steht ein großes Fragezeichen. So fällt es mir tatsächlich auch schwer über Dinge wie einen Kinderwunsch nachzudenken. Über der Zukunft liegt ein Schatten. Altersvorsorge? Für mich gerade irrelevant. Ich glaube ehrlicherweise nicht, dass ich geruhsam alt werden werde.«

Eine amerikanische Freundin, der ich von diesem Buch erzählte, beschrieb junge Menschen dieses Alters mit den Worten: »They feel so much pressure – always trying to be better, fitter, prettier ... And they have so little hope for their future.« Auch in dieser Formulierung konnten sich viele meiner Gesprächspartner*innen wiederfinden.

Wen möchte ich mit diesem Buch erreichen?

Ich habe dieses Buch für die betroffenen jungen Menschen geschrieben. Es würde mich freuen, wenn sie hier feststellen könnten, dass sie mit ihrem Fühlen nicht allein sind und dass es dafür Ursachen gibt, die eben nichts mit individuellem Versagen oder persönlicher Schwäche zu tun haben und gegen die sie sich wehren können.

Zum anderen möchte ich mich aber auch explizit an die Eltern und Großeltern, Professor*innen und Arbeitgeber*innen, Psychotherapeut*innen und Ärzt*innen dieser jungen Menschen sowie alle, die in dieser Gesellschaft politische Verantwortung tragen, richten. Sie können ein besseres Verständnis für die Belastungen und Lebenswelten dieser jungen Menschen entwickeln – vielleicht und hoffentlich mit der Schlussfolgerung, gemeinsam mit ihnen an einer für sie lebenswerten Zukunft zu arbeiten.

Dieses Buch soll keine wissenschaftliche Abhandlung sein, die philosophisch-soziologisch-psychologisch-wissenschaftlichen Kriterien standhält. So stellen z.B. die von mir Befragten keineswegs eine repräsentative Stichprobe dar, aus der sich wissenschaftlich valide Aussagen über alle Menschen ihren Alters ableiten ließen. Es handelt sich eher um einen

1 Warum dieses Buch?

Erfahrungsbericht aus meiner Praxis und meinem Lebensumfeld in der Auseinandersetzung mit jungen Menschen dieser Generation, denen und deren zunehmenden Leid ich hier »eine Stimme« geben möchte. Gleichzeitig soll es ein Aufruf sein – sowohl an die Betroffenen wie auch an uns als Gesellschaft insgesamt – die »krankmachenden« und »erschöpfenden« Bedingungen, unter denen heute junge Menschen aufwachsen, zu hinterfragen und – bestenfalls – aktiv für eine Veränderung einzutreten.

Auch den Begriff »Burnout« möchte ich im Übrigen hier nicht im streng wissenschaftlich-medizinischen Sinne verstanden wissen. Die gerade neu entwickelte ICD 11 (International Classification of Diseases) benennt spezifische, für die Diagnose eines »Burnout-Syndroms« erforderliche Symptome und grenzt den Begriff sehr eng auf die Folgen von chronischem Stress am Arbeitsplatz ein. In diesem Buch wird »Burnout« hingegen eher alltagssprachlich verwandt und synonym gesetzt mit weiter gefassten Begriffen wie »starker physischer und psychischer Erschöpfung«, »Überlastung«, »Ausgebrannt-Sein«, »am Limit sein«, »Lebens- und Sinnkrise«. Diese Beschwerden werden als Reaktion auf eine bereits länger andauernde Stress- und Belastungssituation in verschiedenen Lebensbereichen gesehen und können im Sinne eines Risikofaktors zur Entstehung von Depressionen, Angststörungen oder auch anderen psychischen Erkrankungen beitragen bzw. damit einhergehen.

Ganz herzlich und ausdrücklich bedanken möchte ich mich bereits an dieser Stelle bei den jungen Menschen, die ich im Rahmen meiner Recherchen mündlich und schriftlich befragt habe, und die ich gebeten habe, ihre Aussagen hier zitieren zu dürfen. Diese zahlreichen Zitate, die einen zentralen Bestandteil des Buches bilden, sollen im Folgenden ihre Lebens- und Weltsicht anschaulich illustrieren. Also nochmals herzlichen Dank an all die (zum großen Teil für mich auch anonymen) Mitstreiter*innen an diesem Projekt!

2 Optimierungsdruck und Perfektionismus: »Nie gut genug sein«

»Ich stehe unter enormen Druck, mein Leben ›hinzukriegen‹. Den richtigen Job zu finden, nebenbei das Studium zu absolvieren, sozial engagiert und eingebunden zu sein. Ich bin nicht zufrieden mit mir, weil ich nicht das Gefühl habe, die ganzen Anforderungen meistern zu können. ... Selbstabwertende Gedanken nehmen mir zusätzlich Energie. ... Es sind so viele Bereiche, in denen ich das Gefühl habe »abliefern« zu müssen ... (Aussehen, Sport, politisches Engagement). Und ich komme nicht hinterher.« (L., 27 J.)

Viele der jungen Erwachsenen, mit denen ich im Laufe meiner Recherchen gesprochen habe oder die mir geschrieben haben, haben das Gefühl, niemals »gut genug« zu sein. Sie hangeln sich von einer Herausforderung zur anderen, schaffen auch vieles, scheinen aber nie wirklich zufrieden mit sich; Zufriedenheit ist bei ihnen immer mit einem »aber« belegt.

Ihre Eltern sorgen sich und fragen: Wie kann es sein, dass mein 20-, 25- oder 30-jähriges »Kind« – in Sicherheit und relativem Wohlstand aufgewachsen und gut ausgebildet – nicht zufriedener und unbeschwerter ist? Und wie kann es sein, dass viele nicht nur nicht glücklich sind, sondern sogar ernsthafte psychische Probleme entwickeln?

Ein Aspekt, der derzeit breit diskutiert wird, ist dabei zunächst der Perfektionierungs- und Optimierungsdruck, der in unserer Gesellschaft herrscht.[7] Wir leben mittlerweile in einer Welt der Bewertungen und »Rankings«; alle stehen miteinander im Wettbewerb. Nicht nur Firmen und Unternehmen stehen dabei in Konkurrenz zueinander, sondern auch z. B. Schulen, Universitäten, Krankenhäuser, Kommunen, ja ganze Re-

2 Optimierungsdruck und Perfektionismus: »Nie gut genug sein«

gionen und Staaten – und nicht zuletzt auch wir alle als Individuen. Wir alle konkurrieren z. B. um gute Schulabschlüsse, Studienplätze, berufliche Karrieren, Wohnungen, Konsummöglichkeiten, aber auch um die Anerkennung durch andere und Wertschätzung. Um zu sehen, wo wir bezüglich eines bestimmten Aspekts in unserem Leben »stehen«, müssen wir uns mit anderen vergleichen und uns selbst und »die anderen« diesbezüglich stets »im Auge behalten« und bewerten. Dabei bewerten wir zunehmend nicht nur unsere schulische und berufliche Leistungsfähigkeit, sondern – seit der Entwicklung von Social Media verstärkt – auch nahezu alle anderen Lebensbereiche unseres »privaten« Lebens: unsere Freizeitaktivitäten, unsere sozialen Kontakte, unser Aussehen, unsere Persönlichkeit, unsere Partnerschaft, unseren Kleidungsstil, unsere Urlaubsreisen, unser politisches Engagement, die Musik, die wir hören, die Serien, die wir schauen, das Essen, das wir kochen und vieles andere mehr, in den letzten Jahren sogar zunehmend unsere körperliche und psychische »Fitness« und »Belastbarkeit«.

Dieses Bewerten und im Gegenzug auch »Bewertet-Werden« setzt unter Druck. Viele versuchen, ihr Bestes zu geben, um ihren eigenen Ansprüchen an sich und den (vermuteten und erwarteten) Ansprüchen anderer an sie zu entsprechen. Gerade junge Menschen, die bereits in dieser Optimierungs-, Vergleichs- und Bewertungskultur aufgewachsen sind, sind davon besonders betroffen – und zweifeln sehr stark an sich, wenn sie den Eindruck haben, nicht »mithalten« zu können.

Die folgenden Zitate gehen in eine ähnliche Richtung wie das eingangs genannte und sprechen meines Erachtens für sich:

C., 27 J.: »Mich belastet am meisten mein eigener Leistungsanspruch in allen Bereichen. Energie zieht mir besonders der Vergleich mit anderen, egal in welchem Bereich oder auf welche Art ... Immer ›verliere‹ ich, kann es aber auch nicht lassen ... Ich setze mich sehr unter Druck, gute berufliche Leistungen erbringen zu müssen, aber auch in anderen Lebensbereichen (Aussehen, Kleidung, Sport, Lebensstil, politisches Engagement etc.) stets ›gut‹ sein zu müssen. ... Zufrieden bin ich nicht; das war ich vielleicht noch nie.«

2 Optimierungsdruck und Perfektionismus: »Nie gut genug sein«

J., 28 J.: »Ich hab ... oft das Gefühl, dass ich immer noch nicht genug mache/bin, obwohl ich schon sehr viel tue ... Ich bin perfektionistisch und verzeihe mir relativ wenig ... Ich habe ständig ... das Gefühl, nicht gut genug zu sein. Ich glaube ich werte mich eher selber ab als dass andere mich abwerten ... Aber dann gibt es eben diese Leute, mit denen ich mich vergleiche und da fühle ich mich nicht gut genug und hab das Gefühl, nicht mithalten zu können.«

A., 30 J.: »Ich zweifle oft an meinen Leistungen sowohl auf der Arbeit als auch im Studium und finde, ich bleibe hinter dem zurück, was möglich wäre. Ich bin folglich nie ganz zufrieden mit mir.«

M., 28 J.: »Ich habe das Gefühl, allem nicht gerecht zu werden. Ausbildung, Freunden, politischem Engagement und dann noch mir selber.«

R., 30 J.: »Ich fühle mich erschöpft. Das Studium belastet mich sehr und die ständige Frage, ob es wirklich das ist, was ich in meinem Leben machen möchte. Häufig bin ich für die Erschöpfung selbst verantwortlich, da ich alles immer sehr gut machen möchte und dafür auch an bzw. über meine Grenzen gehe ... Besonders die Optimierung ist ein großes Thema für mich ... Ich habe häufig das Gefühl, erst etwas wert zu sein, wenn ich etwas geschafft oder für jemanden getan habe.«

T, 26 J.: »Ich habe ein großes Problem damit, meinen Selbstwert und meine Liebenswürdigkeit an Leistung zu koppeln. Das Gefühl, abliefern zu wollen/müssen, zieht sich tatsächlich durch alle Lebensbereiche, besonders ausgeprägt bei politischem Engagement und Beruf/Studium. Mir ist es wichtig, Dinge, die ich anfange, auch gut zu erledigen. Meine Ansprüche an mich sind hoch ... Ich habe Angst, nicht gut genug zu sein – eigentlich in jedem Lebensbereich.«

L., 24 J.: »Ich bin zufrieden mit dem, was ich bisher erreicht habe (sehr guter Bachelor-Abschluss). Trotzdem kann ich mich nicht richtig entspannen/auf diesem Gefühl ausruhen, sondern verspüre das Bedürfnis, immer die nächsten Schritte im Voraus planen zu müssen, auf alles möglichst gut vorbereitet zu sein, die Kontrolle zu haben und mir somit keine mögliche Option zu verbauen ... Mich belastet es, meinen eigenen Anforderungen nicht gerecht zu werden. ... Ich setze mich sehr unter Druck, vor allem in Bezug auf Uni, Freundschaften und soziales Engagement. Wenn ich mich gerade nicht so engagiere, habe ich deswegen ein schlechtes Gewissen.«

H., 27 J.: »Es fällt mir schwer, mich nicht mit anderen zu vergleichen. Wenn meine Noten in der Uni unter den Bereich ›sehr gut‹ fallen, dann ist das für mich schwer zu ertragen. Häufig habe ich das Gefühl, mir durch meine Noten stetig selbst beweisen zu müssen, dass ich in Ordnung bin und klug genug für meinen weiteren Lebensweg bin.«

Nichts ist dagegen einzuwenden, sich »freiwillig« und aus eigenem Antrieb heraus für einen hohen Leistungs- und Optimierungsanspruch zu entscheiden – im politischen, künstlerischen, sozialen, familiären oder auch im beruflichen Bereich. Die Schriftstellerin, die ihre Texte immer wieder überarbeitet, bis sie schließlich eine endgültige, für sie »perfekte« Fassung findet, Sportler*innen, die bei ihrem Training »alles aus sich herausholen« wollen, der Musiker, der immer weiter übt, um sich an seinem Instrument noch mehr zu verbessern, Menschen, die sich aus Spaß am Kochen bemühen, zur Freude ihrer Gäste ihre Kochrezepte zu »perfektionieren« etc. pp. – Alles das ist gut. Es ist wunderbar, dass es Menschen gibt, die sich – einfach, weil sie Freude an einer Tätigkeit haben und sie als sinnhaft erleben – bemühen, sehr gute Leistungen zu erbringen und die dann ihren Erfolg auch genießen können!

Schwierig wird es, wenn der Anspruch, stets möglichst »Optimales« zu leisten, als Druck oder Zwang empfunden wird, als ein gesellschaftliches »must«. Und erst recht schwierig wird es, wenn sich der Optimierungsanspruch nicht nur auf einen Lebensbereich (z. B. den Beruf, ein Hobby, den Sport o. ä. bezieht), sondern auf nahezu sämtliche Aspekte des Lebens und des Selbst. Dann sind Überforderung, ständige Selbstzweifel und Erschöpfung und ggf. auch die Entwicklung psychischer Störungen vorprogrammiert.

Genau das geschieht in den letzten Jahren in unserer Gesellschaft und belastet sicherlich viele von uns, wird aber vor allem von den jüngeren Menschen, über die ich hier schreibe, als besonders belastend erlebt.

2 Optimierungsdruck und Perfektionismus: »Nie gut genug sein«

Dass es immer mehr gerade *junge* Menschen gibt, denen ihr Perfektionismus und Selbstanspruch »zum Fluch« wird, ist ein neues gesellschaftliches Phänomen und bedenkenswert. Sie zweifeln selbst bei guten oder durchschnittlichen Leistungen stark an sich und empfinden sich – wie die o. g. Zitate zeigen – als »nicht gut genug« oder »nicht ausreichend«. Sie können sich nur schwer mit ihren Stärken und Schwächen so annehmen wie sie sind. Für sie wird aus der Präferenz bzw. dem Wunsch, gerne (aus eigenem Antrieb heraus) Leistungen zu erbringen und gut sein zu *wollen*, der Zwang, stets gut sein zu *müssen*, sich keine Fehler erlauben zu *dürfen*. Und gleichzeitig spüren sie, wie unmöglich es ist, dieses Ziel zu erreichen.

Denn das Fatale ist: Menschen, die vollkommen »perfekt« sein wollen und sich stets optimieren möchten, laufen ihr Leben lang einem unerreichbaren Ziel hinterher. Sie kommen niemals am Ziel an, denn »nach oben hin« gibt es ja immer noch weitere Verbesserungsmöglichkeiten. Und sie können deswegen auch Erfolge bei Zwischenzielen nicht wirklich genießen, sich nicht wirklich darüber freuen und dauerhaft zufrieden sein, denn sie haben ja das eigentliche Ziel, das »Optimum«, noch lange nicht erreicht.

So schreibt z. B. die 27-jährige H.: »Ich frage mich häufig: Ist es überhaupt ok, zufrieden zu sein? Ich könnte mich doch an dieser oder jener Stelle noch verbessern.«

Eine solche Person kann sich auch in ihrer Freizeit nicht wirklich entspannen und erholen, denn der nächste Schritt auf dem Weg zum (unerreichbaren) Ziel wartet ja schon. Selbst die »Freizeit« (▶ Kap. 3) ist dann mit einem schlechten Gewissen belegt (»Müsste ich nicht eigentlich jetzt doch eher noch dies oder das erledigen …?«). Muße und Erholung kommen zu kurz, Stress wird zum Dauerzustand.

Die 26-jährige N. formuliert: »Die Kombi aus ständiger Selbstoptimierung und trotzdem nie erreichbarer Zufriedenheit ist schwierig. Man ist irgendwie gestresst und nie zufrieden.«

2 Optimierungsdruck und Perfektionismus: »Nie gut genug sein«

Doch gibt es bereits Studien dazu? Haben Optimierungsdruck und Perfektionismus tatsächlich in den letzten Jahren gerade bei jungen Menschen zugenommen?

Das Deutsche Ärzteblatt berichtet 2022 in einem Artikel mit dem Titel »Der Drang zur Optimierung«[8] vom zunehmenden Perfektionismus junger Menschen und benennt diesbezügliche Studien. Dabei nehme der Perfektionismus bei jungen Leuten – vor allem Studien aus dem angloamerikanischen Bereich zufolge – nicht nur in Schule, Studium und Beruf, sondern auch in vielen privaten Bereichen zu. Er müsse in psychotherapeutischen Behandlungen insbesondere bei jüngeren Menschen mehr beachtet werden. »Perfectionism« (Perfektionismus) wird dabei im Allgemeinen verstanden als die Formulierung sehr hoher Ansprüche an sich selbst, bei gleichzeitig sehr harscher Selbstkritik bei Nichterreichen dieser Ziele. In der deutschsprachigen Literatur wird eher von »Optimierung« im Sinne einer stetigen Selbstverbesserung gesprochen.

Der Perfektionismus bzw. die Optimierung beziehe sich, so der Artikel, neben Studium und Ausbildung, in denen Höchstleistungen angestrebt würden, auf nahezu alle Bereiche der Lebensführung und des Selbst: z. B. auch auf Hobbies und soziale Aktivitäten, die zunehmend perfektionistisch gestaltet würden, die Freizeit, in der möglichst viel erlebt werden müsse, den Bekannten- und Freundeskreis, der »stimmen« müsse, den gesamten Lebensstil (inklusive Ernährung, Kleidung), der höchsten Ansprüchen genügen müsse. Auch im Bereich Paarbeziehungen gebe es zunehmenden Perfektionismus: Viele jüngere Menschen hätten heute sehr viel höhere Ansprüche an potenzielle Partner als früher, investierten sehr viel Zeit in aufwändige Suchen auf Onlinebörsen, erwarteten dann ein perfektes Zusammenleben. Diese Ansprüche seien so hoch, dass dadurch viele Beziehungen erst gar nicht zustande kämen oder aber frühzeitig scheiterten. Auch im Bereich Aussehen sei der Perfektionierungsdruck nicht zuletzt aufgrund der idealisierten Darstellungen in den Social Media extrem hoch: Es gälte, dem jeweils aktuellen Ideal zu entsprechen; viele trauten sich nicht mehr, natürlich auszusehen und griffen zu Hilfsmitteln, um sich in natura und auf Fotos möglichst perfekt zu präsentieren; Schönheitsoperationen würden immer häufiger. Ein weiterer Bereich, auf den sich der Perfektionismus beziehen kann und der von den von mir Befragten häufig genannt wird, ist auch der Bereich des politischen Engagements und der eines nachhaltigen Lebensstils: Auch hier stellen viele extrem hohe Anforderungen an sich und gestatten sich dabei keine Ausnahmen und Auszeiten, was überfordern kann. Eine extreme Form nimmt das Perfektionsstreben an, wenn es sich auf die gesamte Persönlichkeit, das gesamte »Selbst«, inklusive der eigenen körperlichen und psychischen Fitness (und Gesundheit) bezieht, die optimal gefördert werden sollen, um möglichst leistungsfähig zu sein.[9] Dieses Phänomen, nämlich die Optimierung der eigenen körperlichen und mentalen Funktionen zum Zwecke der Förderung der eigenen Leistungsfähigkeit, wird im deutschsprachigen Raum im engeren Sinne unter dem Begriff der »Selbstoptimierung« diskutiert. Beispiele für solche Selbstoptimierungspraktiken sind z. B. bestimmte Formen der Ernährung oder auch der Medikation, Ausdauer- und Krafttrainings, die exzessiv betrieben werden, das Vermessen der eigenen Fitness durch Fitnesstracker, die Teilnahme an Achtsamkeits- und Yogakursen zur Förderung der eigenen Stressbelastbarkeit – um hier nur einige zu nennen.

Auch die kanadischen Psychologen Gordon Flett und Paul Hewitt berichten 2022[10], dass aktuell sehr viele Jugendliche und junge Erwachsene von Perfektionismus betroffen seien und sogar die Zahlen von Kindern, die bereits den Druck schildern, perfekt sein zu müssen, angestiegen seien. Sie gehen davon aus, dass sich diese Entwicklung in Zukunft auch noch mehr ausweiten wird. Hewitt bezeichnet in diesem Zusammenhang den Perfektionismus sogar als »Epidemie« unserer Zeit.

Die wohl umfangreichste bisher vorliegende Studie zur Frage, ob Perfektionismus und Optimierungsdruck in den letzten Jahren bei jungen Menschen zugenommen haben, wurde von den beiden renommierten britischen Psychologen Thomas Curran und Andrew Hill durchgeführt. In ihrer 2019 veröffentlichten Untersuchung[11] kommen sie zu dem Ergebnis, dass der Perfektionismus bei der heutigen Generation junger Menschen im Vergleich zu früheren Generationen deutlich zugenommen habe. Sie werteten in einer Metaanalyse die Daten von 146 (!) Studien aus, in denen zwischen 1989 und 2016 insgesamt 41.641 (!) amerikanische, kanadische und britische College-Studierende diesbezüglich befragt wurden. Sie stellten fest, dass die Studierenden 2016 deutlich perfektionistischer waren als 1989. Sie hätten höhere Ansprüche an sich und auch an andere und auch den Eindruck, dass andere (die Gesellschaft, ihre Familie, ihr soziales

Umfeld) mehr von ihnen verlangten und erwarteten. Insbesondere die zuletzt genannte Dimension, die sie als »gesellschaftlich vorgegebenen Perfektionismus« bezeichnen, sei besonders stark angestiegen; gerade diese Dimension stehe aber auch in einem besonders engen Zusammenhang zur Entwicklung von psychischen Störungen wie Ängsten und Depressionen.

Die Zunahme von Perfektionsstreben und Optimierungsdruck speziell unter jungen Menschen scheint also durchaus belegt zu sein. Welche Erklärungen geben die Autoren für diese Zunahme?

Curran und Hill (2019) benennen in sehr deutlicher Form gesamtgesellschaftliche Ursachen. Vor allem betonen sie das seit den späten 1970er Jahren in den Industrienationen vorherrschende neoliberale Wirtschaftsmodell und seine Menschenbildannahmen als entscheidenden Faktor für diese Entwicklung; es habe zu einem erheblichen kulturellen und sozialen Wandel in den letzten Jahrzehnten geführt. In den Industrienationen sähen sich heute junge Menschen sehr viel härteren sozialen und ökonomischen Bedingungen gegenübergestellt als noch ihre Eltern. Neoliberaler Leistungsdruck, wachsende ökonomische Ungleichheit und Unsicherheit, Wettbewerbsdruck und Globalisierung forderten die Individuen unablässig, schneller und besser als andere zu sein. Konkurrenz (statt Kooperation) werde gefördert; die jungen Leute antworteten darauf, indem sie sich selbst immer mehr zu perfektionieren versuchten. Die gesteigerte Wahrnehmung unrealistisch hoher gesellschaftlicher Erwartungen führe zu ständiger Selbstüberprüfung und Selbstzweifeln und gleichzeitig zur Angst vor Fehlern und der damit verbundenen negativen sozialen Bewertungen.

Meritokratische Werte, wie sie durch neoliberale Politikpraktiken gefördert worden seien, nämlich die Vorstellung, dass jeder erfolgreich sein und einen hohen gesellschaftlichen Status erlangen könne, ja nahezu alles erreichen könne in seinem Leben, wenn er sich nur genügend anstrenge und intelligent genug sei, trügen dazu bei, dass Misserfolge von jungen Menschen zunehmend als Zeichen persönlichen Versagens und der eigenen Wertlosigkeit interpretiert würden. So werde der empfundene Selbstwert an die eigenen Erfolge geknüpft. Den Autoren zufolge hat die neoliberale Meritokratie Bedingungen geschaffen, in denen es darum geht, die eigene Person in einem allumfassenden Wettbewerb zu »vermarkten«.[12] Dieser Zustand stelle, so Megan Day in ihrer Kommentierung der Studie,

2 Optimierungsdruck und Perfektionismus: »Nie gut genug sein«

eine »Notwendigkeit des Kämpfens, Performens und Verwirklichens ins Zentrum des modernen Lebens« – viel mehr als in vorherigen Generationen.[13] Eine Konsequenz des Anstiegs des Perfektionismus ist nach Curran und Hill die zunehmende Verbreitung schwerwiegender psychischer Erkrankungen bei jungen Menschen, die in den Gesundheitsreports der WHO für die letzten 10 Jahre regelmäßig dokumentiert werde.[14] Zahlreiche Studien belegten inzwischen (insbesondere für den angloamerikanischen Raum) den Zusammenhang zwischen Perfektionismus und psychischen Störungen.[15]

In der deutschsprachigen Soziologie und auch von kritischen Ökonom*innen[16] werden der neoliberale Optimierungsdruck und seine negativen Folgen für unsere Gesellschaft schon seit geraumer Zeit kritisch diskutiert. In dem an stetigem Wachstum orientierten Wirtschaftsmodell der westlichen Welt gehe es darum, immer mehr Produkte immer kostengünstiger und damit auch mit mehr »Gewinn« zu produzieren. Dazu sei es nicht nur notwendig, Maschinen und Arbeitsprozesse zu »optimieren«, sondern auch die Menschen selbst müssten sich immer mehr optimieren. Wird das angestrebte Produktionsziel erreicht, ist das jedoch kein Grund, sich auf diesen Erfolgen »auszuruhen«: Dem Wachstumsmodell inhärent ist, dass dann sofort ein neues, nächsthöheres »Optimum« definiert wird, das es anzustreben gilt. »Nach oben hin« ist also keine Grenze gesetzt. Erschöpfung und Überforderung auf Seiten der Individuen sind vorprogrammiert.

Die heute sehr starke Konkurrenzorientierung in unserer Gesellschaft wird auch hier kritisch als Folge des Vorherrschens neoliberaler Modelle und Politikpraktiken seit den späten 1970er Jahren gesehen. Der Neoliberalismus, basierend auf der Idee der Minimierung staatlicher Eingriffe in die Wirtschaft und der Maximierung der Marktfreiheit, habe dazu geführt, dass kollektive Werte in den Hintergrund gerückt wären, wie sie in Deutschland in der sog. »Sozialen Marktwirtschaft« bis dahin noch angestrebt worden seien. Wohlfahrtstaatliche Begrenzungen der Marktfreiheit ebenso wie soziale Sicherungssysteme seien abgebaut worden, der »freie« Markt vom staatlichen Zugriff »entfesselt« worden. Seit den Achtzigerjahren seien in vielen Ländern der Welt Spitzensteuersätze, Vermögens- und Erbschaftsteuern gesenkt, viele Staatsbetriebe privatisiert, die Finanzmärkte immer stärker dereguliert worden. Die Schere zwischen Arm und Reich sei dadurch auch in den Industrienationen gewachsen, das Versprechen mehr Wachstum und weniger staatliche Regulierung diene dem Wohlstand aller, sei nicht eingelöst worden. Selbst in der Mittelschicht sei mittlerweile die Sorge vor sozialem Abstieg und zunehmender sozialer Unsicherheit groß, während das Vermögen der Reichen und Superreichen weltweit wachse. Statt staatlicher Vorsorge und Absicherung werde auf individuelle Leistung und Konkurrenz fokussiert, die Freiheit des »selbst verantwortlichen« Individuums betont, das sich selbst behaupten müsse und sich nicht auf den Staat verlassen dürfe. Dieses sei damit immer mehr überfordert und gerate dadurch immer mehr unter Leistungs- und Optimierungsdruck.

Den aktuellen Stand insbesondere zum Thema der »*Selbst*optimierung«, im engeren Sinne verstanden als Optimierung des gesamten Selbst einschließlich der kompletten Lebensführung und der eigenen mentalen und physischen Funktionen, fasst Anja Röcke in ihrem Buch »Soziologie der Selbstoptimierung« (2021) zusammen. Sie bezeichnet speziell die Selbstoptimierung als »Leitidee der Gegenwart«, die sich seit den 2000er Jahren zunehmend verbreitet habe und besonders für Menschen der urbanen Mittelklasse eine große Rolle spiele. In ihrer Einleitung formuliert sie: »Produktiver arbeiten und mehr leisten! Fitter und schöner werden! Sich besser und glücklicher fühlen! Die Optimierung des Selbst steht im Mittelpunkt gesellschaftlicher Anforderungen und individueller Sinnwelten, zumindest in der westlichen Welt. Es grassiert ein Glauben an individuelle Potentiale, die gehoben werden müssen und keinesfalls verschenkt werden dürfen, denn es gilt, das Bestmögliche aus sich … zu machen … Die Lebensführung wird mithilfe von Ratgebern und Coaches in die bestmögliche Work-Life-Balance gebracht, spezifische Präparate zur Leistungssteigerung oder für ein höheres Wohlbefinden eingenommen und der Körper – das Schaufenster schlechthin für eine ge- oder misslungene Selbstoptimierung – wird trainiert oder technisch modifiziert …«[17] Es gilt, ständig psychisch und physisch an sich zu arbeiten, um am freien »Markt« nicht nur seine Arbeitskraft zu »vermarkten«, sondern auch sich selbst als Ganzes mit der je eigenen besonderen Individualität. Die Optimierung und Selbstoptimierung diene damit dem Erhalt der Konkurrenzfähigkeit des Individuums in einer konkurrenzorientierten Gesellschaft.[18] Vor allem

2 Optimierungsdruck und Perfektionismus: »Nie gut genug sein«

Erschöpfungssymptome und Überlastung, Burnout-Phänomene und Depressionen werden als Folgen diskutiert.

Wie kann es aber sein, dass junge Menschen – aber auch wir alle – uns diese durch unser Wirtschaftsmodell geprägten Optimierungsvorgaben (also letztlich externe Normen und Standards) so sehr »zu eigen« machen, dass wir oft nicht einmal bewusst wahrnehmen, dass sie unser Handeln leiten? Und dass wir uns deswegen auch so schlecht von ihnen distanzieren können?

Viele der von mir Befragten formulieren den Optimierungsdruck, den sie erleben, als eigenen Anspruch an sich und nicht als Druck von außen oder von ihrem Umfeld. Die 30-jährige R. schreibt z. B. »Häufig bin ich für die Erschöpfung selbst verantwortlich, da ich alles immer sehr gut machen möchte und dafür an bzw. über meine Grenzen hinausgehe. Ich habe dazu den Eindruck, dass dieser Perfektionismus irgendwie aus mir selbst herrührt, da es in meinem Umfeld eigentlich keine Menschen gibt, die mich aktiv zu etwas drängen oder mir Druck machen.« Ebenso wie F., 27 J., schreibt: »Objektiv betrachtet erfahre ich keinen Druck von außen, mache mir diesen vor allem selber.« Und S., 29 J., sagt, sie habe Schwierigkeiten zu unterscheiden, »welche der Ansprüche, Vorstellungen und Erwartungen meine eigenen sind und welche von außen an mich herangetragen werden.« Wie kann das sein?

Einen möglichen Erklärungsansatz bieten dafür u. a. kognitive Therapietheorien[19]. Unsere Emotionen und Verhaltensweisen werden demnach entscheidend dadurch beeinflusst, wie wir die Ereignisse in unserem Leben interpretieren und bewerten. Diese Interpretationen und Bewertungen erfolgen dabei auf der Grundlage bestimmter situationsübergreifender Bewertungsschemata oder -muster, die wir im Laufe unserer Biographie erworben haben (z. B. im Rahmen gesellschaftlicher Institutionen wie Familie, Schule, Freundeskreis, durch die Medien, in letzter Zeit auch stark durch Social Media). Diese Normen und Bewertungsschemata sind uns meist nicht bewusst. Leistungsnormen können z. B. von den Eltern *explizit* vermittelt worden sein, bspw. durch direkte verbale Botschaften (»Du bist kein liebes Kind, wenn Du das oder das nicht leistest.«) oder Belohnungen/Bestrafungen für angepasstes/unangepasstes Verhalten (z. B. Strafen bei schlechten Schulnoten, Belohnungen bei guten Noten). Solche Normen und Schemata können jedoch dem Kind auch *implizit* vermittelt werden, ohne dass dies bewusst von den Eltern intendiert ist und bewusst von den Kindern wahrgenommen wird, z. b. durch Modellverhalten der Eltern (das was Vater und Mutter tun, empfinden Kinder in der Regel als richtig), durch beiläufige Bemerkungen der Eltern zu bestimmten Themen (z. B. Hervorheben von Leistungen der Nachbarskinder, Äußerung großer Wertschätzung für Leistung und Erfolg bei sich oder anderen), durch ihre spontanen Reaktionen auf die Leistungen des Kindes (Freude und Stolz bei guten Leistungen, ein enttäuschter Gesichtsausdruck bei schlechten Leistungen) etc. Von der Gesellschaft vermittelte Leistungsnormen, implizit oder explizit von den Eltern oder anderen gesellschaftlichen Akteuren (wie Kindergarten, Schule, Sportverein, peer group) vermittelt, werden dann von den Kindern *internalisiert* bzw. *verinnerlicht*. D. h. sie sind uns im Erwachsenenalter nicht mehr bewusst als von außen an uns herangetragene Maßstäbe, sondern werden von uns wie selbstverständlich als eigene Werte erlebt.[20] Genau das geschieht mit dem hier beschriebenen gesellschaftlichen Optimierungsdruck: Aus von gesellschaftlichen Institutionen vermittelten Normen wie »*Du* bist nur etwas wert, wenn Du stets Optimales leistest«, mit denen wir von außen indoktriniert werden, werden *Selbst*indoktrinationen, d. h. wir indoktrinieren uns selbst mit diesen Normen und Maßstäben und erleben sie irgendwann als unsere eigenen: »*Ich* bin nur etwas wert, wenn ich stets Optimales leiste«. Sie fühlen sich dann »wahr« und »richtig« an. Eine Distanzierung gelingt uns dann nicht mehr; wir werden selbst zu unserem stärksten »inneren Antreiber«.

Auch in der Soziologie wird in diesem Zusammenhang von »verinnerlichten Normen« gesprochen, die irgendwann als eigene Bedürfnisse und Werte empfunden werden. Aufbauend auf dem Subjektivierungsbegriff von Foucault und seinen Schriften zur Ökonomisierung des Sozialen wird Selbstoptimierung als »internalisierte Strategie gesehen, die maßgeblich gesellschaftlich induziert ist«[21]. Befeuert wird sie durch die Ökonomie und die Medien. Die durch unsere von neoliberalen Vorstellungen geleitete Ökonomie geprägten gesellschaftlichen Werte werden sozusagen in unsere Bedürfnisstruktur »eingeschrieben« und dann als eigene Bedürfnisse erlebt. Das Individuum reagiert auf den gesellschaftlichen Optimierungsappell, indem es sich selbst entsprechend konstruiert und seine Leistungen und seinen Lebensstil optimiert. Jeder nur vorstellbare Lebensbereich wird dem Kosten-Nutzen-Kalkül unterworfen. Wir reden als »Homo oeconomicus« z. B. ganz selbstverständlich – oft ohne uns dessen bewusst zu sein – davon, in unsere Kinder zu »*investieren*«, wir fragen uns, was uns ein bestimmtes Hobby »*bringen*« könnte und von welcher Bekanntschaft wir »*profitieren*« könnten, wir sprechen von »Heirats*markt*« und »Online-Partner*börsen*« etc. – und handeln auch danach. Auch der eigene Körper und die Psyche werden zum Kapital, in das die Person investiert und das dann auch einen bestimmten Mehrwert erzeugen soll, der z. B. in der Anerkennung durch andere und in finanziellen Werten besteht. Damit wird der Mensch zum »Unternehmerischen Selbst«, wie Ulrich Bröckling die Individuen in spätmodernen, neoliberal geführten Gesellschaften bezeichnet.[22] Die Forderung laute, jeder »solle sich bis in den letzten Winkel seiner Seele zum Unternehmer in eigener Sache mausern«[23]. Diese löse einen »Sog« aus, dem der einzelne sich schlecht entziehen könne und der m. E. dem einzelnen auch nicht immer bewusst ist. Steffen Mau schreibt: »Die Aufforderung, aktiv zu sein und sich zu optimieren, begleitet den Alltag ... wie ein Schatten, den man nicht abwerfen kann.«[24]

Insbesondere heute jüngeren Menschen fällt es – so meine These – besonders schwer, sich diesem »Sog« zu entziehen und sich von dem gesellschaftlichen Optimierungsappell zu distanzieren, d. h. eigene Denkweisen als verinnerlichte und gesellschaftlich induzierte Normen zu erkennen und sich davon abzugrenzen. Sie befinden sich in dem hier beschriebenen Alter zwischen ca. 20 und 30 Jahren noch in einer entscheidenden Phase ihrer Identitätsentwicklung und Selbstfindung, sie fragen sich: Was zeichnet meine Identität aus? Was macht mich zu einem wertvollen Menschen? Wofür will ich stehen in meinem Leben? Was sind Ziele und Werte für mein Leben? Vieles ist für sie noch offen; sie haben oft noch keine »Konstanten« etablieren können, z. B. noch keine abgeschlossene Ausbildung bzw. kein abgeschlossenes Studium, keinen festen Arbeitsplatz, ggf. keine Partnerschaft, keinen Wohnort, an dem sie sich bereits »beheimaten« konnten, keine finanzielle Sicherheit. Umso schwieriger ist es für sie, sich dem gesellschaftlichen Optimierungsdruck zu entziehen und eigene, selbst gewählte Maßstäbe für ihr Leben zu entwickeln, und zu schauen, aus welchen Quellen sie ihr Selbstwertgefühl und ihre Lebenszufriedenheit zukünftig speisen wollen.

2 Optimierungsdruck und Perfektionismus: »Nie gut genug sein«

Die Kehrseite der Optimierung und Selbstoptimierung ist die Angst zu scheitern, wie in vielen der Äußerungen der von mir befragten jungen Menschen deutlich wird. So schreibt die 26-jährige T.: »Ich habe Angst, nicht gut genug zu sein – eigentlich in jedem Lebensbereich. Versagensängste würde ich auch mit Scheitern gleichsetzen. Die Angst vor Scheitern ist groß.« Und Ulrich Bröckling formuliert eindrücklich: »Der Wettbewerb unterwirft das unternehmerische Selbst dem Diktat fortwährender Selbstoptimierung, aber keine Anstrengung vermag seine Angst vor dem Scheitern zu bannen.«[25] Die Angst zu scheitern treibt weiter an – hin zu weiterer (Selbst-)Optimierung und damit einem letztlich unerreichbaren Ziel.

Doch warum ist die Angst zu scheitern so groß? Und warum ist sie ständiger Begleiter der beschriebenen Optimierungsprozesse?

Die Angst zu scheitern speist sich bei den von mir betrachteten jungen Menschen meines Erachtens aus verschiedenen Aspekten: Erst einmal ist bei vielen die Angst vor den finanziellen und materiellen Konsequenzen im Falle eines »nicht optimalen Funktionierens«, eines »nicht Mithaltenkönnens« in dieser Gesellschaft natürlich groß. Angesichts von Wettbewerbsdruck und Verteuerung der Lebenskosten, angesichts der explodierenden Mieten in den Großstädten und der zunehmenden Schere zwischen Arm und Reich, angesichts der Folgen der Digitalisierung und Globalisierung und all der Krisen unserer Zeit haben viele der von mir befragten jungen Menschen schlichtweg Angst vor Arbeitsplatzunsicherheit, Angst, sich keine Wohnung leisten zu können und vom eigenen Gehalt keine Familie finanzieren zu können. Viele haben pure Existenzangst, die Angst, nicht von dem leben zu können, was sie zukünftig einmal verdienen werden (vgl. Kap. 6). Wir konkurrieren inzwischen nicht mehr nur um gute Jobs und noch bessere Konsummöglichkeiten und eine noch bessere soziale Anerkennung, sondern um so existentiell für unsere »Daseinsvorsorge« wichtige Dinge wie Wohnraum, genug Energie zum Heizen, Kitaplätze, ja sogar um eine gute Gesundheitsversorgung (vgl. den Mangel an lebensnotwendigen Antibiotika und Notfallbetten in Krankenhäusern für Kinder Anfang 2023). Und das in einem der reichsten Länder der Welt!

Darüber hinaus spielen jedoch auch noch andere Aspekte eine Rolle, die die Angst zu scheitern in dieser Gesellschaft mitbedingen, und diese haben, wie oben bereits angedeutet, damit zu tun, nach welchen Kriterien wir selbst als Individuen uns *bewerten* und wie wichtig uns die Bewertungen durch andere Menschen sind. Diese Aspekte können im Übrigen auch erklären, warum durchaus auch junge Leute, die wirtschaftlich gut über ihre Eltern (deren Positionen, deren Beziehungen, ein großes zu erwartendes Erbe) abgesichert sind, unter starken Versagensängsten und der Angst zu scheitern leiden können.

Da ist zum einen die bereits oben genannte Kopplung von Leistung bzw. Erfolg und dem persönlichen Werterleben, die unserem aktuellen wettbewerbsorientierten Wirtschaftsmodell inhärent zu sein scheint. Bewerte und empfinde ich mich selbst (aufgrund erlernter Normen) nur dann als wertvollen und liebenswerten Menschen, wenn ich immerzu gute und sehr gute Leistungen erbringe, kopple ich also das Erreichen des – letztlich unerreichbaren – Ziels, immerzu kompetent zu sein und Erfolg zu haben, an meine Selbstwertschätzung, so entwickle ich eine große Angst zu scheitern, eine große Angst vor Fehlern und Misserfolgen. Dann darf ich mir keine Fehler und Misserfolge erlauben. Dann geht es bei der Erbringung von Leistungen und auch bei anderen Aktivitäten nicht mehr primär darum, mich am Erfolg oder Ergebnis der Leistung zu freuen, sie als sinnhaft zu erleben oder die Aktivität einfach nur zu genießen, sondern es geht um meinen Wert als Mensch! Entsprechend groß ist die Angst, dabei zu scheitern – die Angst vor Verlust des persönlichen Wertes.[26]

So wird jede Prüfung im Studium, jede Anforderung im Beruf, jede soziale Begegnung eine Handlung, in der es den eigenen Wert zu »beweisen« gilt. So schreibt mir die 26-jährige N.: »Keine Note im Studium ist nur Mittel und Zweck, um später meinen Beruf ausüben zu können. Bei jeder Note geht es um meinen Wert – und ich darf auf keinen Fall versagen.« Und auch die 26-jährige T. formuliert: »Ich habe ein großes Problem damit, meinen Selbstwert und meine Liebenswürdigkeit an Leistung zu koppeln.« Werden gesellschaftlich zu viele »musts« an das Erleben des persönlichen Wertes gebunden, so beginnen Menschen irgendwann, sich selbst abzuwerten, wenn sie diesen Anforderungen nicht genügen können. Wir werden durch den gesellschaftlich induzierten Optimierungsdruck nicht nur zu unserem eigenen Antreiber, sondern auch zu unserem schärfsten Kritiker, wenn wir diesen Normen nicht genügen.

2 Optimierungsdruck und Perfektionismus: »Nie gut genug sein«

Dazu kommt die Angst vor der Abwertung durch andere. Viele Menschen können sich selbst nur dann als positiv bewerten und sich als wertvoll empfinden, wenn sie sich auch von vielen *anderen* anerkannt und wertgeschätzt fühlen. Der selbst gesetzte Muss-Satz lautet dann: »Ich muss von möglichst vielen Menschen anerkannt und geschätzt werden, sonst bin ich nichts wert.« Das Bedürfnis nach Anerkennung und Zugehörigkeit bzw. Verbindung zu anderen Menschen ist ein grundlegendes Bedürfnis eines jeden Menschen. Kopple ich mein Selbstwertgefühl jedoch *zu sehr* an die Anerkennung durch andere, so ist die Angst vor negativen Bewertungen durch andere und Verlust von Wertschätzung groß. So haben viele junge Menschen z. B. große Angst, auch in den Augen ihrer Eltern zu »versagen«, wenn sie ihren (vermuteten) Erwartungen an sie nicht genügen, oder sie haben Angst, aus dem Kreis ihrer Freund*innen, Kommiliton*innen oder Kolleg*innen »herauszufallen«, wenn sie hier bezüglich bestimmter Leistungen und Aktivitäten nicht mithalten können. Diese Angst kann dazu führen, sich ähnliche Ziele wie die Bezugsgruppe zu setzen, es also eher anderen »recht machen zu wollen«, als sich eigene, vielleicht besser zu der eigenen Person passende Ziele und Werte zu setzen. Manchmal führt sie auch dazu, die eigenen Schwächen vor andern zu verbergen, um nicht von ihnen abgewertet zu werden. In unserer heutigen Gesellschaft wird gerade die Angst, abgewertet zu werden und nicht mehr »dazuzugehören«, massiv befeuert durch die häufig recht offen gezeigte Abwertung von Menschen, die ihre Leistung »nicht liefern«. Unser Miteinander ist diesbezüglich in den letzten Jahrzehnten »rauer« geworden. Toleranz und Solidarität für schwächere, nicht immer optimal leistungsfähige Menschen, sind nicht gerade verbreitet. Man betrachte nur die nach wie vor vorhandene Stigmatisierung von Psychisch Erkrankten.[27] Menschen werden tatsächlich schnell einmal aus dem Bekanntenkreis »aussortiert«, wenn sie nicht mehr »passen«. Im Sinne des o. g. »meritokratischen Denkens« werden die Gründe des Scheiterns eines Menschen von vielen automatisch erst einmal beim Individuum verortet. Die Verantwortung für Erfolg und Scheitern wird von der gesellschaftlichen auf die individuelle Ebene verschoben: Die Person war im Falle eines Scheiterns eben nicht anstrengungsbereit, fleißig, leistungsfähig, intelligent genug, um dies oder jenes zu erreichen. Dass ein solches »Scheitern« vielfach auch gesellschaftlich-strukturelle Gründe hat (wie z. B. die Untersuchungen der OECD belegen, die immer wieder insbesondere für Deutschland eine hohe Abhängigkeit des Bildungserfolgs der Kinder von ihrer sozialen Herkunft konstatieren, oder wie Beispiele von Firmenschließungen zeigen, bei denen Menschen aus unternehmensstrategischen Gründen entlassen werden, obwohl sie über Jahre hinweg optimale Leistungen erbracht haben), wird oft zu wenig gesehen und reflektiert. Auch die Einzelnen übernehmen – oft ohne sich dessen bewusst zu sein – dieses Denken: Scheitern sie, suchen sie häufig erst einmal die Fehler bei sich selbst und werten sich selbst ab, statt mögliche andere Erklärungen mit einzubeziehen.

Junge Menschen beginnen heute ihr Leben also schon mit einer großen Verunsicherung und mit Angst. Doch mit Angst »im Bauch« studiert und arbeitet es sich nicht gut – und auch nicht effektiv. Motivationspsycholog*innen wissen seit langem: Die »Hoffnung auf Erfolg« stellt eine deutlich gesündere Motivation dar und führt zu besseren Ergebnissen als die »Angst vor Misserfolg«.

Die ständige Angst zu scheitern, die mit dem gesellschaftlichen Optimierungsdruck einhergeht, führt in der Regel nicht zur angestrebten Leistungsoptimierung, sondern kann sogar eher das Gegenteil bewirken. Sie kann, wie oben bereits angedeutet wurde, zu Überlastungszuständen bis hin zu Burnout-Phänomenen und Depressionen beitragen. Auch kann sie zu Leistungsblockaden führen, wie sie sich derzeit bei einer steigenden Anzahl junger Menschen z. B. in Form von Prüfungsängsten und »Prokrastinationsverhalten« äußern. Insbesondere die Prokrastination – damit ist das Aufschieben eigentlich notwendiger Arbeiten z. B. für eine Prüfung oder gar das Examen gemeint, das oft über viele Monate oder gar Jahre anhalten kann und bei manchen sogar dazu führt, dass sie ihr Studium nicht abschließen – scheint ein charakteristisches Phänomen unserer Zeit zu sein. Einige Universitäten haben mittlerweile schon spezielle Prokrastinationsambulanzen für ihre Studierenden eingerichtet.[28]

Die 27-jährige H. schreibt dazu: »Ich habe häufig Versagensängste und die Angst, nicht gut genug zu sein. Gerade in Bezug auf Leistungen an der Uni, aber auch in Vorbereitungen für die Arbeit ... Mein Anspruch liegt leider immer bei: Ich müsste das besser machen oder wenn ich es nicht perfekt mache, kann ich es auch gleich lassen. Häufig habe ich das Gefühl, dass

2 Optimierungsdruck und Perfektionismus: »Nie gut genug sein«

meine Leistungen besser sein könnten. Ich finde Fehler in allem was ich tue. Das artet manchmal darin aus, dass ich Aufgaben gar nicht erst angehen kann, weil ich so große Angst davor habe es nicht zu schaffen. Ein aktuelles Beispiel findet sich in meiner Masterarbeit. ... Ich setze mich an den Schreibtisch und bekomme Angst bei dem Gedanken, nun schreiben zu müssen. Immer unter dem Aspekt: alles was ich mache ist nicht gut genug; ich schaffe das nicht.« Und sie benennt interessanterweise, welche gut gemeinten Kommentare den Druck dann erst recht noch erhöhen: »Niemand in meinem Umfeld reflektiert mir das. Dennoch höre ich am meisten den Satz: Du hast bis jetzt immer alles so gut geschafft, die Masterarbeit schaffst du jetzt auch. Mir ist bewusst, wie der Satz gemeint ist. In mir löst er allerdings den Gedanken aus: Aber was ist, wenn ich es nicht schaffe? Ich darf das nicht nicht schaffen. Das wäre furchtbar. Meistens ist das der Moment, in dem mich dann die Panik etwas übermannt.«

Ein zusätzlicher Faktor, der die Verunsicherung im Selbstwerterleben junger Menschen und ihre Angst zu scheitern noch weiter befördert, ist die – durch Social Media erhöhte – Häufigkeit, mit der sie sich mit anderen vergleichen. In unserer Optimierungsgesellschaft vergleichen und bewerten wir uns mittlerweile alle häufig miteinander. Gerade junge Menschen zwischen 20 und 30 Jahren tun dies aber noch mehr als ältere Erwachsene – vielleicht auch, weil sie sich ihrer Kompetenzen und Fähigkeiten noch nicht so bewusst sind wie Menschen höheren Alters und weil sie schon seit ihrer Kindheit gelernt haben, sich alle als miteinander in Konkurrenz stehend zu sehen. Steffi Burkhart, Gesundheitspsychologin und Generationenforscherin, formuliert auf den Informationsseiten der Techniker Krankenkasse, die diese eigens für junge Menschen bereitgestellt hat und die sehr empfehlenswert für junge Leser*innen sind: »Im Alter zwischen 20 und 29 vergleichen wir uns sehr stark mit den Lebensrealitäten anderer ... Aber genau dieser Vergleich verunsichert und macht uns unzufrieden.«[29]
Auch dies findet sich in den Äußerungen vieler der von mir Befragten wieder. C., 27 J., schreibt z. B.: »Energie zieht mir besonders der Vergleich mit anderen, egal in welchem Bereich oder auf welche Art. Immer ›verliere‹ ich, kann es aber auch nicht lassen.« Und S., 29 J., formuliert: »Ich erlebe mein persönliches Umfeld als deutlich engagierter und kompetenter und neige dazu, mich im Vergleich klein zu fühlen«. S., 28 J., sagt: »Ich mache

2 Optimierungsdruck und Perfektionismus: »Nie gut genug sein«

mir sehr viel Druck, vor allem im Bereich Leistung und Aussehen. Ich habe sehr stark das Gefühl ›nicht auszureichen‹. Ich vergleiche mich leider viel.« H., 27 J., schreibt: »Es fällt mir schwer, mich nicht mit anderen zu vergleichen.«

Fatal ist dabei die Vielzahl der Lebensbereiche, in denen diese Vergleiche stattfinden. Da nicht jede*r in *jedem* Lebensbereich »Optimales« leisten und herausragend sein kann, sind negative Vergleichsergebnisse und entsprechende negative Bewertungen der eigenen Person aufgrund dieser Vergleichsergebnisse in vielen Bereichen vorprogrammiert. Denn es gibt nicht nur in Studium und Beruf, sondern auch in nahezu allen anderen Aspekten der Lebensführung und des Selbst immer andere, die sich darin zu optimieren versuchen und dann darin deutlich besser dastehen und z. B. bei einem Triathlon mitlaufen, wie ein Model aussehen, perfekt vegan kochen können oder besonders stressresistent wirken!

M., 26 J., schreibt z. B., dass sie sich durch Vergleiche mit ihren Wohnheimmitbewohner*innen oft unter Druck gesetzt gefühlt hat: »Ich hatte irgendwann das Gefühl, dass das Thema ›Stress haben‹ und viel zu tun zu haben unter meinen Mitbewohner*innen sehr glorifiziert wurde und es oft nur noch darum ging, wieviel man eigentlich gerade zu tun hat. ... Ich habe das Gefühl, in der heutigen Zeit muss man nicht nur gute Leistungen erbringen, sondern auch noch besonders nachhaltig, sportlich, sozial engagiert, immer politisch informiert und besonders stress-resistent sein.«

Jede Aktivität, die junge Menschen bei Vergleichen mit anderen entdecken, kann dabei zum Baustein der eigenen Identität werden, auf die sich der eigene Optimierungsanspruch dann ebenfalls ausweiten kann. Der Anspruch bei vielen jungen Menschen ist hoch: Jede*r muss einzigartig sein, sich in besonderer Art und Weise verwirklichen und selbst finden und dadurch auch interessant für andere sein. Also verlangen sie auch von sich, möglichst interessante Hobbies, Interessen, Talente zu haben und wollen beim diesbezüglichen Vergleich mit anderen positiv abschneiden. Gleichzeitig führt dies zur Selbstabwertung, wenn sie feststellen, nichts »Besonderes« vorweisen zu können. So schreibt die 26-jährige N.: »Das ständige schlechte Gewissen. Nicht nur auf Uni- oder Berufsebene, sondern auch insbesondere in der Freizeit. Alles ist Identität. Wenn ich kein besonderes

2 Optimierungsdruck und Perfektionismus: »Nie gut genug sein«

Hobby habe, nichts Besonders kann, nichts Besonderes mache – was bin ich dann wert?« Und L., 25 J., sagt: »Auslandsreisen, spannende Geschichten, interessante Hobbies. Ich habe das Gefühl, dass man mit einem ›normalen‹ Leben zu langweilig ist.«

Kommt dann noch der Druck dazu, bei all dem täglich strahlend in die Smartphonekamera zu blicken, cool und locker zu wirken und sich dabei auch noch wohl fühlen zu müssen, dann sehen sich viele gänzlich überfordert und bewerten sich als »ungenügend« im Vergleich zu den vielen anderen, die ihr Leben »besser« zu schaffen scheinen.

Zusammenfassung

Durch unser Wirtschaftssystem geprägte Normen beeinflussen unser Denken, Fühlen und Verhalten – oft mehr als wir uns dessen bewusst sind. Sie üben auf uns einen großen Druck aus, uns immer weiter zu optimieren und so materielle Belohnungen und gesellschaftliche Anerkennung zu erhalten. Dabei stehen wir alle in Konkurrenz zueinander. Dieser Druck überfordert viele Menschen. Insbesondere bei jungen Menschen ist er besonders groß und führt zu dem Eindruck »nie gut genug« zu sein. Er verunsichert sie in ihrem Selbstwerterleben; viele haben Angst »nicht mithalten zu können« in dieser Gesellschaft. Der Optimierungsanspruch bezieht sich dabei mittlerweile nicht nur auf den Leistungsbereich in Schule, Studium und Beruf im engeren Sinne, sondern auf nahezu alle Bereiche unserer Lebensführung und unserer Persönlichkeit. Es gilt, sich selbst als ganze Person am »freien Markt« zu behaupten. Dabei vergleichen wir uns viel miteinander. Die ständigen Vergleiche und Bewertungen machen uns unzufrieden, da es immer Menschen gibt, die »noch besser« sind.

Anregungen zur Reflektion

Inwiefern und in welchen Situationen beeinflussen uns die o. g. Denkweisen? Wollen wir das weiterhin?

2 Optimierungsdruck und Perfektionismus: »Nie gut genug sein«

Wir alle sollen, dem neoliberalen Imperativ zufolge, als »Homo oeconomicus« egoistisch nach unserer persönlichen Gewinnmaximierung streben. Wollen wir diese Werte wirklich weiter so leben? Geht es uns gut damit?

Immer mehr leisten, mehr verdienen, mehr konsumieren, uns immer besser vermarkten, dabei stets in Konkurrenz zu anderen stehen – macht uns das zufrieden und glücklich?

Normen und Werte sind veränderbar. Welche Normen und Werte könnten unser gesellschaftliches Miteinander verbessern? Wollen wir z. B. unseren Selbstwert (und auch die Bewertungen anderer) wirklich weiter an »Erfolg« und »Leistung« koppeln?

Muss ich z. B. stets erfolgreich sein und mich immer weiter optimieren, um mich selbst als wertvoll empfinden zu können? Oder sind mein Wert und meine Würde als Mensch nicht unabhängig von irgendwelchen erbrachten Erfolgen und Leistungen?

Und muss ich wirklich auch stets beweisen, »etwas Besonderes« zu sein? Oder ist nicht jeder Mensch sowieso »etwas Besonderes«, einfach weil er einzigartig ist, so wie er ist – ein Individuum, mit seiner ganz besonderen individuellen Ausstattung, seinem Denken und Fühlen, seiner Art zu sein?

Und ist es nicht eine Hybris anzunehmen, der Mensch könne aus eigener Kraft »alles« schaffen? Wer von uns kann sich, auch wenn er sich noch so »optimiert«, mit absoluter Sicherheit vor Leid und vor Rückschlägen in seinem Leben schützen? Wie könnte eine Gesellschaft aussehen, die diesbezüglich jungen Menschen mehr Sicherheit in ihrer Lebensperspektive geben und ihre Angst, ihr Leben »nicht zu schaffen«, nicht »mithalten« zu können, vermindern könnte? Eine Gesellschaft, in der alle gut leben könnten, auch unabhängig z. B. von Krankheit, Schicksalsschlägen, Krisen, Umorientierungsphasen oder Arbeitslosigkeit?

Nicht alle können »die Besten« sein, nicht jede*r kann alles schaffen, auch nicht bei noch so großer Anstrengung. Menschen sind nun einmal unterschiedlich: in ihren Talenten, Begabungen und Vorzügen, aber auch in ihren Schwächen und Fehlern. Und jede*r sollte seinen Platz in unserer Gesellschaft haben – und ggf. in kritischen Situationen auch von der Gesellschaft aufgefangen werden.

3 Beschleunigung und durchgetaktete Lebensabläufe schon seit der Kindheit: G8, Bologna-Reform & Co.

Die 28-jährige J., die gerade an ihrer Promotion arbeitet, schreibt mir: »Ich bin oft abgehetzt, außer Atem. Manchmal wünsche ich mir einfach nur Ruhe. Ich bin zufrieden mit mir, hab aber oft das Gefühl, dass ich immer noch nicht genug mache/bin, obwohl ich schon sehr viel tue und mich selbst ausbeute ... Ich bin erschöpft von Lohnarbeit(en). Mehrere kleine Jobs, zu viele mails, viel Verantwortung in verschiedenen kollektiven Strukturen und Gruppen. Immer alle Dinge auf dem Schirm haben und on track zu bleiben, finde ich sehr anstrengend. Mich überfordert, dass ich ohne meinen Kalender gar nicht weiß, was morgen oder nächste Woche ist. Ich brauche für alles eine kleine ToDo Liste. Mir nimmt es Lebensfreude, wenn ich keine Perspektive auf ein ›Ende‹ oder Zeit für spontane Unternehmungen habe. Wenn ich sehe, dass da keine Wochenenden kommen, an denen ich Zeit habe für schöne Dinge, dann nimmt mir das den Spaß an der Arbeit.«

Es ist ein Phänomen unserer Zeit, keine bzw. zu wenig Zeit zu haben. Wir versuchen nicht nur, uns immer weiter zu optimieren (vgl. Kap. 2), sondern geraten dabei auch immer mehr unter Zeitdruck. Unsere moderne bzw. spätmoderne Gesellschaft ist durch eine Verdichtung sämtlicher Lebensabläufe gekennzeichnet, die wir als »Beschleunigung« erleben. Die Welt wird immer schneller – und schnelllebiger. Wir fühlen uns dadurch oft gestresst und überlastet. Viele haben Angst, in dieser beschleunigten Welt nicht mithalten zu können.

In einer an Wachstum und Effizienzsteigerung ausgerichteten Welt muss jegliche Zeit optimal genutzt und ausgefüllt werden. Die Menschen müssen nicht nur immer besser, sondern auch immer schneller in dem

3 Beschleunigung und durchgetaktete Lebensabläufe schon seit der Kindheit

werden, was sie tun. Es gilt, das Optimale pro Zeiteinheit aus sich »herauszuholen«; gleichzeitig darf keine Zeit »ungenutzt« verstreichen.

In einem Gespräch mit zwei Interviewpartnerinnen haben mir diese beschrieben, wie ein »optimierter« Tag einer 24-jährigen Studentin, etwa am Ende ihres Bachelorstudiums, heute etwa aussehen könnte:

»Um 7.00 Uhr aufstehen, joggen, um den Körper fitzuhalten, ein gesundes Frühstück – Haferflocken mit frischen Beeren, Nüssen, ausgewogen, nicht zu viel Fett, nicht zu viele Kalorien, auf Nahrungsmittelunverträglichkeiten achten, dann eine To Do Liste für den Tag machen, ein Outfit wählen, das cool ist und dem aktuellen Trend entspricht, gleichzeitig individuell ist (aber nicht zu deutlich zeigt, dass ich lange gebraucht habe, um tatsächlich das perfekt Passende für heute auszuwählen), zur Uni gehen, die Lehrveranstaltungen mitmachen, dort natürlich Spitzenleistungen erbringen, in der Pause mit den »richtigen« Leuten reden (wer könnte mir evtl. später einmal beruflich oder sonstwie nutzen?), danach für die ständig anstehenden Prüfungen lernen, Präsentationen für die nächsten Seminare vorbereiten, nach einem Praktikum für die Semesterferien schauen (das muss natürlich etwas Besonderes sein), mir über den kommenden Masterstudiengang Gedanken machen (was, wo, in welcher Stadt – wie soll ich das nur entscheiden?), ggf. dort schon nach einer Wohnung schauen (das wird schwierig), einkaufen, natürlich auch nachhaltig, wenig Plastik, Bio (eine Kunst, wenn man wenig Geld hat), ein Essen für meine WG kochen (ich bin dran, das Essen muss heute richtig gut sein, die anderen machen es immer besser), mich politisch engagieren in einer Gruppe, versuchen, da irgendwie dazu beizutragen, die Welt zu retten, da meine Ohnmacht mich sonst überwältigt, Kontakte zu meinen Freunden pflegen, was schwierig ist, da viele aufgrund der zahlreichen schon gemachten Umzüge nicht vor Ort sind, daher viele auch nur online erreichbar sind (also likes vergeben, kluge/witzige Kommentare machen, von mir selbst auch Kluges/Witziges posten), aber auch real Freunde treffen, in ein cooles Café gehen (natürlich nicht irgendeines), ein interessantes Hobby finden, das mich zu einem spannenden Menschen, zu etwas ›Besonderem‹ macht (künstlerisch? musikalisch? sportlich? Leider hab ich einfach aber keine besonderen Talente …), die Politik verfolgen, nicht nur aus einer Quelle/Zeitung o. ä., sondern möglichst ausgewogen aus verschiedenen Quellen, immer ›on top‹ infor-

3 Beschleunigung und durchgetaktete Lebensabläufe schon seit der Kindheit

miert sein, damit ich mitreden kann, dazu muss ich noch auch die ›richtigen‹ Serien anschauen und die richtige Musik hören (alle anderen wissen da bestens Bescheid) etc. pp. Ach ja: Und eine Partnerschaft auf Augenhöhe, mit gegenseitigen Freiräumen, aber auch Geborgenheit und Sicherheit habe ich noch vergessen, die muss ich evtl. noch suchen (online, jeden Tag eine gewisse Zeit bei Tinder und regelmäßige dates) oder pflegen, aber auch so, dass es nicht so aussieht, als verbrächte ich nur noch Zeit mit meinem Partner. Und der Job ist ja auch noch da, weil die Eltern mir nicht genügend Geld geben können, ich aber auch kein Bafög bekomme, also zweimal während der Woche und am Wochenende abends kellnern, oder abends lange an der Uni bleiben und einen Job als studentische Hilfskraft machen etc. Und dann will ich mir ja auch noch Gedanken über mein Leben machen: Wo will ich beruflich hin? Was ist mir wichtig? Wofür will ich mit meinem Leben stehen? Und bei all dem soll ich dann noch – nach meinen Yoga- und Achtsamkeitsübungen, die ich natürlich auch noch machen muss – strahlend in die Handykamera lächeln und posten, wie gut ich mit allem ›cope‹? Und weiß dabei: Die Welt ist so schnelllebig, dass morgen die Anforderungen vielleicht schon wieder ganz andere und noch wieder höher sein können …«

Wie soll das alles in einen Tag hineinpassen? Dieser Anspruchsliste kann natürlich niemand genügen. Da bleibt nur ein tägliches Scheitern an den eigenen Ansprüchen, das ständige Gefühl den eigenen Zielen »hinterherzuhängen«. Stress und Zeitdruck werden zum Dauerzustand.

Wenn dann aber einmal freie Zeit da ist (z. B. in Situationen, wo ein Termin einmal ausfällt), kann diese Zeit oft nicht wirklich genossen werden; schnell kommt das schlechte Gewissen: Darf ich mir diese Zeit überhaupt gönnen? Müsste ich nicht noch dies oder jenes machen, verbessern, erledigen? Selbst die Freizeit wird damit dem Diktat der Optimierung unterworfen, sie ist nicht wirklich »frei«; sie muss einem Zweck dienen, zielgerichtet genutzt werden.

Die 27-jährige N. schreibt: »Das Gefühl, Zeit permanent *sinnvoll* zu nutzen, finde ich anstrengend.« Und die 26-jährige N. sagt mir: »Wenn ich dann manchmal abends völlig k. o. auf dem Bett liege, frage ich mich: Darf ich jetzt einfach so hier liegen und eine Comedy-Serie schauen? Oder müsste

3 Beschleunigung und durchgetaktete Lebensabläufe schon seit der Kindheit

ich jetzt nicht eigentlich doch noch weiter an meiner Masterarbeit arbeiten, Sport treiben, mir was Gesundes kochen, mich bei Person X melden, mich weiterbilden ... also etwas ›Sinnvolles‹ und ›Zielorientiertes‹ tun, das mich ›weiterbringt‹? (Wobei eigentlich?) Durch die Selbstoptimierung fehlen die Ruhepausen. Man kann sich nicht entspannen. Alles hat einen Zweck, ein Ziel. Das ist erschöpfend.« Der Begriff der »Muße« oder Formulierungen wie »die Seele baumeln lassen« erscheinen wie aus einer anderen Zeitepoche oder Kultur!

Viele der jungen Leute, mit denen ich gesprochen habe, leiden sehr unter der fehlenden Freizeit im Sinne von wirklich freier, nicht vorab verplanter Zeit. Ihnen fehlt nicht nur die Zeit für Ruhe, Erholung und Muße, sondern auch die in diesem Alter so wichtige Zeit für Spontanes und Nicht-Geplantes, für Experimente, für die Reflektion ihres Lebens und ihre Selbstfindung. Viele haben den Eindruck »zu funktionieren« und verlieren den Kontakt zu ihren eigenen Wünschen und Bedürfnissen. Sie sind sich unsicher, was sie wirklich wollen – denn um das herauszufinden fehlt die Zeit!

T., 26 J., sagt: »Aktuell fühle ich mich eher verloren, denn so wirklich weiß ich nicht, was mich begeistert, worauf ich (langfristig) Lust habe, was mich eigentlich ausmacht. Durch Studium, Lohnarbeit und politisches Engagement ist der Kalender voll und meine Tage entsprechend getaktet ... Das bedeutet für mich aber auch, dass ich oftmals gar nicht aus meinem ›Machen-Modus‹ herauskomme und ich Freundschaften oder auch Hobbies hintenan stelle. Mir fällt es schwer zu sagen, ob ich glücklich bin. Ich glaube, dafür müsste ich ein paar Dinge ändern, mir mehr Zeit auch für mich nehmen. Doch es fällt mir schwer, mir einfach so Ruhe oder Freizeit zu gönnen.«

L, 25 J., formuliert: »Ich fühle mich sehr regelmäßig überfordert. Aktuell studiere ich, arbeite nebenbei und bin auch noch in einer Umweltgruppe engagiert. Das alles nimmt mich insgesamt sehr ein und mir fehlt manchmal die Zeit, um mich einfach auszuruhen und mal etwas für mich zu machen.«

3 Beschleunigung und durchgetaktete Lebensabläufe schon seit der Kindheit

Und R., 30 J., schreibt: »Ich habe das Gefühl, noch auf der Suche zu sein, nach dem was mich erfüllt. Habe gleichzeitig Angst, meine Zeit nicht ›gut genug‹ zu nutzen (was auch immer ›gut‹ heißt ...) oder etwas zu verpassen. Ich bin damit nicht glücklich ...«.

Konkret bringt N., 26 J., die Verbindung von Optimierungsanspruch und Zeiterleben auf den Punkt und stellt sich die interessante Frage: »Was ist der Wert von freier Zeit? Was ist der Wert von Langeweile? Was geht uns dadurch verloren? Ich bemerke bei mir selbst, dass ich sogar auf kurzen Bahnfahrten oder so direkt aufs Handy schaue. Früher war das Zeit, in der ich meine Gedanken habe schweifen lassen. Heute wird sie direkt ›genutzt‹. Entweder ich höre einen Podcast, der mich weiterbringt, oder ich gucke irgendeinen Mist und fühle mich dann schlecht dafür, dass ich den Podcast nicht gehört habe. Was wäre, wenn ich nichts getan hätte? Wäre ich dann mental gesünder? Hätte ich eine kreative Idee für mein Leben gehabt?«

Als Soziologe hat sich Hartmut Rosa, Professor an der Universität Jena, intensiv mit dem Thema der veränderten Zeitstrukturen in unserer Gesellschaft beschäftigt. In seinen Büchern[30] setzt er sich mit der rasanten Beschleunigung unseres Lebens – als einem der hervorstechenden Merkmale unserer Gegenwart – auseinander.

Während bis weit ins 20. Jahrhundert hinein die Verheißung gelautet habe, durch technologischen Fortschritt und immer mehr Maschinen, die den Menschen die Arbeit erleichterten, käme es irgendwann zu einem Überfluss an Zeit in der modernen Gesellschaft, sehe die Realität heute völlig anders aus: »Das Tempo des Lebens hat zugenommen und mit ihm Stress, Hektik und Zeitnot.«[31] Statt der durch den technischen Fortschritt erwarteten Utopie eines »Zeitwohlstands« leben wir heute in einer Zeit des »Zeitnotstands«.

Rosa unterscheidet in seinen Büchern drei Aspekte von Beschleunigung: die *technische Beschleunigung*, d. h. die Beschleunigung von Transport-, Kommunikations- und Produktionsprozessen (z. B. durch die Erfindung des Autos oder des Internets); die *Beschleunigung des sozialen Wandels*, d. h. die beschleunigte Veränderung von Handlungsorientierungen, die die Gesellschaft liefert, z. B. in Form von Moden, Lebensstilen, Beschäfti-

3 Beschleunigung und durchgetaktete Lebensabläufe schon seit der Kindheit

gungsverhältnissen, Familienstrukturen, politischen und religiösen Bindungen; und zum Dritten die *Beschleunigung des Lebenstempos*. *Technische Innovationen* stellten dabei eine mächtige Triebfeder auch des sozialen Wandels dar. So habe die Erfindung und Etablierung des Internets seit 1989/1990 gravierende Folgen für unsere Kommunikationsstrukturen und Berufs- und Freizeitpraktiken gehabt und habe sie weiterhin. Dem Individuum eröffneten sich – wie bei allen technischen Innovationen – einerseits neue Möglichkeiten und Chancen; andererseits entstünden jedoch auch große Anpassungszwänge und der Druck »mit den Veränderungen Schritt halten zu müssen«. Die Gefahr, dies nicht zu können und daher Anschlussmöglichkeiten zu verlieren, erzeuge aber einen unmittelbaren Druck, das Lebenstempo zu erhöhen, sich gleichsam »auf dem Laufenden zu halten«[32] oder – wie die 28-jährige J. oben schreibt – immer »on track« zu sein. Es gilt, sich den immer schneller wechselnden Techniken und Moden bzw. gesellschaftlichen Praktiken und Handlungsstrukturen anzupassen, um in der Gesellschaft mithalten zu können und nicht »abgehängt« zu werden.

Die *Beschleunigung des Lebenstempos* äußere sich in unserer Gesellschaft nicht nur in der Erfahrung von Zeitnot und Stress, so Rosa, sondern manifestiere sich auch in der Steigerung der Zahl von Handlungen und Erlebnissen pro Zeiteinheit (und finde sich z. B. auch in Begriffen wie »Speed Dating« und »Multitasking« wieder).[33]. Damit ist das auch von den oben zitierten Interviewpartner*innen beschriebene Bedürfnis oder Erleben beschrieben, immer mehr in weniger Zeit zu tun und immer mehr in unser Leben »hineinpacken« zu wollen. Wir versuchen, immer mehr Konsum- und Lebensoptionen auch auszuschöpfen, aus Angst den Anschluss zu verlieren oder etwas zu verpassen. Dieses Phänomen bezeichnet Rosa wiederum als »Verpassensangst«.[34] So packen wir »drei Leben in eins«, laden uns immer mehr auf und vervielfachen unser Tempo. (Als FOMO (»Fear of Missing Out«) wird diese Angst heute vor allem in Bezug auf Social Media von jungen Menschen diskutiert, darauf werde ich in Kapitel 4 eingehen.)

Rosa identifiziert zwei Motoren dieser Beschleunigung. Der *ökonomische Motor* sei unser an immer mehr Wachstum und Kapitalgewinnen orientiertes Wirtschaftssystem. Jeder Zeitvorsprung in der Produktion von Gütern sei ein Wettbewerbsvorteil, erhöhe den Gewinn. Also müssen die

3 Beschleunigung und durchgetaktete Lebensabläufe schon seit der Kindheit

Menschen, um mehr Gewinn zu generieren, nicht nur immer besser, sondern auch immer schneller werden. In einem solchen System werde die wechselseitige Steigerung von Wachstum und Beschleunigung »zum unausweichlichen strukturellen Zwang, der die Entwicklung der Gesellschaft unerbittlich vorantreibt«[35].

Als *kultureller Motor* für die Beschleunigung unseres Lebenstempos, für das Bedürfnis, immer mehr aus unserem Leben »herausholen« zu wollen, wird auch der Rückgang religiöser Vorstellungen in unserer Gesellschaft diskutiert: Durch den Wegfall der Perspektive auf das »Paradies«, das Leben nach dem Tod, die in unserer säkularisierten Welt abhandengekommen ist, müsse alles in dieses »eine« Leben gepackt werden. Statt in unserer (wenigen) »freien« Zeit Ruhe, Stille, Muße zu genießen, hasten wir von einer Aktivität in die andere, immer auf der Suche nach dem noch Besseren.

Heiner Keupp, langjähriger Psychologieprofessor an der Universität München, spricht von einer »spürbaren Beschleunigung und Verdichtung der Abläufe in den beruflichen und privaten Lebenswelten« im globalisierten Kapitalismus; in ihren Lebensformen passten sich immer mehr Menschen dieser »unaufhaltsamen Beschleunigungsdynamik« an.[36] Dabei – und das spüren wir zunehmend in unserer Gesellschaft – bringe der Steigerungs- und Beschleunigungswahn uns an die Grenzen unserer Kräfte. Zudem fordere die Digitalisierung und Globalisierung von heutigen Arbeitnehmer*innen immer mehr, ständig verfügbar, immer erreichbar, (am besten) weltweit vernetzt zu sein; auch sollen sie sich stets flexibel halten und Arbeitsorte, Tätigkeiten und Projekte wechseln können. Arbeits- und Privatleben würden in einer solchen Arbeitswelt »entgrenzt«, oft gebe es keine klar definierte »Freizeit« mehr. Auch innerhalb der Arbeitszeit können sich Strukturen aufgrund ständig neuer Software, Workflows, neu strukturierter Teams häufig nicht festigen.

Die hier betrachteten heute 20-bis 30-Jährigen sind erst nach dem Beginn der immensen, durch Digitalisierung und Globalisierung ausgelösten Beschleunigungswelle, die Rosa für die Jahre ab 1989 datiert und die immer noch anhält (und die durch aktuelle KI-Entwicklungen noch einmal angeschoben wird), geboren. Sie sind mit dem Internet und den dadurch beeinflussten Arbeits- und Kommunikationsstrukturen bereits aufgewachsen und kennen »die alte Welt« gar nicht mehr (vgl. auch Kap. 4 und Kap. 6).

Neben der Beschleunigung durch die Digitalisierung und deren Folgen haben aber auch in ihrem bisherigen Leben bereits weitere Faktoren zur »Verdichtung« ihrer Lebensabläufe beigetragen. Als Beispiel seien hier die strukturellen Veränderungen durch die G8-Reform der Gymnasien und die Bologna-Reform des Studiums genannt sowie auch das veränderte Erziehungsverhalten der Eltern.

Leistungs- und Zeitdruck schon in der weiterführenden Schule: Das Abitur nach 12 Jahren (G8) und das GAP-Year

Bereits in ihrer Schulzeit hatten zumindest diejenigen, die von der sog. G8-Reform der weiterführenden Schulen betroffen waren, deutlich stärker verdichtete Lehrpläne und weniger Gestaltungsfreiheit als frühere Generationen von Schüler*innen.

So schreibt mir die 27-jährige H.: »Ich war der erste G8 Jahrgang. Das war furchtbar. Ich hatte seit der 6. Klasse zwei bis dreimal nachmittags Unterricht.«

Die 25-jährige L. erinnert sich: »G8 fand ich einfach nur schrecklich! Regelmäßig hatte ich nur einen Tag Wochenende, oder habe bis abends um 21.00 Uhr gelernt. Eine Klausur jagte die andere, und ich hatte das Gefühl, das Gelernte gar nicht richtig sacken lassen zu können, weil es einfach zu viel in zu kurzer Zeit war.«

M., 24 J., schreibt zu G8: »Meine Freizeit war immer sehr verplant. Rückblickend weiß ich auch gar nicht, wie ich so viele Aktivitäten in eine Woche gepackt bekommen habe. (Ich habe einmal in der Woche Geigenunterricht gehabt, war an einem anderen Nachmittag im Orchester, zweimal nachmittags hatte ich mittags Schule, habe dreimal in der Woche abends und am Wochenende Fußball gespielt, …) oftmals bis spät abends dann Hausaufgaben gemacht/für Klausuren gelernt. Meine Zeit war also immer verplant …«

3 Beschleunigung und durchgetaktete Lebensabläufe schon seit der Kindheit

Die 26-jährige M. schreibt: »Schon in der Schule hatte ich das Gefühl, nie gut genug zu sein und nicht mithalten zu können.«

Und P., 22 J., erinnert sich: »Ich habe von meiner Schulzeit immer noch den Satz der Lehrer in den Ohren ›Das können wir wegen G8 nicht machen‹.« Für spannende Exkursionen, Projekte, die Vertiefung und Diskussion von Themen und eigenen Interessen sei keine Zeit gewesen.

Das Abitur nach der zwölften Jahrgangsstufe (umgangssprachlich Turboabitur oder G8 genannt) wurde zwischen 2009 und 2015 in fast allen Bundesländern eingeführt. Die Idee ging auf ökonomische Überlegungen u. a. der Bertelsmann-Stiftung zurück. Deutschland habe eine im internationalen Vergleich zu lange Schulzeit. Die Abiturienten sollten durch die Verkürzung der Schulzeit von 13 auf 12 Jahre ein Jahr früher für die Wirtschaft und den Arbeitsmarkt zur Verfügung stehen.

Für die betroffenen Kinder bedeutete das die Verdichtung der ursprünglichen Lehrpläne des Gymnasiums auf 8 (statt 9) Jahre. Statt die Stoffmenge zu reduzieren und ggf. gleichzeitig den Erfordernissen der heutigen Zeit anzupassen, wurde von den Kindern verlangt, die gleiche Stoffmenge in kürzerer Zeit lernen. Sie hatten dann ab der 5. Klasse schon mindestens zweimal wöchentlich (und in den nächsten Klassen noch häufiger) nachmittags Unterricht. Für viele der von mir Befragten rückblickend schwierig war vor allem aber auch der Wegfall der ehemaligen Jahrgangsstufe 11, die Schüler*innen im G9-System zuvor noch nutzen konnten, um sich in der »Oberstufe« erst einmal zu orientieren und auszuloten, in welchem Fach sie Leistungskurse belegen wollten. Viele nutzten die alte »11« auch für Auslandsaufenthalte (in dem geschützten familiären Rahmen einer Gastfamilie und dem Besuch einer ausländischen Schule); auch hatten sie in der alten »11« einfach mehr Zeit für die Entwicklung ihrer Persönlichkeiten und auch politischer und außerschulischer Interessen, um danach dann in die zweijährige Qualifikationsphase zum Abitur einzusteigen.

Ergebnis der G8-Reform – die als gescheitert bezeichnet werden kann und jetzt schon wieder in vielen Bundesländern zurückgenommen wurde[37]) – war, dass viele Jugendliche mit 17 oder 18 Jahren ihr Abitur zwar »in der Tasche hatten«, aber sich überhaupt noch nicht reif für eine Ausbildung

3 Beschleunigung und durchgetaktete Lebensabläufe schon seit der Kindheit

oder ein Studium fühlten, geschweige denn für sich schon herausgefunden hatten, in welche Richtung es für sie beruflich überhaupt gehen könnte. Immer mehr benötigten dafür dann das sog. Gap-Year, das kennzeichnend für die Orientierungslosigkeit dieser Generation von jungen Abiturient*innen ist. Sie wollten dann nach den 12 Jahren – erst gerade 18 Jahre alt geworden, manche sogar noch 17 – erst einmal durchatmen und z.B. reisen oder ins Ausland gehen. Oft war dazu aber sehr viel Selbständigkeit und Mut erforderlich. Insbesondere die Anforderung, im Ausland zu arbeiten, ohne Anknüpfung an eine Familie, und sich damit auch außerhalb des Systems Schule zu bewegen, schien vielen zu hoch. Eine Kunst war zudem, sich bereits ein Jahr vor dem Abitur, mit 16 oder 17 Jahren, für ein solches Jahr zu entscheiden, die Angebote zu vergleichen, Auswahlseminare diesbezüglich zu durchlaufen u.ä.

Einige der von mir Befragten verbrachten dann das Gap-Year sinnvoll, indem sie Freiwillige Soziale, Kulturelle, Ökologische Dienste oder Au-Pair-Aufenthalte im In- und Ausland absolvierten, andere, indem sie Praktika machten oder Work&Travel-Angebote nutzten; sie empfanden diese Zeit auch als durchaus sehr bereichernd und konnten sich danach für einen bestimmten beruflichen Weg entscheiden. Wer dies aber nicht rechtzeitig bereits vor dem Abitur geplant hatte oder sich dies nicht zutraute, und sich auch noch nicht für ein Studium reif genug fühlte, blieb auch in diesem Übergangsjahr oft ohne Orientierung, hangelte sich von einem Job zum nächsten, manche fielen – nach Wegfall der Strukturierung durch die Schule und fehlender neuer Strukturierung – in depressive Symptomatiken. Einige wurden von ihren Eltern dann zu früh gedrängt, nun doch endlich eine Ausbildung oder ein Studium zu beginnen, taten das dann auch halbherzig, brachen jedoch wieder ab.

Das Ziel, die Schulabgänger*innen zügig an die Universitäten und auf den Arbeitsmarkt zu bringen, wurde folglich nicht erreicht. Und viele Universitäten meldeten sogar zurück, dass die Studierfähigkeit der Studienanfänger*innen durch die Umstellung auf G8 nachgelassen habe.

3 Beschleunigung und durchgetaktete Lebensabläufe schon seit der Kindheit

Leistungs- und Zeitdruck im Studium: Die Bologna Reform

Objektiv hat sich auch der Druck, der auf jungen Menschen im Studium lastet, in den letzten 20 Jahren deutlich erhöht. Durch die strukturellen Veränderungen des Studiums im Rahmen der sog. Bologna-Reform haben sich die Studienbedingungen im Vergleich zu früheren Studierendengenerationen erheblich verschärft und Zeitabläufe verdichtet. Außerdem besteht für viele Studierende der Zwang zur Lohnarbeit[38] – diese Zeit fehlt sowohl als Freizeit wie auch als Zeit für die Prüfungsvorbereitungen, was den Druck nochmals erhöht. Das Studium als »schönste Zeit des Lebens«, in der junge Menschen sich in Ruhe ausprobieren, ihre Identität entwickeln und sich über ihre Lebensziele klar werden können, ist Geschichte.

Ziel der Bologna-Reform war die Einführung international vergleichbarer und anerkannter Studienabschlüsse (Bachelor und Master). Dieser Reformprozess geht auf eine 1999 von 29 europäischen Staaten unterzeichnete politisch-programmatische Erklärung zurück, deren Umsetzung als »vollständige Neustrukturierung des Studiensystems in der Bundesrepublik Deutschland zu bewerten« ist.[39] Neben der Harmonisierung des europäischen Hochschulwesens und der Steigerung der internationalen Wettbewerbsfähigkeit des europäischen Hochschulraums sollte auch die Mobilität der Studierenden gefördert werden und vor allem in Deutschland auch eine frühere Beschäftigungsfähigkeit am Arbeitsmarkt (»employability«) erzielt werden.

Nach einem drei- bis vierjährigen Bachelorstudium ist in diesem System der reguläre berufsqualifizierende Studienabschluss erreicht; darauf aufbauend kann dann noch ein ein- bis zweijähriges Masterstudium erfolgen. Der Arbeitsaufwand der Studierenden wird nicht mehr in Semesterwochenstunden, sondern in Leistungspunkten (ECTS) berechnet. Das Studium wird in Module unterteilt; in diesen Modulen müssen regelmäßig Leistungen erbracht werden. Studienbegleitende Prüfungen ersetzen Abschlussprüfungen, die am Ende des Studiums den gesamten Stoff umfassen. Das bedeutet im Extremfall, dass bereits während des Semesters schon nahezu jede Arbeit und jedes Referat benotet wird; dazu kommen dann noch die Modulabschlussklausuren am Ende des Semesters (meist fünf bis sieben Klausuren pro Semester).[40]

3 Beschleunigung und durchgetaktete Lebensabläufe schon seit der Kindheit

Für die Studierenden heißt das, dass vieles vorgegeben wird und sie im Vergleich zu den alten Diplom- und Magisterstudiengängen kaum noch Möglichkeiten haben, ihren Studienverlauf selbständig zu gestalten. Das wiederum wirkt sich negativ auf die Studienzufriedenheit aus. Die ständigen studienbegleitenden Prüfungen und der damit schon während der laufenden Semester nahezu durchgängige Leistungs- und Zeitdruck führen zudem zu einem erheblich höheren Stresserleben.[41] Ständig stehen – so formulieren es auch meine Gesprächspartner*innen – Prüfungen und Klausuren an, ständig müsse man »Credit Points hinterherjagen«. Das führe zu »Bulimie-Lernen«: Man stopfe den Stoff schnell in sich hinein, um ihn nach der Prüfung schnell wieder zu vergessen und Platz für den nächsten Stoff zu haben. Dazu kämen die Selbstzweifel, die ständigen Vergleiche mit den Kommiliton*innen, die alles scheinbar besser »hinbekämen«; viele trauten sich dann nicht, den anderen gegenüber ehrlich zu sein und zuzugeben, dass sie Schwierigkeiten hätten. Die Angst vor schlechten Noten sei groß; viele stellten hohe Ansprüche an sich und verlangten von sich einen möglichst schnellen Abschluss mit guter Note, weil sie Angst hätten, ansonsten keinen guten Job zu bekommen.

Viele meiner Gesprächspartner*innen klagen entsprechend über einen erheblichen Leistungs- und Zeitdruck im Studium.

So schreibt z. B. L., 25 J.: »Ich setze mich sehr unter Druck, in der Uni sehr gute Leistungen erbringen zu müssen. Ich habe sonst Angst, mir auf dem Arbeitsmarkt Chancen zu verbauen ... Ich fühle mich sehr regelmäßig überfordert ... Das Bachelor-Master-System finde ich schrecklich. Vor allem mein Fach ist sehr verschult und man hat keine Chance, mal Kurse in anderen Disziplinen zu belegen. Ich musste in meinem Bachelor sehr viel lernen, lesen, Gruppenprojekte machen. Freizeit war auf jeden Fall zu wenig da. Auch Wahlmöglichkeiten, um selbst mehr Schwerpunkte zu setzen.« Auch die Techniker Krankenkasse betont auf ihren bereits erwähnten Informationsseiten für junge Menschen, wie sehr heute junge Studierende unter Leistungs- und Zeitdruck stünden.[42]

Verstärkend in Bezug auf die Angst vor schlechten Noten kommt in manchen Fächern der Umstand hinzu, dass nicht – wie eigentlich gefordert – jeder Bachelorabschluss tatsächlich berufsqualifizierend ist, sondern für

3 Beschleunigung und durchgetaktete Lebensabläufe schon seit der Kindheit

den Berufsbeginn ein Masterstudium vorausgesetzt wird (z. B. Psychologie, Lehramt). Die Masterstudienplätze sind aber oft begrenzt, stehen also nicht für alle Bachelorabsolvent*innen zur Verfügung. So kann es z. B. im Fach Psychologie sein, dass man, um einen Platz in einem bestimmten Masterstudiengang zu erhalten, einen Bachelorabschluss mit einem Notenschnitt von 1,0 bis 1,2 vorlegen muss. Das setzt dann schon ab dem ersten Semester des Bachelorstudiums extrem unter Druck.

Nach Stegmayr[43] zeichnen sich die Auswirkungen der Strukturveränderungen auf die Studierenden an deutschen Hochschulen klar in den Beratungseinrichtungen ab. Grundlegend nähmen psychosoziale Belastungen unter den Studierenden weiter zu. Insbesondere seien die Beratungsanfragen wegen Leistungsstörungen, Prüfungsangst, Stressbeschwerden und Problemen mit dem Zeitmanagement stetig angestiegen und auch die Diagnoseraten psychischer und Verhaltensstörungen hätten stark zugenommen, was u. a. auch mit dem hohen Leistungsdruck in Zusammenhang stehen könne.

Keine der beiden Reformen – weder die G8-Reform noch die Reform des Studiums – haben im Übrigen das Kernproblem des deutschen Bildungssystem, nämlich die hohe Bildungsungerechtigkeit, vermindern können: In Deutschland entscheidet immer noch die Herkunft eines Kindes über den Bildungserfolg (und nicht z. B. primäre Faktoren wie Intelligenz oder Begabung). Vor allem viele Jugendliche aus ärmeren sozialen Schichten (egal ob mit oder ohne Migrationshintergrund) werden nicht genügend gefördert. Allein in Nordrhein-Westfalen verließen 2022 nach Angabe des Statistischen Landesamtes IT NRW 11.385 Jugendliche ohne Hauptschulabschluss die Schule.[44] Sie hätten entsprechend große Nachteile bei der Suche nach einer Ausbildung. Eine 2022 veröffentlichte Bertelsmann-Studie zählte für 2021 bundesweit rund 1,7 Millionen junge Erwachsene im Alter von 20 bis 30 Jahren, die keine abgeschlossene Ausbildung haben. »Unsere Gesellschaft kann es sich angesichts des wachsenden Fachkräftemangels nicht leisten, diese Personen durchs Raster fallen zu lassen«, kommentierte der Bildungsforscher Klaus Klemm die bundesweite Studie.[45]

Leistungsdruck durch die Eltern: Helikopter-Eltern

Auch der Druck vieler Eltern auf ihre heranwachsenden Kinder scheint in den letzten Jahren größer geworden zu sein. Das familiäre und soziale Umfeld erwartet von heute jungen Menschen oft, »dass die höchsten Schul- und Berufsabschlüsse mit Bestnoten erzielt, außergewöhnliche Leistungen auch in verschiedenen Hobbys (zum Beispiel in der Musik, im Sport) erbracht und beruflich erfolgreiche Karrieren absolviert werden«[46], so Marion Sonnenmoser im Dt. Ärzteblatt 2022. Für den deutschsprachigen Raum fehlen noch diesbezügliche Studien; für den englischsprachigen Raum belegt eine weitere Studie der bereits in Kapitel 2 genannten britischen Autoren Curran und Hill die tatsächliche Zunahme dieser Erwartungshaltung. Die Autoren stellten fest, dass die Erwartungen und auch der Druck von Eltern hinsichtlich der akademischen Laufbahn der von ihnen untersuchten 41.641 Studierenden in den Jahren von 1989 bis 2019 deutlich zugenommen hätten und dass die Eltern heute einen wesentlich stärkeren Einfluss auf Schule, Freizeit, Studium und Beruf ihrer Kinder nähmen als früher.[47] So habe z. B. auch die Zeit, die Eltern mit den schulischen Hausaufgaben ihrer Kinder verbrächten, immens zugenommen.

Auch einige der von mir Befragten beschreiben den durch ihre Eltern erlebten Leistungsdruck.

G., 27 J., schreibt z. B.: »In der Grundschule habe ich mich noch leicht getan, aber ... so ab der 8. Klasse Gymnasium wurde ich in vielen Fächern (vor allem Mathe, Physik, Latein, Chemie ...) deutlich schlechter und meine Eltern, vor allem mein Vater, haben mit mir gelernt und es gab oft Streit ... Ich erinnere mich noch an meinen Vater, der mich oft morgens im Auto auf dem Weg zur Schule oder am Frühstückstisch abgefragt hat und dann sauer war, wenn ich den Stoff nicht picobello konnte ... Und ich hatte wenig Freizeit, mal am Wochenende, aber auch da hatte vor allem meine Mutter immer etwas vor mit uns, und unter der Woche war Musik und Sport ...«

S., 28 J., sagt: »Ich habe ... von meiner Mutter ... sehr viel Leistungsdruck erhalten. Sie hätte sich gewünscht, dass ich Ärztin werde, ein gutes Studium abschließe usw.«

Den Eltern ist diesbezüglich kein Vorwurf zu machen; dies betonen auch Curran und Hill. Die heutigen Eltern seien selbst geprägt von den gesellschaftlichen Werten und Entwicklungen der letzten Jahrzehnte: insbesondere durch die zunehmende Konkurrenzorientierung in unserer Gesellschaft, aber vor allem auch durch die zunehmende Schere zwischen Arm und Reich, gestiegene Lebenshaltungskosten im Verhältnis zu den Löhnen und die Sorge vor sozialem Abstieg.[48] Sie erhoffen sich für ihre Kinder ein Leben in finanzieller Sicherheit und sehen den Weg dahin in guten Schulnoten, Abitur und einem erfolgreichen Studium. Sie wollen nur das »Beste« für ihr Kind und versuchen – und das ist gut gemeint – ihren Kindern einen »optimalen« Start ins Leben zu ermöglichen.

Ein gutes Abitur und ein abgeschlossenes Studium werden von vielen Mittelschichteltern heute als Garant für einen guten Platz in der Gesellschaft und Schlüssel zu einem selbstbestimmten Leben betrachtet. Statt auf die individuellen Begabungen des Kindes zu schauen, vielleicht aber auch seine Schwächen zu akzeptieren, werden oft Abitur und Studium angestrebt, ohne dass die Kinder wirklich dazu geeignet sind. Berufliche Ausbildungen werden oft gar nicht in Erwägung gezogen, obwohl es doch gerade in diesem Bereich an Fachkräften in unserer Gesellschaft mangelt und es für einige möglicherweise der passendere Weg wäre.

Viele Eltern bemühen sich, ihren Kindern keinen Druck zu machen und wünschen sich, dass sie möglichst unbeschwert aufwachsen. Dennoch vermitteln auch sie häufig implizit und unbewusst die o. g. Erwartungshaltung: Die Kinder *spüren* z. B., dass die Eltern sich freuen und stolz auf sie sind, wenn die Leistungen entsprechend gut sind, und sie möchten sie nicht enttäuschen. Sie spüren, wie wichtig ihnen das Leistungsthema ist. Und auch von den Eltern durchaus positiv und stärkend gemeinte Sätze wie »Aus Dir wird sicher mal etwas ganz Besonderes« oder »Du hast so viele Möglichkeiten, Dir steht so vieles offen. Du schaffst das ganz bestimmt!« können erheblich unter Druck setzen.

T., 26 J., schreibt z. B.: »Für meine Eltern war es wichtig, dass ich die Möglichkeit habe, ein Studium zu absolvieren. Gerade weil sie selbst nicht studiert haben, mein Vater zeitweise auch Hartz IV beziehen musste, waren Noten wichtig, um einen gewissen Bildungsgrad und damit auch eine bessere finanzielle Absicherung erreichen zu können. ... Meine Eltern

3 Beschleunigung und durchgetaktete Lebensabläufe schon seit der Kindheit

waren nie böse oder haben mich für schlechte Noten sanktioniert, sie waren eher enttäuscht. Aber auch nicht übermäßig. Es war eher so, dass ich für gute Noten Lob bekommen habe – ganz gleich, ob ich an Sachen Spaß hatte oder nicht – und das kann ich meinen Eltern auch nicht verübeln. Das sorgt nur dafür, dass Leistung für mich immer mehr im Mittelpunkt stand als Muße und Leidenschaft.«

P., 28 J., formuliert: »Auch wenn meine Eltern Ähnliches nie geäußert haben, ist es doch schon so, dass man will, dass die Eltern stolz auf einen sind und man möchte dementsprechend auch etwas erreichen.«

J., 27 J., sagt: »Die Erwartungshaltung elterlicherseits war in der Schulzeit hoch, aber nicht ausgedrückt. Gute Noten und ein zukünftiges Studium wurden vorausgesetzt.«

Natürlich gibt es auch Ausnahmen – denn die Vermittlung gesellschaftlicher Normen und Prägungen erfolgt ja, wie bereits erwähnt, nicht immer nur durch die Eltern, sondern auch durch andere Sozialisationsagenten wie die Schule, Gleichaltrige, die Medien etc. So formuliert z. B. M., 24 J.: »Ich meine mich zu erinnern, dass ich einen Erwartungsdruck seitens meiner Eltern nicht gespürt habe. Den Druck habe ich mir dann selber gemacht. Ich habe mich natürlich immer mit meinen Geschwistern verglichen und wollte im Vergleich zu den Klassenkameradinnen gut abschneiden.« Und F., 27 J., schreibt: »Ich hatte eigentlich keinen Druck von meinen Eltern. ... Habe Erwartungshaltungen eher im Abschlussjahr durch Lehrer erfahren.« Die 25-jährige H., die schon seit längerer Zeit wegen Depressionen und Ängsten in Therapie ist, formuliert explizit: »Die Angst, ›nie genug zu sein‹ ist der Kerngedanke, den ich in meiner Kindheit erlernt und übernommen habe und der maßgeblich Teil meiner Depression war und ist. Dafür mache ich zum größten Teil die Schule/das Schulsystem ... verantwortlich.«

Haben Eltern jedoch einen hohen Optimierungsanspruch, so ist die Folge ein ständiges Vergleichen und Bewerten des eigenen Kindes mit anderen Kindern, um einschätzen zu können, wo das eigene Kind gerade steht und wo es gegebenenfalls noch gefördert werden müsste. Freiräume für das Kind, in dem es nicht einem ständigen Vergleichen und Bewerten unterliegt, sind dann bei solchen Eltern rar. Und es lernt leider früh, sich selbst auch mit anderen Kindern zu vergleichen und mit ihnen in Konkurrenz zu stehen. Manche Kinder entwickeln daher schon sehr früh die Angst, dabei nicht gut abzuschneiden, in den Augen der Eltern und anderer nicht »gut genug« zu sein.

Das Vergleichen und kritische »Beäugen« des eigenen Kindes im Vergleich zu anderen Kindern kann schon im Säuglingsalter, in der ersten PEKIP-Gruppe anfangen (Wann lächelt, greift, krabbelt mein Kind? Liegt es damit »in der Zeit«?), setzt sich fort beim Laufenlernen und der Sauberkeitserziehung (Wie weit sind die anderen?), wird verstärkt im Kindergarten, wo mittlerweile schon in den ersten Monaten Entwicklungs- und Dokumentationsmappen für jedes Kind angelegt werden, und durch das Schulsystem mit seinen ständigen Bewertungen durch Noten und Vergleiche mit Gleichaltrigen. Die optimale Kita und die optimale Schule werden – wenn möglich – ausgesucht; die Kinder bei den Hausaufgaben unterstützt. Bereits neben Kita und Grundschule werden die Kinder bei allen möglichen Aktivitäten »gefördert«, sie sollen früh Radfahren und schwimmen lernen, motorisch fit sein, mindestens eine Sportart regelmäßig ausüben, ein Musikinstrument erlernen, in ihrer Kreativität gefördert werden, am besten noch reiten, Schach spielen und eine Fremdsprache erlernen etc. – und haben kaum noch freie (im Sinne von unverplanter) Zeit.

Kommt zu dem Optimierungs- und Vergleichsdruck auch noch ein überängstlich behütendes und kontrollierendes Verhalten, so spricht man von »Helikoptern.« Die heute jungen Menschen, die gerade ins Erwachsenenleben »starten« sind die Kinder der ersten Generation von Eltern, die als »Helikopter-Eltern« beschrieben wurden. Der Begriff wurde erstmals Anfang der 2000er Jahre von einer amerikanischen Familientherapeutin geprägt. Er trifft natürlich nicht auf alle Eltern zu, mag aber für manche der Eltern meiner Gesprächspartner*innen treffend sein.

Die wahren »Helikopter-Eltern« wollen nichts dem Zufall überlassen und versuchen ein größtmögliches Maß von Kontrolle über das Leben ihrer Kinder auszuüben, um es vor jedem Schaden zu bewahren. Sie wissen immer, wo ihre Kinder sich gerade aufhalten und was sie tun. Sie verabreden ihre Kinder mit den Kindern anderer Eltern, die ihnen sympathisch

3 Beschleunigung und durchgetaktete Lebensabläufe schon seit der Kindheit

scheinen, bringen sie hin, holen sie ab oder verabreden sich sogar mit den anderen Eltern, um ihren Kindern beim Spielen zuzusehen und bei jedwedem Problem ggf. sofort eingreifen zu können. Sie sind im Zweifelsfall sogar beim Sporttraining oder beim Tanzunterricht dabei, sitzen auf der Bank und applaudieren ihrem Kind, wenn es etwas Gutes macht, trösten es sofort bei Misserfolgen.

Diese Kontrolle wird oft über das gesamte Grundschulalter beibehalten – einem Alter, in dem die heutige Elterngeneration nach der Schule und den Hausaufgaben einfach »nach draußen« gehen und auf der Straße spielen durfte, sich selbst Kontakte suchen musste, lernen musste, mit ersten Niederlagen und Konflikten selbständig umzugehen, einfach sich selbst überlassen war – was sicherlich auch wichtige Lernerfahrungen waren. Heute sind die meisten Grundschulkinder im »Offenen Ganztag«, besuchen nachmittags vorgegebene, vorher ausgewählte AGs zu festen Zeiten. Die Zeit danach wird meist unter Aufsicht der Eltern bei noch weiteren vorgeplanten Aktivitäten verbracht. Viele Eltern verbringen dann an den Nachmittagen auch noch viel Zeit mit der Anfertigung und Kontrolle der Hausaufgaben, um das Kind vor schlechten Noten zu bewahren und möglichst eine »Gymnasialempfehlung« zu erhalten.

Folge dieser ständigen Kontrolle, Förderung und vorgeplanten Aktivitäten bis in die Abendstunden hinein ist, dass die betroffenen Kinder und Jugendlichen sich immer weniger selbst frei ausprobieren können, um festzustellen, was sie wirklich gerne tun. Dazu haben sie zu wenig »freie« Zeit. Kreativität entsteht häufig erst aus Langeweile heraus, und den Zustand der Langeweile kennen manche Kinder gar nicht mehr bzw. werden, sobald sie dies signalisieren, von ihren Eltern zu irgendwelchen Aktivitäten angehalten oder (im schlechteren Fall) durch Fernsehen oder Tablet- bzw. Smartphonenutzung abgelenkt. Sie lernen zudem weniger, soziale Kontakte selbständig zu gestalten und Konflikte selbst zu lösen, da dies häufig zu schnell von den Eltern übernommen wird. Auch lernen sie weniger, mit alltäglichen schwierigen Situationen selbständig umzugehen. Wenn sie dann mit 18 Jahren die Schule beenden, wirken sie, so mein Eindruck, heute weniger erwachsen und weniger selbständig als Gleichaltrige früher.

3 Beschleunigung und durchgetaktete Lebensabläufe schon seit der Kindheit

Manche Eltern setzen sogar noch im Studium – und hier sind wir wieder bei der in diesem Buch im Fokus stehenden Altersgruppe – das »Helikoptern« fort: Den ja nun jungen Erwachsenen wird nicht zugetraut, sich ein eigenes Zimmer einzurichten – die Eltern reisen mit einer kompletten Ausstattung an und richten das Zimmer ein. Auch das Studium begleiten sie kritisch und ängstlich, telefonieren fast täglich mit ihren Kindern, lassen sich jedes Detail erklären, fiebern bei jeder Klausur oder Prüfung mit, geben hilfreiche (oder weniger hilfreiche) Lerntipps. Sie beachten nicht, dass ein Zuviel an Sorgen, Kontrolle und Nachfragen das ohnehin labile Selbstwerterleben vieler junger Menschen untergraben kann. Selbstvertrauen entsteht dadurch, dass man den Kindern etwas zutraut – nicht dadurch, dass man ihnen signalisiert, dass sie der ständigen Förderung und Kontrolle bedürfen!

P., 28 J., formuliert rückblickend sogar: »Mir war und ist der genaue Blick und das große Interesse meiner Eltern an meinem Leben schon immer unangenehm!! Ich habe für meine Autonomie immer kämpfen müssen. Ich möchte einen sicheren Hafen, wie man so schön sagt, aber keinen ängstlich überwachenden Big Brother … Lieber wären mir 10 Geschwister, so würde sich die Aufmerksamkeit meiner Eltern nicht nur zwischen mir und meiner Schwester aufteilen und ich könnte wohl trotzdem immer in ein sicheres Zuhause zurückkommen.«

Zusammenfassung

Unsere Welt ist immer schneller und schnelllebiger geworden. Wir fühlen uns dadurch oft gestresst und überlastet, fühlen uns »abgehetzt«. Wir versuchen, möglichst viel in unseren Alltag »hineinzupacken«, um möglichst viel zu erreichen und zu erleben und um »mithalten zu können«. Die heute jungen Erwachsenen haben – gefördert durch den Optimierungsdruck ihrer Eltern – schon früh eine Konkurrenzorientierung verinnerlicht, die dann in Schule und Studium weiter verstärkt wurde. Die Bildungsreformen der weiterführenden Schulen und des Studiums haben bei ihnen schon früh zu einer deutlichen Verdichtung ihrer Lebensabläufe und einem großen Leistungs- und Zeitdruck schon

> in jungem Alter geführt. Selbst kleine Kinder geraten heute schon oft unter Leistungsdruck. Ein Zuviel an Fürsorge und Kontrolle durch die Eltern kann ihr Selbstvertrauen untergraben.

Anregungen zur Reflektion

Wollen wir uns weiter so durch unser Leben hetzen (lassen)? Wollen wir weiter »Getriebene« eines Wirtschaftssystems sein, das immer mehr von uns in immer kürzerer Zeit fordert, und dieses Denken auch auf uns selbst und unser ganzes Leben übertragen?

Müssen wir z. B. unsere Zeit stets optimal »nutzen«? Müssen wir auch ständig bei allen neuen technischen Entwicklungen, Moden und gesellschaftlichen Trends mithalten? Oder können wir uns da nicht auch an einigen Stellen verweigern?

Was hilft uns, »abzuschalten« und zur Ruhe zu kommen? (z. B. einfach spazieren gehen, Aufenthalte in der Natur, Sport, uns mit guten Freunden treffen, am Wochenende keine beruflichen E-Mails und Nachrichten lesen etc.). Sollten wir nicht genau das häufiger tun? Oft sind es ganz einfache, basale Dinge (und nicht die großen teuren Konsummöglichkeiten), die entspannen.

Wie können wir als Gesellschaft Strukturen schaffen, die Menschen brauchen, um ihr Leben »entschleunigen« zu können? Wie könnten wir z. B. auch unser Schul- und unser gesamtes Bildungssystem so gestalten, dass nicht so viel Druck auf junge Menschen aufgebaut wird und nicht schon kleine Kinder so früh in eine Konkurrenzorientierung und ständige Vergleiche und Bewertungen »hineingedrängt« werden? Worauf sollten wir dabei auch als Eltern bei der Erziehung unserer Kinder achten? Wie können wir unseren Kindern mehr Zeit und Raum für ihre Persönlichkeits- und Identitätsentwicklung geben?

4 Social Media: Soziale Vergleiche, FOMO und die Vermarktung des Selbst

»Mich belastet die ständige Erreichbarkeit durch mein Handy und Social Media. Mich macht Social Media unglücklich, da ich häufig das Gefühl bekomme, dass alle anderen ein unbeschwertes Leben führen und ich nicht. Ich habe häufig dadurch das Gefühl, nicht zur Ruhe zu kommen ... Und dann kommt noch der ständige Druck, positiv und glücklich wirken zu müssen.« (N., 28 J.)

Der Druck, der auf heute jungen Menschen lastet und den ich in den bisherigen Kapiteln unter den Stichworten Optimierung und Beschleunigung zu beschreiben versucht habe, wird durch ein Instrument verstärkt, das sie nahezu ständig auf ihrem Smartphone bei sich tragen: Social Media.

Was sind Social Media? Social Media sind digitale Kommunikationsplattformen wie Facebook, WhatsApp, Instagram, YouTube, Tinder, Snapchat oder Tiktok. Sie dienen dazu, sich mit anderen zu vernetzen und eine Kommunikationsbasis herzustellen. Sie dienen aber – gerade auch jungen Menschen – dazu, sich darzustellen. Will ich in einer beschleunigten und nach Optimierung strebenden Gesellschaft »mithalten« und weiter »dazugehören«, muss ich mich – im Sinne des »Unternehmerischen Selbst« – nicht nur immer weiter zu optimieren versuchen (vgl. Kap. 2) und dabei immer schneller werden (vgl. Kap. 3), sondern mich auch entsprechend »am Markt« zeigen, d. h. mich möglichst positiv (im Vergleich zu den anderen) »präsentieren«, um positive Bewertungen zu erhalten. Die Plattform oder »Börse« dafür sind die Social Media, die gerade von jungen Menschen sehr häufig genutzt werden.

Gerade in den Sozialen Medien wird besonders gut deutlich, wie sehr die Idee des Wettbewerbs und des sich Vermarktens mittlerweile in zahlreiche, auch private Bereiche unseres Lebens vorgedrungen ist. Sämtliche Freizeitaktivitäten und Urlaube, berufliche Erfolge und private »Highlights«, aber auch einfache Alltagsaktivitäten wie »Was koche ich? Was kaufe ich ein? Welche Kleidung trage ich heute? Was erledige ich gerade?« werden geteilt und präsentiert. Geschaut wird schnell: Wer reagiert wie darauf? Wie viele Likes, Herzen, positive Kommentare bekomme ich von wem? Und um festzustellen, wo ich gerade an der globalen »Ich-Börse« dotiere, gilt es dabei auch stets, die anderen im Blick zu behalten: Bekommen sie mehr Likes, Shares oder positive Kommentare als ich? Inwiefern sind sie klüger, schneller, besser im Studium oder im Job als ich? Und auch noch privat aktiver und glücklicher? Politisch aktiver? Gutaussehender und attraktiver? Viel besser gestylt als ich, mit einem besseren Umfeld, einem interessanteren Freundeskreis und spannenderen Hobbies? Es soll Menschen geben, die nur durch das Zählen von Followern, Likes und Freundschaftsanfragen ein Gefühl für die eigene Existenz und den eigenen Wert bekommen.[49] Auch wird für manche die Präsentation ihrer Aktivitäten wichtiger als der Genuss der Aktivität selbst: Statt z.B. den Blick auf ein historisches Gebäude oder eine schöne Naturlandschaft zu genießen, wird erst einmal schnell ein Selfie davor gepostet; und dann geht man schnell weiter, um bald das nächste Bild posten zu können. Statt ein besonderes Essen zu genießen, wird erst einmal ein Foto davon ins Netz gestellt und schon während des Essens geschaut, wer darauf reagiert. Auch hier: Die Präsentation des Bildes scheint wichtiger als der Geschmack des Essens selbst.

Aus unserem heutigen Alltag sind das Internet, Smartphones und Social Media nicht mehr wegzudenken; dennoch sind sie in unserer Geschichte eigentlich erst ein recht »junges« Phänomen. Die 1980er und 1990er Jahre scheinen uns von heute aus betrachtet wie eine andere Welt: Statt im Internet zu shoppen, ging man zum Bummeln in die Innenstadt, statt Wikipedia gab es den dicken »Brockhaus« im Regal, statt Klicks im Online-Banking wurden Überweisungsträger ausgefüllt und zur Bank gebracht, statt Online-Dating gab es Heiratsanzeigen in der Zeitung, statt Fitnesstracker zu nutzen ,musste man selbst in seinen Körper hineinspüren, wie »fit« er ist – oder sich vom Arzt untersuchen lassen. Kein Mensch schickte Fotos von dem, was er im Alltag gerade tat, mit der Post an seinen ganzen

Bekanntenkreis und machte damit sein ganzes Leben »öffentlich«, wie es heute z. T. der Fall ist.

Wie »jung« diese Entwicklung tatsächlich ist, zeigt die Tatsache, dass das World Wide Web (www) erst am 30. April 1993 vom Cern-Direktorium in Genf kostenlos für die Öffentlichkeit freigegeben wurde, also vor gerade 30 Jahren. »Das hat das Leben von Milliarden Menschen revolutioniert – in Sachen Kommunikation, Beruf, Informationsbeschaffung, Bildung, Einkaufen, Liebe…«[50] Zuvor war es nur für wenige Experten an Rechenzentren oder Universitäten möglich, sich z. B. per E-Mail auszutauschen. Mit der Erfindung von Browsern und laienfreundlichen Oberflächen wurde das Internet zum Massenphänomen – zunächst noch am heimischen PC oder später Laptop. Der Trend verstärkte sich mit dem mobilen Internet. Mit dem iPhone von Apple, das Steve Jobs 2007 vorstellte, konnte dann auch mobil im Internet »gesurft« werden, das erste Android-Smartphone wurde ab 2008 verkauft. Das ist noch nicht einmal 20 Jahre her! Soziale Medien sind sogar noch weitaus jünger: Facebook wurde 2004 offiziell als Firma gegründet,[51] YouTube 2005 gegründet. WhatsApp gibt es seit 2009 [52]. Instagram wurde 2010 eingeführt, und ist seit 2012 auch für Handys mit dem Betriebssystem Android zu haben.[53] Snapchat gibt es seit 2011, Tinder wurde 2012 veröffentlicht, TikTok ist seit 2016 auch außerhalb von China verfügbar.[54]

Die von mir hier betrachteten heute 20- bis 30-Jährigen gehören zu den Geburtsjahrgängen 1992 bis 2002, sind also alle bereits mit Computern und digitalen Medien aufgewachsen und waren 2007 bei der Vorstellung des ersten iPhone zwischen 6 und 16 Jahre alt. Sie gehören zu der Generation der sog. »Digital Natives« – im Unterschied zu den sog. »Digital Immigrants«, zu denen z. B. ihre Eltern und alle anderen älteren Menschen gehören, die sich den Gebrauch von Computern und digitalen Technologien erst in einer Phase ihres Erwachsenenlebens aneignen mussten. Während die Jüngeren meiner Gesprächspartner*innen berichten, z. T. schon im Alter von 10 Jahren, mit Beginn der weiterführenden Schule, ein Smartphone bekommen und z. B. mit WhatsApp kommuniziert zu haben, waren die Älteren zwar bereits seit ihrer Kindheit mit dem Internet, PCs und Laptops bestens vertraut; das *mobile* Surfen« in Form von Smartphones trat aber erst später, meist erst kurz vor dem Abitur in ihr Leben.

4 Social Media: Soziale Vergleiche, FOMO und die Vermarktung des Selbst

Gerade junge Menschen zwischen ca. 20 und 30 Jahren sind Untersuchungen zufolge heute diejenigen, die Social Media am meisten nutzen.[55] Am beliebtesten bei jungen Leuten scheint dabei Instagram (als eine der größten Foto- und Videosharing-Plattformen mit 2020 weltweit über 1 Milliarde, in Deutschland allein 21 Millionen Nutzer*innen) zu sein; 71 % der Nutzer*innen sind unter 35 Jahren. In der Gesamtbevölkerung liegt dagegen Facebook vorn.[56] Nach einer ARD/ZDF-Onlinestudie von 2022 nutzen 56 % der Befragten im Alter von 14 bis 29 Jahren Instagram sogar täglich. Bei der Frage, welche Social-Media-Plattform sie weiternutzen würden, wenn sie sich für eine einzige entscheiden müssten, entschied sich die Mehrheit der 14- bis 29-Jährigen für Instagram.[57]

Social Media erfüllen dabei zahlreiche durchaus positive Funktionen: Sie bieten Unterhaltung, z. B. in Form von Kurzvideos, die vielen einfach Spaß machen. Und sie ermöglichen es, mit anderen in Verbindung zu bleiben, Interessen miteinander zu teilen und sich auszutauschen. Social Media können zwar reale Treffen nicht ersetzen, aber sie ermöglichen es bei Krankheit, in den Ferien, am Wochenende, während eines Auslandsemesters, bei häufigen Umzügen mit Freunden in anderen Städten o. Ä. Kontakt zu halten. Auch ermöglichen sie es, Vorbildern zu folgen, die die eigene Identitätsentwicklung erleichtern. Zudem können die Nutzer*innen über ihre Profile auf den Plattformen, aber auch über selbst eingestellte Fotos oder Videos Rückmeldungen zu ihrer Person erhalten, was ebenfalls für die Identitätsentwicklung wichtig sein kann und früher eher »offline«, heute eben online erfolgt. Sie können schnell und einfach Informationen zu verschiedensten Alltagsthemen einholen. Sie können kostenlos zahlreiche Bildungsangebote wahrnehmen und sich über das Weltgeschehen informieren.[58]

Sie können aber auch sehr negative Wirkungen haben.

So stellt J., 27 J., fest: »Viel Nutzung schlägt auf die Zufriedenheit mit mir selbst.«; L., 24 J., sagt: »Wenn ich viel Zeit an meinem Handy verbringe, bekomme ich schlechte Laune, wegen der ›verlorenen Zeit‹.«; H., 27 J., formuliert: »Ich habe Social Media vor 1,5 Jahren gelöscht. Ich habe zu dem Zeitpunkt gemerkt, wie gravierend der Effekt auf mich und meine Zufriedenheit war. Ich habe alles in meinem Leben verglichen und immer das Gefühl bekommen, nicht zu reichen oder etwas falsch entschieden zu haben.«; und P., 28 J., schreibt: »Ich nutze so wenig Social Media wie möglich. Ich glaube, dass das Handy ein riesiger Zerstörer von Antrieb sein kann.«

Doch wodurch werden Social Media zum Stressfaktor für viele junge Menschen? Inwiefern werden durch sie die bereits in Kapitel 2 und 3 beschriebenen Belastungen (Optimierungsdruck, Zeitnot und Beschleunigungserleben, die Angst »nicht mithalten zu können«) noch weiter verstärkt?

Schon allein die reine *Nutzungsdauer* ist hoch. So nutzt die Altersgruppe der 16- bis 29-Jährigen in Deutschland ihr Smartphone täglich für durchschnittlich 177 Minuten.[59] Das sind 177 Minuten, die auch anders genutzt werden könnten: für ein Gespräch, eine wirkliche Pause, Erholung, die emotionale Verarbeitung von Gesehenem und Erlebten etc. Da kurze freie Momente durch den Griff zum Smartphone sofort gefüllt werden können, gibt es kaum noch solche wirklichen Pausen oder gar Momente der »Langeweile«. Da es ständig in der Nähe ist bzw. sogar am Körper getragen wird, ist es stets verfügbar und die einfachste und oft erste Wahl, um freie Zeit zu füllen. Durchgehend können Videos geschaut, Nachrichten gelesen und geschrieben, Kommentare und Likes geschickt, Selfies gepostet, Musik gehört werden.

Auch die potentiell ständige *Erreichbarkeit* wird für viele zum Stressor. Da die jungen Menschen immer weniger direkt miteinander, sondern über die Social-Media-Plattformen eher indirekt miteinander kommunizieren, indem sie z. B. Beiträge anderer mit Likes, Shares und Kommentaren beantworten, ist es erforderlich, stets »mitzubekommen«, was wer postet, um ggf. schnell darauf reagieren zu können und z. B. dadurch der Person zeigen zu können, dass sie ihnen wichtig ist. Aber auch bei direkt an sie gerichteten Nachrichten von Bekannten oder Freunden meinen sie, möglichst zügig reagieren zu müssen. Der regelmäßige Blick aufs Display und das Scrollen durch die eigenen Accounts ist dafür Voraussetzung. Die Angst, auf Nachrichten nicht sofort reagieren zu können, geht bei einigen sogar so weit, dass sie ihr Smartphone ständig in der Nähe haben müssen und sogar in panikartige Zustände geraten, wenn sie einmal von ihrem Smartphone getrennt sind (z. B. wenn das Handy einmal verloren gegan-

4 Social Media: Soziale Vergleiche, FOMO und die Vermarktung des Selbst

gen ist, vergessen wurde oder sie aufgrund eines leeren Akkus kurzzeitig nicht erreichbar sind). Dieses neue Phänomen wird unter dem Begriff »Nomophobie« (»no mobile phone phobia«) diskutiert.[60]

Den wohl größten Stressor stellen jedoch vor allem die *ständigen Vergleichsmöglichkeiten* mit anderen Personen dar, die auf den Social Media gegeben sind. Die idealisierten Vorstellungen, die auf den Plattformen verbreitet werden – ob zu Erfolg, Körperbild oder Lebensstil – tragen dazu bei, selbst auch noch »perfekter« sein zu wollen und verstärken damit den ohnehin schon gesellschaftlich vorgegebenen Optimierungsdruck. Die in Kapitel 2 beschriebene Gefahr, sich zu häufig mit den »immer noch Besseren« zu vergleichen (man nennt solche Vergleiche »Aufwärtsvergleiche«) und dabei schlecht abzuschneiden und sich selbst als »nicht gut genug« zu erleben, besteht schon reichlich im realen Leben. Während Menschen sich im realen Leben jedoch am ehesten mit ihnen bekannten Personen aus ihrem näheren privaten oder beruflichen Umfeld (Studium, Arbeitsplatz, Freundeskreis, Nachbarschaft) vergleichen und somit der Vergleich auf eine bestimmte Anzahl von Menschen beschränkt bleibt, besteht die Vergleichsgruppe in den Social Media aus einer unüberschaubar großen Zahl von Menschen weltweit, die sich dazu noch in größtenteils völlig anderen Lebenssituationen befinden und einen ganz anderen Hintergrund haben. Hier gibt es natürlicherweise immer unzählige Menschen, die besser oder perfekter sind, egal in Bezug auf welches Thema.

So schreibt die 26-jährige M.: »Ich verfolge bei Instagram Menschen, die zeigen, wie einfach eine vegane Ernährung ist, und fühle mich dann schlecht, weil es häufig nicht schaffe oder es mir einfach auch oft schwerfällt.«

Zum anderen handelt es sich bei den Darstellungen in Social Media oft um durch Filterfunktionen geschönte, »gefakte« Realitätsdarstellungen, die die betrachtende Person nicht überprüfen kann und bei denen sie ebenfalls nur »verlieren« kann. Ein grundlegender Bias (Verzerrung) ergibt sich daraus, dass die meisten Nutzer*innen, sich selbst nur bei positiven Erlebnissen (im Urlaub, mit Freunden, auf Partys, zusammen mit fröhlichen Menschen) darstellen und nicht in Situationen, in denen sie sich gerade als überfordert erleben und unglücklich sind. So entsteht bei der betrach-

4 Social Media: Soziale Vergleiche, FOMO und die Vermarktung des Selbst

tenden Person schnell der Eindruck: Den meisten geht es viel besser als mir, sie haben ein unbeschwerteres Leben (vgl. dazu das eingangs genannte Zitat der 28-jährigen N.). Gleiches gilt auch für die Darstellung von leistungsbezogenen Aktivitäten, bei denen natürlich nahezu immer nur Erfolge, wohl nur in den seltensten Fällen auch Misserfolge gepostet werden. Sehr gravierend ist jedoch auch die Tatsache, dass solche Vergleiche nicht wie im realen Leben auf konkrete Situationen (z. B. nach einer konkreten Begegnung) beschränkt bleiben, sondern mittels Social Media jederzeit auf dem Smartphone zur Hand sind: nach dem Aufstehen, bei den Mahlzeiten, in Lern- und Arbeitspausen, beim Warten auf ein öffentliches Verkehrsmittel, vor dem Schlafengehen usw.

Kira Thiel vom Leibniz-Institut für Medienforschung skizziert in ihrem Artikel »Von Aufwärtsvergleichen und Abwärtsspiralen«[61] die dadurch ausgelösten Verarbeitungsprozesse im Kontext von Instagram folgendermaßen: »Ausgehend von der (wiederholten) Rezeption Instagram-typischer Bildinhalte findet ein negativer Vergleich statt, der mit der Wahrnehmung einhergeht, das Leben der anderen sei besser als das eigene. Daraus wiederum ergibt sich die Frage, was man tun könnte, um mit ihnen mitzuhalten. Diese intensive Beschäftigung mit scheinbar überlegenen, nur schwer erreichbaren Personen führt zu einem erhöhten Maß an Selbstunsicherheit und einer negativ verzerrten Selbstwahrnehmung. Der damit verbundene, teilweise obsessive, Fokus auf vermeintliche Makel wiederum verursacht Frust und Ärger. Die Betroffenen fühlen sich niedergeschlagen, ziehen sich zurück, versuchen, sich abzulenken – und mit dem nächsten Besuch bei Instagram beginnt der Kreislauf von vorn.«

Dabei wissen natürlich die meisten, dass bei den jeweiligen »Posts« vieles durch Filterfunktionen inszeniert und beschönigt ist. Es erfordert jedoch viel Aufmerksamkeit und Kraft, sich dies bei jedem einzelnen Foto und Video stets zu vergegenwärtigen.

So schreibt auch C., 23 J.: »Ich benutze sehr oft Social Media. Ich glaube das hat einen riesigen Einfluss auf uns alle heutzutage. Alle versuchen perfekt zu sein, denn das ist das, was man auf Social Media sieht.«

Schneiden die Nutzer*innen bei einem Vergleich schlecht ab, versuchen sie häufig, sich den idealisierten Vergleichspersonen anzunähern. Dabei besteht der erste Schritt dieser Annäherung, so Kira Thiel weiter, »in der Auswertung der auf Instagram dargebotenen Vergleichsinformationen (›Was könnte ich tun, um mitzuhalten?‹). Scheint dabei eine Annäherung unrealistisch und wird die scheinbar unüberwindbare Diskrepanz internal attribuiert (z. B. ›Dass ich mit den Social-Media-Stars nicht mithalten kann, liegt nicht daran, dass auf Instagram mit Filtern und Bildbearbeitung gearbeitet wird oder dass auf Instagram nur Ausschnitte der Realität gezeigt werden, sondern an mir. Ich bin einfach nicht gut genug.‹), kann das zu Stress, negativen Gefühlen und einer Selbstabwertung führen. Gelingt es der betroffenen Person daraufhin nicht, einen angemessenen Umgang mit der Situation zu finden und das angegriffene Selbstwertgefühl wieder zu stabilisieren, kann sich dies langfristig negativ auf das Wohlbefinden und die mentale Gesundheit auswirken.«[62] Facebook selbst führe in diesem Zusammenhang Körperunzufriedenheit, Einsamkeit, Essstörungen, körperdysmorphe Störungen und Depressionen als mögliche gesundheitliche Auswirkungen an.

Unzufriedenheit mit dem eigenen Körper

Vor allem in Bezug auf das Aussehen und die Zufriedenheit mit dem eigenen Körper können sich solche Vergleiche insbesondere bei jungen Frauen fatal auswirken; gerade aber dem Aussehen und dem »perfekten« Körper wird auf vielen Social-Media-Plattformen eine immens hohe Bedeutung zugemessen.

So formuliert P., 26 J., die einen für sich guten Umgang mit Social Media gefunden hat und sich bereits gut von anderen jüngeren Frauen und Jugendlichen abgrenzen kann: »Wenn, dann wird Social Media vor allem hinsichtlich Körperidealen und Fitness toxisch für mich. Da muss ich mir manchmal bewusst sagen, dass Fotobearbeitung, Sport als Hauptbeschäftigung und entsprechende Ressourcen dafür die Hauptgründe für das Äußere vieler Menschen sind. Aber auch damit komme ich mit der Zeit immer besser klar. Ich bin wirklich froh, dass Social Media erst in den 20ern ein größeres Thema geworden ist für mich und nicht als Jugendliche. Da wäre ich sicherlich ganz anders anfällig gewesen für viele Inhalte.«

Viele können sich von diesen Idealbildern leider nicht so distanzieren wie P. Die idealisierten Darstellungen der vielen perfekten Körper bei gleichzeitiger Ausblendung der Vielfalt menschlichen Aussehens führen dazu, dass sie beim Anblick dieser Bilder ihren Körper eher als defizitär und verbesserungswürdig empfinden und sich dann eher abwerten als unattraktiv bis hin zu nicht liebenswürdig und nicht liebenswert. Der Druck, den eigenen Körper in Richtung des vorgegebenen Ideals zu perfektionieren, wird als groß empfunden.

So schreibt N., 28 J.: »Ich bin häufig unzufrieden mit meinem Körper/Aussehen, da ich ein Idealbild von mir habe und es ständig versuche zu erreichen.«

Viele trauen sich mittlerweile nicht mehr, natürlich auszusehen und versuchen, z. B. durch Fotobearbeitung, Diäten, exzessives Krafttraining, Botox-Spritzen oder gar Schönheitsoperationen, den vorgegebenen Idealen zu entsprechen. Manche junge Frauen, aber auch junge Männer lehnen ihren Körper zunehmend ab, werden sogar so selbstkritisch, dass sie ihren eigenen Anblick kaum noch ertragen können.

Tatsächlich steigt derzeit die Zahl junger Frauen und Mädchen in Deutschland, die in Arztpraxen nach schönheitschirugischen Eingriffen im Sinne der Optimierung ihres eigenen Erscheinungsbildes (Selbstoptimierung) fragen, extrem und besorgniserregend an. Das Deutsche Ärzteblatt berichtet im April 2023 von einem Boom vor allem an ästhetischen Eingriffen im Gesicht. Rudolph Henke, Präsident der Ärztekammer Nordrhein, warnte davor, dass körperliche oder geistige Selbstoptimierung an immer breiterer Akzeptanz und an Normalität gewinne – auch und gerade innerhalb der jüngeren Generation. Das führe zu einer zunehmenden Anzahl von entsprechenden Behandlungen und Operationen ohne medizinische Notwendigkeit und einer gewissen »Normalisierung und Bagatellisierung.« Ethische und juristische Aspekte des Selbstoptimierungstrends würden gerade in der Ärzteschaft diskutiert.[63]

Ein besonderes Phänomen stellt in diesem Zusammenhang die sog. »Snapchat-Dysmorphophobie« dar. Hier führt das ständige Bearbeiten der eigenen Selfies mittels Filtern wie »Plastica« und »Bad Botox«, das bei Snapchat, aber auch auf anderen Plattformen möglich ist, bei jungen

Frauen und Mädchen zu idealisierten Bildern von sich selbst, die nicht mit der Realität übereinstimmen. Sie entwickeln dadurch eine Ablehnung ihres »realen« Körpers, die im Extremfall dazu führen kann, dass sie Schönheitschirurgen aufsuchen, um sich durch eine Behandlung dem bearbeiteten Selfie-Bild von sich anzunähern.[64]

Ebenfalls gefährlich sind Magertrends wie z. B. das mittlerweile auf Instagram verbotene Hashtag »Thinspiration«, die junge Frauen dazu motivieren sollen, sich auf unerreichbare Gewichte »herunterzuhungern« und vor allem für diejenigen unter ihnen, die bereits an Essstörungen erkrankt sind, sehr gefährlich werden können. Sie finden auf Social Media immer neue Anregungen, wie sie ihre Gewichtskontrolle »optimieren« können: Fotos und Erfahrungsberichte dazu, selbst ernannte Coaches, Hungergruppen und Blogs, in denen ihr Untergewicht quasi als erstrebenswerter Lifestyle deklariert wird.

FOMO

Doch nicht nur in Bezug auf Körper und Aussehen finden solche Vergleiche statt und können sehr negative Wirkungen haben. Auch im Bereich der Alltags- und Freizeitgestaltung gibt es ähnliche Phänomene. Besonders breit diskutiert wird unter jungen Erwachsenen und Jugendlichen auf den Social Media ein Phänomen, das als FOMO (»Fear of missing out«) bezeichnet wird und das ich in Kapitel 3 schon kurz erwähnt habe. Angesichts der vielen Erlebnisse, die andere im Internet teilen, entwickeln viele die Sorge, spannende und interessante Ereignisse zu verpassen.[65] Da sie über Instagram, Tiktok, Snapchat und Co überall und zu jeder Zeit sehen, was ihre »perfekten« Freunde und Bekannten, aber auch andere Menschen, denen sie folgen, gerade machen, haben sie oft das Gefühl, kein so interessantes Leben zu haben. Sie stellen in Frage, was sie selbst gerade zu tun gewählt haben: Warum bin *ich* nicht gerade bei dieser ausgelassenen Party, auf diesem Konzert, in diesem Seminar, koche dieses tolle Rezept nach oder trainiere für den Marathon, wie andere es gerade tun? Ihr Selbstwertgefühl sinkt. Durch die Angst, Ereignisse, die das eigene Leben optimieren könnten, zu verpassen, wird der Drang verstärkt, möglichst viel online zu sein und die sozialen Netzwerke stets auf Neuigkeiten hin zu

4 Social Media: Soziale Vergleiche, FOMO und die Vermarktung des Selbst

überprüfen. Ziel ist es, ständig darüber informiert zu sein, was möglich wäre und was die anderen gerade tun und ggf. dann dabei zu sein bzw. das Gleiche zu tun. Hintergrund kann auch die Sorge sein, im Freundeskreis ausgegrenzt zu werden, wenn sie wichtige Ereignisse nicht mitbekommen. Die »Fear of missing out« kann natürlich in jedem Alter auftreten; besonders verbreitet ist sie aber bei jungen Menschen zwischen 15 und 30 Jahren, die häufig Social Media nutzen. Die Zahlen dazu schwanken; zwischen 40 und 60 % der Menschen unter 30 Jahren sollen FOMO täglich erleben.

Die FOMO führt schlicht zu Freizeitstress. Die Bilder der »perfekten Anderen« setzen unter Druck, auch die eigene Freizeit zu optimieren. So wird auch die Freizeit zur »Stresszeit«, so Ulrich Reinhardt, Leiter der Studie »Freizeit-Monitor 2019« von der Stiftung für Zukunftsfragen. Eine meiner Gesprächspartner*innen, J., 28 J., sah sogar einen positiven Aspekt in der Coronakrise darin, eine Zeitlang keine FOMO erleben zu müssen: »Kein FOMO mehr; endlich am Wochenende guten Gewissens, ohne die Angst was zu verpassen, nichts tun.« Besorgniserregend sei, so Reinhardt, dass viele vor allem junge Menschen in ihrer Freizeit durch FOMO immer weniger in der Lage sind, ihre Aktivitäten auch zu genießen und sich damit von Stress in anderen Bereichen zu erholen. Das sei eine gefährliche Entwicklung. Sie springen von einer Aktivität zur anderen, nehmen sich zu viel vor, wollen überall dabei sein, sich möglichst nichts entgehen lassen, möglichst keine falsche Entscheidung treffen. Das Smartphone stelle dabei einen erheblichen Stressfaktor dar.[66] Ältere Instagram-Nutzer scheinen sich diesbezüglich besser abgrenzen zu können und berichten in Umfragen, ihre Freizeit besser genießen zu können und hier bewusst Prioritäten setzen zu können. Als Antwort auf FOMO als die »Angst, etwas zu verpassen«, ist die Idee der JOMO (»Joy of missing out«) entstanden: die »Freude, etwas zu verpassen« und so Zeit zu gewinnen für eine selbstbestimmtere, bewusstere Lebensweise.

Eine andere Folge der Social-Media-Nutzung für die Freizeitgestaltung ist, dass es kaum noch regelmäßige Freizeittermine gibt, die von immer den gleichen Leuten wahrgenommen werden (z. B. Stammtische, Fußballspielen an einem festen Wochentag an einem bestimmten Ort, Treffen mit Cliquen). Es scheint so zu sein, dass sich viele spontan und sehr kurzfristig immer wieder für andere, noch bessere Freizeitoptionen entscheiden.

So schreibt P., 28 J.: »Ich habe oft den Gedanken, dass durch die Möglichkeit, alles spontan übers Handy zu organisieren (Freunde treffen etc.) zwar alles spontan geht, aber die Regelmäßigkeit abnimmt und man schlussendlich eben mehr organisieren und schnell strukturieren muss.«

Soziale Ängste und Phobien

Auch im Zentrum sozialer Ängste steht eine Verunsicherung des Selbstwerterlebens, wie sie durch die ständigen Vergleiche mit den »perfekten Anderen« auf Social Media gefördert werden kann. Menschen mit sozialen Ängsten haben eine große Angst davor, dass andere Menschen sie abwerten oder sogar belächeln könnten. Entsprechend versuchen sie, in sozialen Situationen ihr Aussehen und ihr Auftreten zu kontrollieren und betrachten sich dabei primär aus dem Blickwinkel der anderen heraus: Wie nehmen die anderen mich gerade wahr? Bin ich »cool« genug? Falle ich irgendwie negativ auf? Durch diese Fokussierung auf ihr »soziales Selbst« wirken sie dann häufig sehr angespannt. Manche geben sich auch unnahbar, um sich dadurch vor Abwertung zu schützen. Viele beginnen jedoch auch, aus Angst vor Abwertung soziale Situationen weitgehend zu vermeiden.

Die Möglichkeit, Kontakte im Internet aufzunehmen und damit (scheinbare) Nähe zu erleben, erleichtert dieses Vermeiden von realen sozialen Situationen und führt mittlerweile dazu, dass viele basale soziale Kompetenzen (z. B. spontan auf andere Menschen zugehen, ein Gespräch beginnen, Fragen stellen, adäquat mit Kritik und Rückfragen umgehen u. ä.) von vielen jungen Menschen heute im realen Leben zu wenig erlernt und trainiert werden. Dadurch verstärken sich die Unsicherheit und Anspannung in sozialen Situationen und entsprechend auch das diesbezügliche Vermeidungsverhalten immer weiter.[67] Einzelpersonen anzusprechen fällt schwer; erst recht schwierig scheint es vielen, vor einer größeren Gruppe von Menschen frei zu sprechen. Die Coronakrise hat diese Entwicklung noch deutlich verstärkt (▶ Kap. 8). Lehrende an den Universitäten berichten mir, dass viele junge Studierende sich kaum noch in den Seminaren zu Wort melden und sich aktiv beteiligen; sie empfinden sie zum Teil als unmotiviert und desinteressiert. Könnte es aber nicht sein, dass zumindest bei einem Teil von ihnen auch soziale Ängste der Grund dafür sind? Viele meiner jungen Patient*innen trauen sich z. b. nicht einmal mehr, in meiner Telefonsprechstunde anzurufen, um einen Termin zu vereinbaren oder abzusagen. Eine E-Mail scheint da »ungefährlicher«.

Auch noch so viele »likes«, Erfolge und positive Kommentare im Internet können reale Kontakte nicht ersetzen. Zurück bleibt das »schale« Gefühl, letztlich doch in der realen Welt nicht wirklich mit anderen »verbunden« zu sein, ihnen nicht wirklich »nah« zu sein. Die Zahlen junger Erwachsener, die in Umfragen angeben, unter Einsamkeitserleben zu leiden, steigen derzeit stark an (vgl. Kap. 5).

Depressionen

Die Entstehung von Depressionen kann ebenfalls durch eine Verunsicherung des Selbstwerterlebens durch die hier beschriebenen häufigen selbstschädigenden Vergleichsprozesse auf Social Media *befördert* werden. Dass eine hohe Social-Media-Nutzung *allein* ursächlich für die Entstehung von Depressionen ist, ist nicht belegt. Die Befunde dazu sind widersprüchlich. Dabei wirken i. d. R. verschiedene Faktoren bei den Betroffenen zusammen, wie z. B. Bewegungsmangel, Schlafqualität, Kontakte und Eingebundenheit in der realen Welt, schulischer und beruflicher Erfolg, biographische Erfahrungen und Prägungen der Betroffenen etc. Eine häufige Nutzung von Social Media *korreliert* jedoch mit dem Auftreten der Häufigkeit von Depressionen. So wird z. B. auf Informationsseiten der AOK eine Studie der Universitäten Arkansas und Pittsburgh benannt, die bei Studienteilnehme*innen zwischen 18 und 30 Jahren über sechs Monate hinweg mögliche Auswirkungen untersuchte.»Dabei zeigte sich ein signifikanter Zusammenhang zwischen der Intensität der ursprünglichen Social-Media-Nutzung und dem Auftreten von Depressionen nach 6 Monaten. Das Viertel der Probanden mit der stärksten Social-Media-Nutzung zu Studienbeginn hatte ein 2,8-fach höheres Risiko eine Depression zu entwickeln als das Viertel der Probanden mit der niedrigsten Social-Media-

Nutzen.«[68] (vgl. diesbezüglich auch noch weitere, auf den Informationsseiten der AOK benannte Studien). Es wäre mehr Forschung, auch im deutschsprachigen Raum, nötig, um diese Zusammenhänge genauer zu eruieren.

Cybermobbing

Eine extreme Bedrohung es Selbstwerterlebens stellt das sog. »Cybermobbing« dar – ein weiteres beklemmendes Phänomen, das vor allem sehr junge Menschen, insbesondere Jugendliche und Schüler*innen, in den letzten Jahren zunehmend häufig erleben und vor dem viele von ihnen, die Social Media nutzen, große Angst haben. Dabei verbreiten die Täter*innen Texte und Bilder über die Kommentarfunktion von sozialen Medien oder Messengerdiensten wie WhatsApp, um Personen (einzelne oder ganze Gruppen) anzugreifen, abzuwerten oder zu demütigen. Oft sind es Fotos, die andere unbeobachtet gemacht haben, oder sehr private Informationen, die eigentlich nur für wenige Personen bestimmt waren. Cybermobbing unterscheidet sich dabei in seiner desaströsen Wirkung auf das Opfer erheblich von persönlichem Mobbing z. B. in der Schule oder am Arbeitsplatz. Die Betroffenen sind nicht direkt mit der Person des Angreifenden konfrontiert, sondern können nur passiv und hilflos zusehen, wie sich Fotos und Beiträge in Windeseile im Internet verbreiten und ein großes Publikum, oft ihr ganzes persönliches Umfeld, erreichen. Dieses Publikum besteht dann eben nicht nur aus einer begrenzten Gruppe von Menschen (z. B. den Schüler*innen einer bestimmten Klasse an einer bestimmten Schule), sondern es umfasst eine unüberschaubar große Anzahl an Menschen im privaten *und* schulischen/beruflichen Umfeld. Zudem ist das Mobbing 24 Stunden täglich möglich, die Betroffenen sind sofort damit konfrontiert, sobald sie ihr Smartphone in die Hand nehmen. Die einzige Möglichkeit besteht dann oft nur in der kompletten Löschung des eigenen Social-Media-Profils und/oder in einer Meldung an die Plattform, ggf. auch in einer Strafanzeige. Laut einer Studie seien 2020, so Habermann, 17,3 % der deutschen Schüler*innen von Cybermobbing betroffen gewesen, 25 % der befragten Opfer hätten angegeben, unter Suizidgedanken zu leiden.[69]

4 Social Media: Soziale Vergleiche, FOMO und die Vermarktung des Selbst

Die Flut negativer Nachrichten als Stressor

Unabhängig von den verschiedenen Vergleichsmöglichkeiten mit den »immer noch Besseren« und der Angst vor negativen Bewertungen durch andere soll hier noch ein weiterer Stressfaktor genannt werden, der bei manchen Nutzer*innen von Social Media zur Entstehung von ernst zu nehmenden psychischen Problemen beitragen kann: die Möglichkeit der ständigen Rezeption von Nachrichten aus aller Welt über die Social-Media-Plattformen, die vor allem von jungen Menschen genutzt wird. Auf den meisten sozialen Netzwerken können Nutzer*innen Nachrichten aus aller Welt folgen. Die großen nationalen und internationalen Zeitungen haben mittlerweile alle eigene Accounts auf Instagram, Facebook, X (ehemals Twitter) etc., auf denen sie ihre Inhalte in möglichst kurzen, ansprechenden Texten, Bildern und Videos zu verkaufen versuchen. Während man früher also vielleicht nur einmal am Tag eine Zeitung gelesen oder ab und zu Radio gehört hat, werden insbesondere die jüngeren Generationen über die sozialen Medien ständig, täglich, stündlich, in der Regel mit Push-Benachrichtigungen, mit neuen Nachrichten konfrontiert. Statistiken zeigen, dass insbesondere bei den Personen zwischen 14 und 29 der Wechsel von Print- zu Onlineangeboten am stärksten ausgeprägt ist. Während die Leser ab 50 Jahren sich mit 66,5 % am meisten auf gedruckte Zeitungen konzentrieren, erreichen die Zeitungen über Online-Angebote jeden Monat 9,9 Millionen junge Menschen unter 30 Jahren, was eine Reichweite von 78,7 % ergibt.[70] Jess Commons, eine britische Journalistin, schreibt in einem Artikel über ihrer persönliche Auseinandersetzung mit dem Nachrichtenkonsum: »Bedingt durch Social Media, Liveticker und 24 h-News-Streaming ist es heute ziemlich unwahrscheinlich, dass du ein großes Ereignis, das irgendwo auf der Welt passiert, länger als ein paar Stunden ignorieren kannst.«[71] »Es gibt so viele Nachrichtenströme, aus allen Ecken der Welt, und das durchgängig«, betont auch die Psychologin Nathalie Nahai. »Es durchdringt all unsere Newsfeeds, unsere Social-Media-Kanäle, es gibt quasi keine Pause, kein Verstecken vor globalen Nachrichten.«[72] Als Folgen dieser ständigen negativen Nachrichtenflut in den Krisen der letzten Jahre werden die Entstehung von entsprechenden Angststörungen bzw. die Verstärkung von bereits bestehenden Angststörungen diskutiert.[73] Dazu trägt bei, dass wir zu allen schockierenden Er-

4 Social Media: Soziale Vergleiche, FOMO und die Vermarktung des Selbst

eignissen auf dieser Welt nicht nur Textnachrichten, sondern immer auch direkt Bilder und Videos erhalten. Patient*innen, die unter Angststörungen leiden, wird geraten, die Social-Media-Nutzung zu reduzieren und Push-Benachrichtigungen auszuschalten; unser Gehirn sei nicht dafür gemacht, ständig mit Informationen stimuliert zu werden, die Angstzustände auslösen.

N., 28 J., schreibt: »Ich habe starke Zukunftsängste. Ich fühle mich häufig überfordert mit den Mengen an Informationen, die man täglich mitbekommt.«

Und M., 26 J., schreibt: »Mich überfordert die Welt aktuell sehr. Eigentlich habe ich schon den Anspruch an mich, dass ich informiert sein möchte, aber ich musste dieses Jahr schon mehrfach feststellen, dass es mich überfordert und ich einfach keine Energie dafür habe. Es ist schwierig für mich, Nachrichten auszublenden, da sie z. B. durch Social Media allgegenwärtig sind.«

Bei manchen führt jedoch der Mangel an Möglichkeiten, sich vor zu vielen Nachrichten zu »verstecken«, zu einer extremen Gegenreaktion: Sie versuchen, Medien gänzlich zu vermeiden. »Fast die Hälfte der Medienvermeider*innen rezipieren keine Nachrichten mehr, weil diese bei ihnen negative Emotionen hervorrufen. Insbesondere jüngere Menschen scheinen einer wachsenden Resignation zu unterliegen und tagesaktuelle Nachrichten gänzlich zu meiden.«[74]

Eine besondere Anforderung stellt es zudem dar, bei jeder Nachricht zunächst einmal die Quelle »zu checken«. Ist diese Person, diese Quelle vertrauenswert? Das ist ein weiterer Stressor, aber auch ein weiterer Faktor, der uns alle, vor allem aber auch junge Menschen, sehr verunsichert. Wir können in den Sozialen Medien nicht einfach etwas lesen und es für wahr halten, sondern müssen bei der Vielzahl der Meldungen immer erst überprüfen: Was ist wahr? Was ist falsch? Wie wird diese Quelle bewertet? Wer finanziert sie? Auch das führt zu Ohnmachtserleben. Viele bewegen sich nur noch in ihren »Bubbles«, in denen die eigenen Ansichten und Reaktionen verstärkt und gegenseitig bestätigt werden – und das ist vielleicht einfach ein Versuch, die unerträgliche Komplexität all der verschiedenen Informationen zu reduzieren.

Positive Ausnahmen

Insgesamt ist (neben den Belastungen durch die Nachrichtenflut) als Hauptfolge einer intensiven Social-Media-Nutzung ein ständiges »Self-Monitoring« mit der Fokussierung auf eigene Makel zu sehen. Dabei gibt es natürlich auch Ausnahmen wie z. B. R., 30 J., die sagt: »Ich nutze sehr häufig soziale Medien. Besonders aber bei TikTok habe ich das Gefühl, eher eine Steigerung meines Selbstwerts zu erleben, da dort viele Menschen unterwegs sind, die ihre Probleme teilen und mehr die reale Seite von sich zeigen.« Oder P., 26 J., schreibt: »Ich bin ein großer Fan von Social Media und nutze es moderat häufig, würde ich sagen. Trotz der mir sehr bewussten Beeinflussungsmöglichkeiten kann ich mich glaube ich ganz gut von vielem abgrenzen. Oft bin ich mit ganz anderen Lebensrealitäten konfrontiert (z. B. Leute mit sehr viel Geld), was mir aber eher surreal vorkommt und in mir nicht unbedingt den Wunsch hervorruft, auch so zu leben. Viel eher finde ich es einfach interessant oder ärgere mich darüber, wie Leute mit ihren Ressourcen und ihrer Reichweite umgehen. Vor allem nutze ich Social Media, um mich weiterzubilden, schlauen Leuten zuzuhören und ihnen zu folgen. Viele von diesen Leuten beeindrucken mich sehr ... und vor allem diese Leute sind es, die mich mit einem minderwertigen Gefühl zurück lassen. In den allermeisten Fällen kann ich daraus ... aber Inspiration und Denkanstöße mitnehmen.« Und G., 27 J., schreibt: »Ich nutze vor allem Instagram und es ist cool, weil ich so einigen Frauen und Kanälen folge, die mir in Themen Selbstliebe und wie Körper aussehen, aber auch Aufklärungsthemen sehr die Augen geöffnet haben – in dem Fall beeinflusst es positiv meine Zufriedenheit.« Social Media schaden also nicht allen Nutzer*innen *automatisch* und führen nicht bei allen automatisch zu einer Verunsicherung ihres Selbstwertgefühls. Entscheidend scheint zu sein, wie die Nutzer*innen mit ihnen umgehen und wie sehr sie es schaffen, ihre Autonomie gegenüber diesen Medien zu bewahren und sich nicht von ihnen manipulieren zu lassen. Gelingt dies nicht, so kann eine häufige Social-Media-Nutzung – in Kombination mit anderen Faktoren, wie oben beschrieben – durchaus einen erheblichen Schaden im Leben der Betroffenen anrichten.

Social Media als Droge

Viele junge Leute spüren deutlich, dass ihnen Social Media nicht guttun. Warum fällt es ihnen aber so schwer, sie weniger oder zumindest bewusster zu nutzen? Oder, wie manche angeben, sie sogar einfach zu löschen? P., 22 J., sagt z. B.: »Ich habe kein Instagram mehr, und werde dann von vielen erstaunt und eher bewundernd angesprochen: Krass, wie schaffst Du das? Das könnte ich gar nicht.«

Der Grund – so formuliert es Dr. Anna Lembke von der Stanford University – ist ganz klar: Social Media sind eine Droge. Social Media stillen das in der Evolution verankerte menschliche Grundbedürfnis nach Kommunikation und Verbindung zu anderen Menschen. Das führt zu direkter Freisetzung von Dopamin, dem sog. »Glückshormon«, bzw. genauer formuliert: dem Botenstoff, der das menschliche Belohnungszentrum im Gehirn stimuliert und dadurch positive Gefühle auslöst. »Daher besteht kein Zweifel, dass Social Media, die die Verbindung zwischen Menschen optimieren, das Potential haben, süchtig zu machen.« (orig. »potential for addiction«).[75] Sie sind nach Anna Lembke vergleichbar mit einer Droge wie Alkohol, mit der sehr vorsichtig und bewusst umgegangen werden sollte. Das natürliche Bedürfnis von uns Menschen nach Kommunikation und Verbindung zu anderen (das auch letztlich der oben beschrieben FOMO zugrunde zu liegen scheint) wird hier vor allem durch das Konzept von »Posts«, »Likes« und Kommentaren sowie die schnelle und einfache Möglichkeit des In-Kontakt-Tretens mit anderen Menschen bedient. Zum »Dopamin-Kick« bei der Nutzung digitaler Medien tragen zudem die optischen und akustischen Reize dieser Medien bei.[76]

Das Perfide ist: Die großen Plattformen werden von den Tech-Designern des Silicon Valley immer weiter dahingehend perfektioniert und programmiert, diesen Suchtfaktor noch weiter zu verstärken! Sie nutzen dazu gezielt das Wissen um das Belohnungszentrum unseres Gehirns. In der sehr empfehlenswerten Netflix-Dokumentation »The Social Dilemma« beschreiben ehemalige Mitarbeiter von Google, Facebook, Pinterest,

Youtube, Twitter und Instagram u. a. die Geschäftspraktiken der großen Tech-Konzerne. Ziel dieser Unternehmen ist es demnach nicht etwa, das Wohlbefinden vieler Menschen zu steigern, sondern ihr Ziel ist die Gewinnmaximierung durch Generierung von Werbeeinnahmen. Die Unternehmen, die die Werbung schalten, sind die Kunden der Plattformen. Die Daten der Nutzer*innen sind das Produkt, das verkauft wird. Das Schlüsselwort zur Schaffung von mehr Werbeeinnahmen ist die »screentime«, d. h. die Zeit, die Nutzer*innen an digitalen Endgeräten wie Laptop, Tablet und Smartphone verbringen: Sie soll maximiert werden, um möglichst viele Werbeeinblendungen (oft für die Nutzer*innen unbemerkt) platzieren zu können. Tim Kendall, ehemals leitend bei Pinterest tätig, beschreibt das Geschäftsmodell der großen Plattformen so: »Let's figure out how to get as much of this person's attention as we possibly can. How much time can we get you to spend? How much of your life can we get you to give to us?«

Dabei werden mittlerweile nicht nur die Profildaten der Nutzer*innen gesammelt und an die Werbeunternehmen verkauft (also die Daten, die diese selbst bei Anlegen des Profils angegeben haben), sondern es werden Daten aus dem Verhalten der Nutzer*innen selbst gesammelt (z. B. Wie lange schauen sie sich welchen Post an? Von wem schauen sie sich Posts an? Welche Art von Posts bevorzugen sie?), um Verhaltensvorhersagen zu treffen. Die Auswertung dieser Daten übernehmen Algorithmen, die dann passgenau entscheiden, welchen Post oder welche Werbung sie der Person als nächstes anzeigen, um möglichst viel »screentime« zu generieren, also sie dazu zu bringen, möglichst weiter Zeit auf der jeweiligen Plattform zu verbringen und damit den Gewinn der Unternehmen zu erhöhen.[77] Der Mensch wird somit manipulierbar; er selbst wird zur Ware.

Über solche Algorithmen erhalten wir zudem stets genau *die* Angebote und Informationen, die wir bereits nachgefragt haben, und werden so darin bestärkt, diese auch weiter gut und richtig, interessant und wichtig zu finden. Beispiel: Wenn ich einmal Tiervideos angeschaut habe, die mir Spaß machen, bekomme ich zahlreiche weitere präsentiert, die mir noch mehr Spaß machen sollen; wenn ich mir Posts zu gelungenen Schönheitsoperationen angesehen habe, bekomme ich in der Folge zahlreiche Tipps und Videos rund um dieses Thema angezeigt, die mir suggerieren, dass diese sehr verbreitet und erstrebenswert sind; wenn ich mir eher traurige, deprimierende Inhalte angeschaut habe, bekomme ich danach eine Fülle von weiteren Informationen und Inhalten, die deprimieren, angezeigt, und wenn ich mich für Menschen mit einer bestimmten politischen Meinung interessiert habe, bekomme ich weitere Videos und Informationen nur noch von Menschen, die ebenfalls dieser oder einer ähnlichen Meinung sind, vorgeschlagen ...! Als einzelne Nutzer*in stehe ich also den hochentwickelten Algorithmen der Tech-Konzerne gegenüber, durch die ich schleichend in meinem Verhalten und Fühlen manipuliert werden kann.

Social Media als Gefahr für die Demokratie

Die potenziellen negativen Folgen für die einzelnen Individuen, insbesondere für junge Menschen, wurden bereits oben beschrieben; die negativen Folgen der Social-Media-Algorithmen für ganze Gesellschaften von der raschen Verbreitung von Verschwörungstheorien, der Spaltung und Radikalisierung von Gruppen bis hin zur Destabilisierung demokratischer Systeme (um hier nur einige Beispiele zu nennen) können hier nur am Rande kurz erwähnt werden.[78] Diese gesellschaftlichen Entwicklungen machen vielen der von mir befragten jungen Erwachsenen große Sorgen – zusätzlich zu den Themen Klimawandel, Pandemie, Krieg, Arbeitsplatzunsicherheit usw. – und führen zu Hilflosigkeits- und Ohnmachtserleben (vgl. Kap. 9). Verschwörungstheorien, Fake News und immer mehr Menschen, die sich nur noch in bestimmten »bubbles« bewegen, beunruhigen sie sehr, denn sie verstärken gesellschaftliche Spaltungsprozesse. Bezüglich dieser Entwicklungen sei ebenfalls auf die Erläuterungen in der Dokumentation »The Social Dilemma« verwiesen. Aber auch Maria Ressa, Friedensnobelpreisträgerin, Journalistin und Autorin des Buches »How to stand up to a dictator« warnt vor einer solchen Entwicklung. In einem Interview mit der Tagesschau sagt sie: »Die sozialen Netzwerke spalten und radikalisieren. Es geht nicht um Redefreiheit. Es geht darum, was am stärksten verbreitet wird. Wir wissen aus Studien, dass sich Lügen, Ärger und Hass schneller und weiter verbreiten. Fakten haben keine Chance. Aber wenn Sie keine Fakten haben, dann kennen Sie die Wahrheit nicht. Dann können Sie niemandem vertrauen. Am Ende gibt es keine gemeinsame Realität mehr. Wie können Sie so die Demokratie bewahren, das Klima retten, die Coronakrise meistern?«[79] Der NRW-Verfassungsschutzbericht 2022 warnt: Autokratische Systeme versuchen zunehmend, gezielte Desinformationen, Verschwörungsmythen und antidemokratische Propaganda über Social Media zu verbreiten. Insbesondere Russland legitimiert auf diese Weise seinen Angriff auf die Ukraine. Dabei werden geschickt täuschend echt aussehende Nachrichtenseiten genutzt, die dann in den sozialen Medien verbreitet werden. Vor allem in den Szenen der Reichsbürger und der Coronamaßnahmen-Kritiker findet die prorussische Propaganda großen Anklang. Deren Chatforen werden mit solchen Desinformationen, auch in Form von manipulierten Bildern und Videos, regelrecht geflutet.[80]

Reduktion der Nutzungsdauer – aber wie?

Was also tun, wenn ich versuchen will, meine »screentime« zu reduzieren, mich nicht mehr stets mit anderen vergleichen und vor ihnen präsentieren möchte, ich mich nicht mehr »verkaufen« will an die großen Tech-Konzerne und deren Werbekunden und mir über meine Bedürfnisse und Meinungen lieber selbst klar werden möchte, statt ständig nur Vorschlägen der Algorithmen zu folgen?

Das erste ist sicherlich das Wissen um diese Zusammenhänge und der Aufbau einer kritischen Distanz! Dies ist schon nicht leicht, da Social Media auf der Oberfläche ja zunächst Spaß machen können, von negativen Gefühlen ablenken, Kontakte mit anderen herstellen und die eigenen Meinungen und Bedürfnisse bestätigen. Digitale Medienkompetenz und kritisches Denken sind jedoch heute wichtige Kernkompetenzen für junge Menschen und der Erwerb dieser Kompetenzen sollte auch bereits bei Kindern und Jugendlichen früh gefördert werden. Gerade Kinder und Jugendliche sind heute in einem besonderen Maße gefährdet, von Computerspielen und Social Media abhängig zu werden; über 6 % der Minderjährigen scheinen es bereits zu sein. Das reale Leben verliert für sie zunehmend an Bedeutung. Andreas Storm, Vorstandschef der DAK, formuliert angesichts der Ergebnisse einer DAK Längsschnittstudie im März 2023: »Wenn jetzt nicht schnell gehandelt wird, rutschen immer mehr

4 Social Media: Soziale Vergleiche, FOMO und die Vermarktung des Selbst

Kinder und Jugendliche in die Mediensucht, und der negative Trend kann nicht weiter gestoppt werden.« Storm fordert einen Ausbau von Prävention und Hilfsangeboten. »Es ist eine neue Entwicklungsaufgabe von Politik und Gesellschaft, dass Kinder und Jugendliche lernen, die Risiken der Nutzung digitaler Medien einschätzen zu können und ihr Nutzungsverhalten zu reflektieren, damit sie die Möglichkeiten der digitalen Welt langfristig für ihr privates und berufliches Leben konstruktiv nutzen können.«[81] Eine solche kritische Distanz mag den Älteren unter uns, bei denen Social Media erst in einem höheren Alter in ihr Leben getreten sind, leichter fallen als den Jüngeren, die bereits mit diesen Entwicklungen aufgewachsen sind.

Aber selbst wenn die kritische Distanz und das Wissen um die o. g. Zusammenhänge da sind: Der Suchtfaktor und die Macht der Algorithmen sind groß. Junge Menschen sehen sich hier einer Anwendung gegenüber, die sie um jeden Preis als »Nutzer*innen« behalten will und deren Suchtfaktor sie erst einmal überwinden müssen.

Tim Kendall von Pinterest berichtet z. B. in »The Social Dilemma« von seinen eigenen diesbezüglichen Schwierigkeiten: »Vor einigen Jahren war ich Vorstandsvorsitzender von Pinterest. Und ich kam nach Hause und konnte mich nicht von meinem Smartphone trennen. Trotz zweier kleiner Kinder, die meine Liebe und Aufmerksamkeit brauchten. Ich war in der Vorratskammer und schrieb eine E-Mail oder schaute mir was auf Pinterest an. Was für eine Ironie. Ich arbeite tagsüber und erschaffe etwas, dem ich dann selbst zum Opfer falle. Und in manchen Momenten konnte ich einfach nicht anders. ... »Ich habe es mit Willenskraft versucht, mit reiner Willenskraft. Ich werde mein Handy weglegen, wenn ich nach Hause komme. Ich habe mir das tausend Male vorgenommen. ... Das war der erste Versuch. Durch Willenskraft. Und der zweite Versuch war dann brutaler Zwang.« (und gezeigt wird dann eine Art Smartphone-Tresor in der Küche, in den er das Smartphone hineinlegt und dann erst wieder darauf zugreifen kann, wenn ein Timer abgelaufen ist).

Einige meiner Gesprächspartner*innen schilderten mir ebenfalls, dass sie durchaus um diese Zusammenhänge wüssten, sich aber trotzdem nur sehr schwer in ihrer Social-Media-Nutzungsdauer einschränken könnten. Einige versuchten es dadurch, ihr Smartphone zu bestimmten Zeiten an WG-Mitbewohner*innen abzugeben und von ihnen »beaufsichtigen« zu lassen; andere nutzten sog. Smartphone-Tresore (wie oben beschrieben), die derzeit vermarktet werden und in denen das Smartphone für einen selbstdefinierten Zeitraum eingeschlossen wird, in dem dann kein Zugriff besteht. Wiederum andere nutzten mittlerweile entwickelte Apps, die nach einer bestimmten selbst festlegbaren Nutzungszeit die Plattformen automatisch sperren. Hilfreich scheint es zudem zu sein, sämtliche Push-Benachrichtigungen auszuschalten und dadurch nicht mehr passiv ständig Nachrichten entgegenzunehmen, sondern selbstbestimmt zu entscheiden, zu welchem Zeitpunkt man sich Nachrichten anschauen und Inhalte konsumieren möchte. Hilfreich kann es auch sein, die jeweiligen Social Media Apps vom Smartphone zu löschen und nur noch auf dem Laptop zu nutzen, damit man sie zumindest nicht mehr ständig greifbar und in der Nähe hat. Und wer es sich zutraut, könnte auch über eine Löschung seiner Accounts nachdenken, wie einige meiner o.g. Gesprächspartner*innen es gemacht haben. Dadurch können Menschen zwar Dinge verlieren – das ständige »Up-To-Date« sein und das ständige »im Kontakt« mit vielen anderen sein – aber sie können auch Dinge gewinnen – vielleicht mehr psychisches Wohlbefinden und die Reduktion von Stresserleben, Zeit für Muße und Genuß, Zeit, sich über die eigenen Bedürfnisse und Interessen klarzuwerden, Zeit für die wirklich guten »realen« Freunde, Zeit für Selbstbestimmtheit. Ob dies für die eigene Person Sinn macht, ist letztlich immer eine individuelle Abwägung.[82]

Letztlich ist der Umgang mit Social Media nicht nur ein individuelles, dem einzelnen »anzulastendes« Problem, das seine Unfähigkeit offenbart, sich nicht genügend davon »distanzieren« zu können, sondern ein gesamtgesellschaftliches Problem, das nur wir alle als Gesellschaft lösen können. Die Frage ist: Wieso werden die internationalen Tech-Unternehmen und deren Praktiken nicht strenger und bewusster reguliert? Und was können wir als Gesellschaft tun, um dieses Problem anzugehen? Eine gute Nachricht in dieser Hinsicht ist zumindest, dass sich jetzt auch die Gesetzgebung mit diesem Thema befasst hat: Mit dem »Digital Services Act« wurde im August 2023 auf europäischer Ebene ein erstes Gesetz erlassen, das die großen Social-Media-Konzerne stärker in die Pflicht nehmen soll.

4 Social Media: Soziale Vergleiche, FOMO und die Vermarktung des Selbst

Zusammenfassung

Keine technologische Entwicklung ist per se gut oder schlecht, es geht vielmehr darum, wie wir als Menschen damit umgehen. Durch die Digitalisierung leben wir heute in einer völlig anderen Welt als früher. Insbesondere Social Media werden von der Gruppe der hier beschrieben jungen Erwachsenen sehr häufig genutzt. Sie verstärken nicht nur bei vielen den ohnehin schon vorhandenen hohen Optimierungsdruck und die Verunsicherung in ihrem Selbstwerterleben, sondern nehmen ihnen auch viel »Lebenszeit« in der »realen« Welt. Sie können zudem süchtig machen, ähnlich wie andere Suchtmittel. Die Art und Weise, wie wir sie nutzen, kann einen enormen Einfluss auf unser psychisches Wohlbefinden haben. Es ist daher ratsam, bewusst und achtsam mit der Verwendung von Social Media umzugehen und sich selbst Grenzen zu setzen. Kritisch ist zu reflektieren, wie sehr die großen Tech-Konzerne zum Zwecke ihrer Gewinnmaximierung ihre Nutzer*innen immer mehr zu ihren »Produkten« machen und ihr Konsumverhalten beeinflussen können, ohne dass ihnen das bewusst wird. Vor allem ist kritisch zu sehen, wie Menschen, Unternehmen und auch Staaten Social Media ausnutzen können, um die Nutzer*innen auch in ihren Werten und Einstellungen zu manipulieren, wodurch sie großen Schaden anrichten können.

Anregungen zur Reflektion

Wieviel Zeit meines Lebens möchte ich Social Media – und damit den großen Tech-Konzernen »schenken«? (Zeit, die für Erholung, Entschleunigung und wirkliche Beziehungserfahrungen mit anderen Menschen fehlt)
Tut es mir gut, mich ständig mit all den »perfekten Anderen« zu vergleichen? Muss ich mir z. B. meine Freizeit davon diktieren lassen, was »alle anderen« machen? Oder darf ich nicht einfach – allein oder vielleicht mit einigen wenigen guten Freunden zusammen – herausfinden, was mir selbst gut tut und Spaß macht?

4 Social Media: Soziale Vergleiche, FOMO und die Vermarktung des Selbst

Und möchte ich mein Privatleben hier wirklich weiter so öffentlich machen und mich als ganze Person »vermarkten«? Wie könnte ich es schaffen, Social Media eher in einem positiven Sinn für mich zu nutzen?

Wie könnte ich meinen Umgang mit den Social Media in Zukunft bewusst gestalten und mich dadurch der Steuerung durch ihre Programmierungen und Algorithmen entziehen? (z. B. Push-Nachrichten ausschalten und selbst entscheiden, wann ich mir welche Benachrichtigungen anschaue; Zeitbegrenzungen einführen oder manche Apps auch ganz löschen; meine Smartphone-Zeit insgesamt und damit auch meine ständige Erreichbarkeit reduzieren; wieder mehr Kontakte im »realen« Leben pflegen usw.)

Als Gesellschaft sollten wir uns fragen: Wie wollen wir weiter mit der Macht der großen Tech-Konzerne umgehen? Wie können wir ihren schädigenden Einfluss auf Einzelne, aber auch auf ganze Gesellschaften begrenzen und regulieren? Und: Wie könnten nicht profitorientierte Plattformen aussehen, die nicht »süchtig« machen und uns nicht in unseren Meinungen und Bedürfnissen manipulieren? Wie könnte man Soziale Medien anders organisieren und gestalten?

5 Die Vielfalt der Optionen: Angst vor falschen Entscheidungen und Suche nach Orientierung

»Manchmal empfinde ich die ganzen Möglichkeiten als großes Glück und dann bin ich wieder überfordert und tendiere dazu zu resignieren.« (L., 22 J.)

Die Komplexität unserer modernen Wachstumsgesellschaft mit ihrer Vielzahl an Optionen überfordert viele Menschen.[83] Das deutsche Ärzteblatt berichtet schon 2017, dass z.B. »ein Zuviel an Möglichkeiten im Freizeit- und Konsumbereich das psychische Befinden verschlechtern kann. Reizüberflutung sowie unzählige Möglichkeiten beim Einkauf oder im Internet tragen hierzu bei. Während ein Haushalt vor 100 Jahren rund 400 Gegenstände besaß, sind es heute schon durchschnittlich 10000 Gegenstände, die benutzt, verwaltet oder wenigstens geordnet werden wollen.«[84] Sich zwischen verschiedenen Möglichkeiten entscheiden zu müssen, kann psychischen Druck auslösen.

Zu den in den vorherigen Kapiteln beschriebenen »Stressoren«, denen heute junge Menschen in besonderem Maße ausgesetzt sind und die sie z.T. sehr überfordern und erschöpfen (Optimierungsdruck, Beschleunigung, soziale Vergleiche und Vermarktung des Selbst in den Social Media) kommt also ein weiterer hinzu: die Vielzahl der Optionen, die es in unserer heutigen Welt bei nahezu jeder Entscheidung gibt. Dies »stresst« Menschen aller Altersgruppen – als Beispiel seien hier auch die alltäglichen Entscheidungen allein beim Lebensmitteleinkauf genannt. Bei jungen Menschen – gerade in dem hier betrachteten Alter zwischen 20 und 30 Jahren – gilt es aber nicht nur solche »kleineren« Alltags- und Konsumentscheidungen zu treffen, sondern sehr wichtige Lebensentscheidungen, die die »Weichen« für sehr lange Lebenszeiträume stellen können: Wo will ich

5 Die Vielfalt der Optionen

beruflich hin? Wo, wie und mit wem will ich leben? Welche Prioritäten setze ich für mein Leben? Die 26j. P schreibt. »Bis zum Abitur in meiner kleinen Heimatstadt war ich zufrieden mit mir. Als ich an die Uni in die Großstadt kam und sah, was möglich war, begann ich an allem zu zweifeln.«

Die junge Generation hat heute so viele Wahlmöglichkeiten wie nie zuvor. Gerade in den letzten 20 Jahren haben sich die Optionen noch einmal vervielfacht. Nichts ist mehr vorherbestimmt – der Beruf, den sie wählen, der Ort, an dem sie leben wollen, die Partner*innen, die sie wählen oder nicht wählen wollen, der gesamte Lebensstil. Unzählige Optionen eröffnen sich für ein »gelungenes« Leben.

Die freie Wahl zu haben ist aber nicht leicht. Mit dieser Wahlfreiheit entsteht der Druck, auch die »richtige« Entscheidung treffen und die Verantwortung für eine Fehlentscheidung selbst tragen zu müssen. Daher ist die Angst vor falschen Entscheidungen groß. Der Optimierungsanspruch wird folglich auch auf den Bereich der Entscheidungen übertragen: Ich *muss* möglichst immer die »*richtigen*« Entscheidungen treffen – denn wenn ich eine falsche Entscheidung treffe, bin ich ja selbst schuld an den Konsequenzen. So schreibt N., 26 J.: »Wenn man viele Optionen hat und sich entscheiden muss, dann trägt man auch die volle Verantwortung für jede Entscheidung, die man trifft. Wenn sie nicht zum Glück führt, wenn die anderen Optionen besser waren oder zumindest besser wirken, dann ist man selbst Schuld. Man ist Schuld an seiner Unzufriedenheit.«

Doch die »richtige« Entscheidung zu treffen, fällt angesichts der Vielzahl der Optionen heute häufig schwer. Und woher weiß ich angesichts der vielen Möglichkeiten, was die »richtige« Wahl ist? Erschwerend kommt die Gleichzeitigkeit der Optionen hinzu. Sich für eine von vielen Optionen zu entscheiden, heißt zwangsläufig, all die nicht gewählten Optionen *nicht* nutzen zu können und so etwas zu verpassen. Wähle ich eine Option, so bedeutet das automatisch den Ausschluss der zahlreichen anderen Möglichkeiten. Das fängt schon bei »kleinen« Entscheidungen wie z. B. der Auswahl eines Podcasts an: Wenn ich mich dazu entschieden habe, einen bestimmten Podcast anzuhören (und nicht ganz zufrieden bin mit den dort genannten Informationen), überkommt mich sofort das Gefühl: Hätte ich nicht besser einen der anderen hören sollen und wäre dann jetzt bei der Beantwortung meiner Fragen schon weiter? Hätte ich damit meine

Zeit nicht »optimaler« nutzen können? Hier zeigt sich wieder eine Variante der im vorherigen Kapitel beschriebenen FOMO, der »Fear of missing out«, die bei vielen jungen Menschen heute weit verbreitet ist: Sie kann letztlich auch als Angst vor einer falschen Entscheidung angesehen werden – als Angst, mich für eine Aktivität zu entscheiden, für die es viele bessere Alternativen gegeben hätte, die ich dann automatisch verpasse. Die Frage nach der richtigen Entscheidung wird umso quälender, je mehr Optionen *insgesamt* zur Verfügung stehen; denn damit wird bei jeder Entscheidung die Anzahl der *nicht* gewählten Optionen umso höher: Wären diese besser für mich gewesen? Wäre ich damit weitergekommen? Hätte ich damit mehr erreicht oder mehr erlebt?

Vielen jungen Menschen fallen Entscheidungen daher sehr schwer. Sie schieben sie immer wieder auf – aus Angst, die falsche Entscheidung zu treffen. J., 25 J., sagt: »Generell wäge ich Entscheidungen sehr lange ab (manchmal zu lange), weil ich Angst vor Fehlentscheidungen habe. Treffe ich eine größere Entscheidung schnell, bereue ich es meist kurz darauf, was mich dann noch lange verfolgt und mich unzufrieden macht.«

Die Vielzahl der Optionen ist in nahezu allen Lebensbereichen unserer Gesellschaft erschlagend – und hat sich gerade seit der Digitalisierung noch einmal deutlich erhöht. Als konkretes Beispiel habe ich hier nur einmal die Anzahl der Möglichkeiten, sich Filme und Serien anzuschauen, recherchiert: Vor 1984 gab es nur die öffentlich-rechtlichen Sender ARD, ZDF und die sog. »Dritten Programme« im Fernsehen zu sehen. Erst seit 1984 gibt es kommerzielles Fernsehen, sodass Sender wie RTL und Sat.1 starten konnten.[85] Im Jahr 2020 gab es laut Statistischem Bundesamt bereits 489 private Fernsehprogramme.[86] Noch zahlreicher sind die für junge Menschen weitaus bedeutenderen aktuellen Streaming-Angebote: Da gibt es nicht mehr nur Netflix, sondern auch verschiedenste andere Anbieter: Disney+, Prime Video, Sky Ticket, Apple TV+, Starzplay, RTL+, Mubi und die Mediatheken von ARD, ZDF, Arte etc. Bei jedem einzelnen dieser Anbieter ist das Angebot überwältigend und ständig fluktuierend, da regelmäßig Filme und Serien aus dem Programm genommen werden und andere wiederum dazukommen. Deswegen kann man die Anzahl der Filme und Serien, die täglich verfügbar sind, lediglich schätzen: Sicherlich kommen sie aber in den vierstelligen Bereich.[87]

Wie überfordernd dabei die Auswahl sein kann, berichtet N., 26 J.: »Ich setze mich manchmal abends erwartungsvoll hin und freue mich darauf, mir eine neue schöne Serie aussuchen zu können. Dann klicke ich mich durch alle möglichen Angebote und Kurzzusammenfassungen, schaue hierhin und dorthin und bin mit der Auswahl aber dermaßen überfordert, dass ich nach einer Dreiviertelstunde frustriert dann aufgebe und doch wieder eine Folge aus einer alten Serie ansehe, die ich schon fünfmal angeschaut habe …« Ähnliche Erfahrungen haben wohl viele von uns schon einmal gemacht.

Als weiteres Beispiel für eine »einfache« Alltagsentscheidung sei hier die Entscheidung für eine sportliche Aktivität genannt, die heute zu einer sehr komplexen Angelegenheit werden kann: Liest man den Kursplan eines Fitnessstudios, so gilt es zwischen HIIT, Tabata, Pilates, Indoor Cycling und Spinning, funktionellem Training, Rückenschule, Yoga – aber nein: verschiedenen Yoga-Varianten (Ashtanga-Yoga, Bikram-Yoga, Hatha-Yoga, Iyengar-Yoga, Kundalini-Yoga, Sivananda-Yoga, Viniyoga …) – u.v.m. zu entscheiden. Die Vielfalt der Optionen ist überwältigend. Dazu müssen dann ja auch noch jeweils die Bewertungen der einzelnen Kursleitenden in diesem Studio recherchiert werden, und dann das ganze Angebot noch mit den Angeboten von mehreren weiteren Studios verglichen werden. Der Neujahrsvorsatz, mehr Sport zu treiben, wird erst einmal wieder beiseitegelegt, um noch mehr Zeit zu haben, die wirklich »richtige« Entscheidung vorzubereiten.

Auch die Anzahl der Hochschulen und der an den verschiedenen Hochschulen angebotenen Studiengänge, die für Abiturient*innen zur Auswahl stehen, ist in den letzten Jahrzehnten extrem angestiegen: Schon 2017 berichtete der »Spiegel«, dass die Zahl der Hochschulen sich seit 1990 fast verdreifacht habe.[88] Laut Statistischem Bundesamt gab es im Wintersemester 2021/2022 insgesamt 422 Hochschulen in Deutschland.[89] Dabei ist zu berücksichtigen, dass es sich dabei nicht allein um staatliche Universitäten handelt, sondern es mittlerweile auch zahlreiche private Hochschulen gibt, deren Abschlüsse staatlich anerkannt sind. In der aktuellen Suchmaschine, die die »Zeit« für Studierende für 2023 anbietet, werden sogar insgesamt 443 Hochschulen genannt.[90]

Noch unübersichtlicher ist die Zahl der angebotenen Studiengänge: Die Anzahl der Studiengänge hat sich zwischen 2007 und 2021 (also in nur 14 Jahren) fast verdoppelt. Im Wintersemester 2007/2008 gab es 11.265 Studiengänge, im Wintersemester 2021/2022 dann 20.951 Studiengänge.[91] Die Suchmaschine der »Zeit« listet hier für Studierende für 2023 sogar 22.013 Studiengänge. Die Studiengänge sind zudem nicht nur zahlenmäßig mehr geworden, sondern auch vielfältiger: Klassische Bezeichnungen wie Physik, Betriebswirtschaftslehre oder Rechtswissenschaften, die auf den ersten Blick eindeutig und verständlich sind, werden seltener. Stattdessen haben immer mehr Studiengänge englische Namen (z. B. sind »Corporate & Business Law« oder »Competition & Regulation« 2023 angebotene Master-Studiengänge), und bei mehr als einem Drittel der neuen Studiengänge verweist der Name nur auf einen Teilbereich oder ein bestimmtes Anwendungsfeld (z. B. »Wirtschaftsinformatik« oder »Wirtschaftspsychologie«).[92] Zudem gibt es immer mehr Kombinationsstudiengänge gerade im Bachelor-Bereich wie »Politik und Recht« oder »Wirtschaft und Recht«, bei denen man nicht auf Anhieb erschließen kann, was da wie kombiniert wird und welche Qualifikationen dabei erlangt werden. Zu all diesen Studiengängen in Deutschland kommen dann noch eine Vielzahl an Studiengängen, die in den Niederlanden und anderen Nachbarländern an verschiedenen Hochschulen angeboten werden und gerne von deutschen Studierenden aufgrund des Fehlens des Numerus Clausus gewählt werden.

Manche der von mir Befragten berichteten, dass sie mit diesem »Überangebot« nach dem Abitur völlig überfordert gewesen sein. So schrieb L., 25 J.: »Nach meinem Abitur wusste ich überhaupt nicht, was ich studieren möchte. Klar war, dass ich ein GAP Year machen wollte. Ich ging für ein halbes Jahr nach Spanien als Au-pair. Das tat mir gut, da ich so Abstand von der Schule gewinnen konnte. Auf der Suche nach einem geeigneten Studiengang durchforstete ich die Webseiten verschiedener Unis, schaute mir Ausbildungen an, in der Hoffnung etwas zu finden, was zu mir passt. Ich war heillos überfordert.«

G., 27 J., formulierte: »Angesichts der Vielzahl von Optionen/der vielen Möglichkeiten war ich bei der Studienwahl überfordert ... nach dem Abi herrschte ein großer Druck von meinen Eltern, und wieder vor allem von

5 Die Vielfalt der Optionen

meinem Papa auf mir, dass ich doch gleich studieren soll und wissen, was ich machen will. Und ich wollte einfach nur weg von daheim und ins Ausland und hab da ein Studium begonnen und abgebrochen und dann erstmal ein Dreivierteljahr gearbeitet. ... ich war überfordert mit der Entscheidung, was ich werden will.«

Wie soll ich auch mit 18 oder 19 Jahren wissen, was bei all diesen Wahlmöglichkeiten zu mir passt? – Vor allem, wenn im Schulsystem wenig Raum war, eigene Interessen und Begabungen zu erkunden? Bei vielen sind dann in den ersten Semestern die Zweifel groß, ob das gewählte Studium wirklich das richtige ist; manche wechseln mehrmals. Doch auch, wenn die Studienwahl endgültig getroffen wurde, kann nicht »in Ruhe studiert« werden, sondern es gilt, sich rechtzeitig um Praktika, Auslandssemester und ggf. den aufbauenden Masterstudiengang zu kümmern, diesbezüglich zu recherchieren und abermals Entscheidungen zu treffen (wann wo und in welchem Bereich?). Danach kommt dann die Entscheidung für einen Job – auch diese Situation kann aufgrund der vielen Optionen überfordernd sein.

Einige meiner jungen Gesprächspartner*innen schildern mir, dass sie oft von Älteren (sinngemäß) hören: »Ihr habt es so gut! Ihr habt so viel Auswahl bei allem! Euch steht die Welt offen! Ihr habt so viele Möglichkeiten zu reisen und tolle Dinge zu tun! Wir hatten das früher nicht.« Das stimme, so sagen sie; es gäbe sicherlich in vielen Bereichen mehr Möglichkeiten als früher. Doch solche Äußerungen hätten für sie oft einen sehr bitteren Beigeschmack. Denn zum einen erlebten sie die vielen Optionen oft – so wie auch viele ältere ebenfalls – eher als anstrengend, da sie ihr Leben verkomplizieren. Zum anderen aber, so schreibt P., 26 J., fehle oft schlichtweg die Zeit und das Geld, um diese Optionen überhaupt nutzen zu können. »Dass alles theoretisch zur Verfügung steht, heißt noch lange nicht, dass man die Zeit und die Ressourcen hat, um auch alles davon zu nutzen.« Viele der Optionen zumindest im Bereich Freizeit, Sport, kulturellem Leben, die angeboten werden, kämen für sie aufgrund des Preises gar nicht in Frage. So sagt auch N., 26 J.: »Was ist, wenn der Yogakurs 60 Euro im Monat kostet? Was ist, wenn ich zwar theoretisch nach München ziehen kann, aber ein kleines WG-Zimmer mich da 650 Euro im

Monat kostet? Und was ist, wenn ich mir zwar ein Avocado-Kokosnuss-Eis kaufen könnte, es aber 3 Euro pro Kugel kostet? Und ich kann zwar theoretisch alle Länder dieser Welt bereisen – Aber mit welchem Geld? Und wann? Trotzdem soll ich glücklich sein, weil ich all das theoretisch *kann*?« Verständlich ist die Ernüchterung und Frustration, auch in der Werbung und in den Medien ständig zu sehen, was möglich *wäre*, aber das allermeiste gar nicht finanzieren zu können oder gar keine Zeit dazu zu haben. D., 29 J., formuliert: »Theoretisch kann ich mir morgen eine Yacht kaufen, faktisch wird das in meinem Leben nicht passieren.« Wie kompliziert das Leben durch die große Vielfalt von Optionen im Alltag geworden ist und dass viele der Angebote gerade auch wegen fehlender finanzieller Mittel für viele Menschen gar nicht in Frage kommen, veranschaulicht sehr eindrücklich ein Ausschnitt aus Jan-Ole Gersters Film »Oh Boy«, in dem beschrieben wird, wie ein junger Mann in Berlin kläglich an dem Versuch scheitert, einen ganz einfachen Kaffee zu bestellen. Er möchte einen »ganz einfachen« Kaffee (ohne Zucker, ohne Hafer-, ohne Soja- und ohne Kuhmilch und auch ohne eine der anderen zahlreichen angebotenen Variierungsmöglichkeiten). Und er gibt schließlich frustriert auf, weil er sich keine der angebotenen Edelsorten und Kaffeevarianten leisten kann.[93] Und P., 26 J., ergänzt, dass sie sich Fernreisen seit Jahren aufgrund des Klimawandels verbiete, und für sie deswegen auch solche Äußerungen wie die oben Genannten schwer erträglich seien. »Wenn ältere Menschen, die mir von ihren Fernreisen vorschwärmen, sagen ›Wie gut Ihr es doch habt! Es gibt so tolle Reisemöglichkeiten‹, dann schnürt sich mir der Magen zu. Denn ich verbiete mir seit Jahren solche Reisen wegen des Klimawandels.« (vgl. diesbezüglich auch Kap. 7).

Doch woran kann ich mich als junger Mensch heute bei wichtigen Lebensentscheidungen orientieren?

Viele heute junge Menschen können bei ihren beruflichen Zukunftsplanungen nicht mehr auf die »biographischen Schnittmuster« ihrer Eltern zurückgreifen; dafür hat sich die Studien- und Arbeitswelt zu sehr verändert (vgl. hierzu auch Kap. 3 und Kap. 6). Aber auch bezüglich anderer wichtiger Lebensentscheidungen fühlen sich viele orientierungslos.

S., 27 J., formuliert: »Mein Lebensgefühl ist momentan grundsätzlich eher belastet. Wenn ich über die Zukunft nachdenke, dann kann ich zwar planen und auch träumen, aber alles ist mit extremer Unsicherheit belegt. Auch weil ich das Gefühl habe, dass das, was ältere Generationen vorgelebt haben, nicht mehr als Orientierung dient oder dienen kann.«

Der Soziologe Hartmut Rosa stellt für die Zeit seit 1989/1990, die Zeit der Digitalisierung und Globalisierung, nicht nur eine Beschleunigung unseres Lebenstempos (▶ Kap. 3), sondern auch eine erhebliche *Beschleunigung des sozialen Wandels* in unserer Gesellschaft fest. Darunter versteht er eine »Steigerung der Verfallsraten der Verlässlichkeit von Erfahrungen und Erwartungen«[94] in einer Gesellschaft. Werte und Strukturen, die vielleicht früheren Generationen noch Orientierung geboten haben, wie familiäre und religiöse Bindungen, zerbrechen zunehmend, alles ist im Fluss, im ständigen Wandel. Arbeitsstrukturen, Berufsfelder, Moden, Lebensstile, aber auch Beziehungsmuster, der Umgang mit sexuellen Orientierungen, gesellschaftliche Werte und Normen verändern sich rasch. Unsere Welt ist nicht nur schneller, sondern auch schnelllebiger geworden. Die Beschleunigung des sozialen Wandels nennt Rosa deswegen auch eine »Verkürzung der Gegenwart«, eine »Gegenwartsschrumpfung«: D. h. der Zeitraum, in dem Menschen sich auf bereits gemachte Erfahrungen beziehen könnten, um sich im Handeln daran zu orientieren, würde immer kürzer und knapper.

Was gibt also noch Orientierung? Was gibt Halt? Woran soll ich mich bei meiner Identitätsfindung orientieren, wenn das, was gestern galt, heute schon nicht mehr gilt?

Woran kann ich mich festhalten, wenn sich alles um mich herum in ständigem raschen Wandel befindet? Gibt es überhaupt noch eine stabile personale »Identität« über ein ganzes Leben lang?

Oder sind wir mittlerweile gefordert, eher »situative« Identitäten auszubilden, je nachdem in welcher Rolle, in welchem Job, an welchem Ort und in welcher sozialen Vergleichsgruppe wir uns gerade bewegen?[95] Muss ich meine Identität also ständig »updaten« – je nach sozialen Anforderungen: Ist meine »updatability« gefragt? Und muss ich nicht auch an meinen virtuellen »Identitäten« arbeiten? Wie will ich mich da wem in welcher Rolle zeigen?

»Tell me what I want«

Viele junge Menschen leiden sehr unter dieser Situation und fühlen sich mit solchen Fragen überfordert. Einige schreiben mir sogar, sie wünschten sich klarere haltgebende familiäre, religiöse, gesellschaftliche Strukturen, wie sie frühere Generationen noch hatten. Geradezu wie ein »Schrei nach Orientierung« wirkt ein Zitat aus der britischen BBC-Serie »Fleabag«, in der das Leben einer jungen Frau in London dargestellt wird. In der Mitte der zweiten Staffel spricht die Protagonistin in einem Beichtstuhl mit einem Priester und fasst erstmals ehrlich zusammen, wie verloren sie sich fühlt: »I want someone to tell me what to wear in the morning. I want someone to tell me what to wear EVERY morning. I want someone to tell me what to eat. What to like, what to hate, what to rage about, what to listen to, what band to like, what to buy tickets for, what to joke about, what not to joke about. I want someone to tell me what to believe in, who to vote for, who to love and how to tell them. I just think I want someone to tell me how to live my life, Father, because so far I think I've been getting it wrong – and I know that's why people want people like you in their lives, because you just tell them how to do it. You just tell them what to do and what they'll get out at the end of it, and even though I don't believe your bullshit, and I know that scientifically nothing I do makes any difference in the end anyway, I'm still scared. Why am I still scared? So just tell me what to do. Just fucking tell me what to do, Father.«

Dieses Sich-verloren-fühlen beschreibt auch meine Interviewpartnerin G., 25 J.: »Ich wäre gerne religiös, weil ich dann einen gewissen philosophischen Überbau hätte, gewisse Werte, Menschen, die mir sagen, wie ich mich verhalten soll. Aber ich bin es nicht. Trotzdem sehne ich mich manchmal nach der Geborgenheit z. B. einer Institution, die Sicherheit und Beständigkeit bietet. Ich glaube, dass das vielen jungen Menschen fehlt. Gleichzeitig kann das bei manchen im schlimmsten Fall dazu führen, dass sie rechte Parteien wählen, weil die einem ein Identitätsgefühl geben. Diese Entwicklung finde ich sehr gefährlich.«

Auch stabile Beziehungsstrukturen fehlen häufig, auch hier gibt es zu wenig »Haltgebendes«. Die heutige Studien- und Arbeitswelt erwartet von

5 Die Vielfalt der Optionen

den jungen Menschen viel Flexibilität. Um »mithalten« zu können und die Aussicht auf einen guten Job zu haben, müssen viele häufig umziehen. Beziehungsstrukturen gehen dabei immer wieder verloren und müssen am neuen Ort neu aufgebaut werden. Auch darunter leiden viele meiner Gesprächspartner*innen. Ihre Eltern hatten in der Regel noch die Möglichkeit, fünf, sechs oder sieben Jahre an einem Ort zu studieren (oder an einem Ort ihre Ausbildung zu machen) und konnten dadurch in ihrer Ausbildungs- und Studienzeit oft stabile Kontakte und Freundschaften »fürs Leben« knüpfen. Danach »beheimateten« sie sich in der Regel an einem Ort, an dem sie dann bis zum Ende ihrer Erwerbsbiographie wohnen konnten. Stattdessen sieht das Leben für heute junge Studierende ganz anders aus. Sie ziehen schon während des Studiums häufig drei- bis viermal um (durch den Wechsel vom Bachelor zum Master, Praktika in verschiedenen Städten, Auslandssemester u. ä.), müssen dann nach der Ausbildung bzw. dem Studium auch noch mehrfach den »Job« wechseln, erhalten oft zu Beginn nur befristete Arbeitsverträge. Gerade aufgebaute Beziehungsstrukturen gehen dabei immer wieder verloren. An allen Wohnorten finden sie – so berichten viele meiner Gesprächspartner*innen – zwar immer wieder liebe Menschen; feste, haltgebende, über ein ganzes Leben andauernde Beziehungsstrukturen sind jedoch schwer aufbaubar bzw. dann über größere räumliche Distanzen kaum haltbar. Es ist ein Geschenk, wenn das heute jungen Leuten dennoch gelingt.

So schreibt J., 28 J.: »In den letzten 8 Jahren bin ich alle 1,5 Jahre umgezogen ... Es war immer ein ständiges Neuankommen und sich auf neue Menschen einlassen bzw. suchen, weil man sich auch immer verändert. Gerade merke ich, dass das auch fehlt, an einem Ort angekommen zu sein, auch von den Menschen her.«

Viele sehnen sich danach, irgendwo »anzukommen«, sich irgendwo beheimaten zu können. Auch L., 27 J., erzählt: »Ich bin in den letzten 7 Jahren häufig umgezogen, ca. 5mal. Auch innerhalb von Städten ... In der Stadt, wo ich jetzt wohne, habe ich erstmals das Gefühl, ein bisschen angekommen zu sein.«

Manche resignieren und lassen sich an den jeweils neuen Wohnorten gar nicht mehr wirklich auf neue Menschen ein – weil sie schon zu oft erlebt haben, dass diese Kontakte nicht halten. Das kann dazu führen, dass Beziehungen z. B. zu den neuen Kommiliton*innen oder Kolleg*innen nur noch recht unverbindlich gestaltet werden und »an der Oberfläche« bleiben. Dazu kommt das Wissen, in Konkurrenz zueinander zu stehen; dieses kann ebenfalls dazu führen, sich nicht wirklich anderen gegenüber zu öffnen und Nähe zuzulassen. Viele junge Menschen trauen sich z. B. nicht, anderen von ihren Problemen in Ausbildung, Studium oder Beruf, geschweige denn von psychischen Problemen zu erzählen. Viele »blenden« sich eher gegenseitig, vor allem natürlich auch mit optimierten Darstellungen in den Social Media.

Zudem fördert die Vielzahl der Optionen gerade bezüglich der Freizeitgestaltung vor allem in den Großstädten auch eine Unverbindlichkeit in den sozialen Beziehungen. Die Vielfalt der Optionen erschwert es, Menschen an bestimmten Orten regelmäßig wiederzutreffen und ihnen so nahe zu kommen. So erzählt mir eine Interviewpartnerin, wie schwer es war an ihrem ersten Wohnort nach Beginn ihrer Berufstätigkeit neue Menschen (außerhalb ihres Berufs) kennenzulernen: »Hier gibt es dann immer weniger Leute, die z. B. einem festen Sportverein angehören und immer mehr Leute, die ein ›Urban Sports Abo‹ haben, mit dem sie dann zwar superflexibel sind und an verschiedenen Sportkursen zu verschiedenen Zeiten an verschiedenen Orten teilnehmen können, aber man trifft dort eben nicht mehr die gleichen Leute und bleibt anonym. Und auch in den Kneipen trifft man nicht regelmäßig die gleichen Leute, denn es gibt ja ein Angebot von Hunderten von Kneipen, und man besucht ständig andere. Nichts ist einfach nur da. Wenn man abends in eine Kneipe geht, sind da keine altbekannten Gesichter, die auch noch da sind, wenn man mal ein paar Wochen nicht kommt. D. h. es gibt wenig Regelmäßigkeit, wenig Konstantes. Ich glaube, es brechen immer mehr feste Säulen im Leben junger Menschen weg: Der Freundeskreis bricht immer wieder auf, weil man häufig umzieht. Von der Familie wohnt man sowieso häufig weit entfernt. Partnerschaften befinden sich im Wechsel, sodass auch sie häufig keine langfristige Sicherheit und Stütze bieten. Strukturen wie feste Vereine, feste Hobbies brechen auf. Religion ist keine feste Stütze mehr. Jobs

5 Die Vielfalt der Optionen

werden häufiger gewechselt oder sind von vorneherein befristet ... Ich weiß zwar, dass das alles eine tolle Freiheit ist und viele junge Menschen würden diese Freiheit nicht missen wollen. Aber das Wegbrechen dieser Säulen birgt eben Risiken: Das Leben ist dadurch viel fragiler. Ein Rückschlag kann einen eher treffen, wenn man nichts hat, auf das man zurückfallen kann. Ein Umzug in eine neue Stadt ist toll und aufregend, aber birgt auch das Risiko, dass man keinen Anschluss findet und vereinsamt. Etwas, was ich bei Freundinnen durchaus mitbekommen habe.«

Und in der Tat liegen junge Erwachsene bis etwa 30 Jahre mittlerweile an der Spitze derjenigen, die sich einsam fühlen.[96] Ca. 15 % von ihnen sind Studien zufolge von Einsamkeitserleben betroffen. Einsamkeitserleben aber kann große negative Auswirkungen auch auf die psychische und körperliche Gesundheit haben.[97]

Auch bezüglich des Aufbaus einer stabilen Partnerschaft kann die Vielzahl der Optionen eher hinderlich sein. Die Angst vor einer falschen Festlegung ist hier oft besonders groß; deswegen bleiben viele Beziehungen erst einmal unverbindlich. Es wird zwar einerseits die perfekte Partnerschaft gesucht, und die Person soll daher höchsten Ansprüchen genügen – auch hier spielt die Optimierung also eine Rolle (▶ Kap. 2). Auch soll die Beziehung romantisch sein – so wie zahlreiche Beziehungen in den Sozialen Medien präsentiert werden. Gleichzeitig scheint durch Tinder und andere Apps die Auswahl aber nahezu unbegrenzt und leicht zu tätigen. Lernen junge Menschen also heute jemanden kennen, legen sie sich oft erst einmal nicht fest, bleiben »unverbindlich« und sind erst recht nicht bereit, Kompromisse einzugehen. Sie halten sich bewusst die Möglichkeit offen, noch weiter nach einer »besseren« Option zu suchen. Durch Tinder und Co. scheint das ja leicht machbar. So formuliert die Sängerin Mine in ihrem Lied »Traummann«, auf das mich eine Interviewpartnerin hinwies: »Du bist mein Traummann ... Doch schau, was der andre Mann kann. Vielleicht schmeckt's beim Andern immer besser als bei Dir. Besser, wenn ich das einmal probier.« So lassen sich manche junge Paare über lange Zeit nicht wirklich aufeinander ein, spüren dadurch auch keine wirkliche Nähe. Sie lernen nicht zu akzeptieren, dass Menschen nicht perfekt sein müssen, und trotzdem innig geliebt werden können. Und sie lernen auch nicht, was es bedeutet, in einer Beziehung Konflikte miteinander auszutragen und

5 Die Vielfalt der Optionen

adäquat zu lösen. Damit verhindert die auch hier zu beobachtende FOMO (in Verbindung mit den vielen Auswahloptionen) den Aufbau von wirklich tragfähigen, längerfristigen Partnerschaften.

So schreibt H., 27 J.: »Der Gedanke ›Es könnte doch vielleicht noch jemand Besseren geben?‹ schleicht sich immer mal wieder ein. Ich denke auch, dass das die Partnersuche häufig erschwert ... Von beiden Seiten. Auch der stetige Vergleich von augenscheinlich perfekten Paaren auf Social Media, die jeden Morgen glücklich und fröhlich sich in den Armen liegend nebeneinander aufwachen, tut hier ein Übriges. Ich würde zwar behaupten zu wissen, dass es hier nicht um Realitäten geht; einen Einfluss hatte/hat es manchmal jedoch immer noch.«

Auch M., 26 J., sagt bezüglich der Partner*innensuche, »dass viele in meiner Generation sich nicht festlegen wollen und immer im Hinterkopf haben, dass es vielleicht noch etwas besseres für sie geben könnte.«

F., 27 J., formuliert: »Ich glaube, es ist durch die online dating Möglichkeiten schwieriger geworden, sich auf jemanden einzulassen, da ... die »Auswahl« viel größer ist.«

Und L., 22 J., schreibt: »Ich glaube, wir sind heute aufgeklärter und sensibler für ungesunde Beziehungsmuster, sodass wir uns vielleicht schneller wieder trennen. Andererseits habe ich das Gefühl, dass vielen der Mut fehlt, sich wirklich auf jemanden einzulassen und sich zu lösen von dem ›perfekten‹ Bild einer Beziehung, wie Social Media es vermittelt.«

H., 25 J., sagt: »Ich weiss nicht, ob die Suche schwieriger ist, als früher, aber ich empfinde sie als extrem frustrierend. Unverbindlichkeit ist ein großer Punkt, der mich stört ...«

Aber auch wenn der eigene Anspruch nicht der an eine perfekte Partnerschaft ist, leiden viele unter der Unverbindlichkeit ihrer Gegenüber. Das »Freundschaft plus«-Konzept (sich kennenlernen, gemeinsam etwas unternehmen, Sex haben, gleichzeitig aber weiter schauen, ob es nicht noch »jemand besseren« gibt), kann nur funktionieren, wenn beide das so wollen. Verliebt sich der eine Teil, so kann es sehr verletzend sein, wenn die Gefühle nicht erwidert werden. Diese für manche sehr quälende Unverbindlichkeit kommt auch in dem auf manchen Dating-Apps neuerdings verwendeten Begriff »situationship« zum Ausdruck; er bezeichnet einen undefinierten Beziehungsstatus, also eine Beziehung, die kein Etikett als »relationship« haben soll.

Besonders verunsichernd und verletzend können Erfahrungen des sog. »Ghostings« sein, die in der Anonymität von Großstädten durch Dating-Apps verstärkt möglich sind. G., 25 J., schreibt: »Man trifft sich ein paar Mal und dann schreibt eine Person einfach nicht mehr zurück. Man sieht sie nie wieder. Das kann ganz schön weh tun. Wenn man sich in einer festen Gruppe oder in der Uni oder sonstwo kennenlernt, dann ist Ghosting nicht durchzuführen, weil man sich ja doch immer wieder sieht und begegnet. Aber auf einer anonymen App? Kein Problem. Man fühlt sich weniger verantwortlich für die andere Person und muss sich nicht mit den eigenen Handlungen konfrontieren.«

Immer häufiger begegnen mir (nicht nur in meiner Praxis) jedoch auch – trotz aller Dating Apps – junge Menschen, die mit Ende 20 und auch noch in weitaus höherem Alter noch nie eine Beziehung hatten und auch noch keine sexuellen Erfahrungen haben. Die Scham ist groß, dies beim Kennenlernen einer Person, die potenziell für eine Partnerschaft in Frage käme, einzugestehen.

Natürlich gibt es aber nicht nur solche Erfahrungen. Zahlreiche Gesprächspartner*innen berichten auch von durchaus glücklichen und stabilen Beziehungen wie z. B. D., 30 J.: »Ich habe nicht gesucht, sondern zufällig gefunden und bin sehr glücklich. Für mich persönlich ist die Suche heute nicht schwieriger als früher.« Andere gehen bewusster mit der Situation um. L., 24 J., schreibt: »Ich suche nicht die perfekte Partnerschaft. Mir ist bewusst, dass Kompromisse notwendig sind und eine offene und ehrliche Kommunikation das Wichtigste.« Und M., 24 J., hat aus ihren bisherigen Erfahrungen gelernt und Abstand von ihrer Suche nach dem perfekten Partner genommen: »Vor einigen Jahren hatte ich nach dem ›perfekten Partner‹ gesucht, hatte meinen damaligen Freund idealisiert. Nachdem diese Partnerschaft in die Brüche ging, wollte ich eher viel ausprobieren und würde jetzt auch sagen, dass ich eine perfekte Partnerschaft mittlerweile eher danach definieren würde, dass ich ich selbst bleibe, mein Partner ebenfalls, dass jede/r von uns sein eigenes Leben hat und davon erfüllt ist und dass die Partnerschaft ein zusätzliches Konstrukt ist, dass beiden Personen Energie gibt.«

»Protect me from what I want«

Als Pendant zu der obigen Formulierung der Fleabag Protagonistin »Tell me what I want«, in der sie ihre verzweifelte Suche nach Orientierung bei vielen Entscheidungen ausdrückt, spiegelt sich in einer anderen Formulierung ein weiterer Aspekt wider, der bei der Suche nach der »richtigen« Entscheidung eine Rolle spielt: die Formulierung »Protect me from what I want«.

In dieser Formulierung der amerikanischen Projekt-Künstlerin Jenny Holzer, 2013 in großer Leuchtschrift an einem Gebäude am Times-Square in New York angebracht[98], drückt sich ein Aspekt aus, der meiner Meinung nach sehr bedenkenswert ist. Viele junge Menschen spüren, dass manche der von ihnen gefühlten »Bedürfnisse« gar nicht ganz »ihre eigenen« sind, nicht ganz zu ihnen passen, und dass sie vielleicht gar nicht bewusst selbst gewählt sind, sondern von außen an sie herangetragen wurden. In Kapitel 2 wurde schon beschrieben, wie gesellschaftliche Werte und Normen uns als Individuen prägen können und – oft dem einzelnen gar nicht bewusst – unser Handeln und Erleben steuern. Als Beispiele können hier der durch unser auf Wachstum und auch immer mehr Konsum ausgerichtetes Wirtschaftssystem induzierte Wunsch nach immer mehr Konsum, nach Fernreisen, Luxusgütern etc., aber auch der Wunsch nach Karriere, das Bedürfnis, immer zu den Besten zu gehören, genannt werden. Viele machen die frustrierende Erfahrung, dass die Bedürfnisbefriedigung in diesen Lebensbereichen nicht unbedingt zu mehr Zufriedenheit und Glück führt.[99] Es ist erlaubt sich Fragen zu stellen wie: Tut mir das, was ich gerade zu tun beabsichtige, wirklich gut? (z. B. der nächste Karriereschritt, der mit noch mehr Stress verbunden wäre, der Besuch einer Party eines Bekannten, den ich eigentlich nicht besonders mag, der mir aber beruflich mal hilfreich sein könnte, oder eine Fernreise nach Thailand, weil so viele das

5 Die Vielfalt der Optionen

schon gemacht haben, obwohl mich das eigentlich gar nicht interessiert und ich viel lieber mit ein paar guten Freunden ein paar Wochen irgendwo auf dem Land wäre?)

Es erfordert Übung und eine gute Selbstbeobachtung, sich immer wieder zu fragen: Laufe ich da gerade jetzt und hier *externen* Normen und Standards hinterher, oder sind es meine *eigenen* Bedürfnisse, die mich leiten? Das ist nicht immer leicht trennbar, aber es lohnt sich, sich diese Frage in konkreten Situationen immer wieder zu stellen. Und gerade auch in Bezug auf die Social Media (vgl. Kap. 4) stellt sich täglich die Frage: Wie kann ich es schaffen, mich in meinen Bedürfnissen hier nicht manipulieren zu lassen?

Zudem darf ich mir als junger Mensch auch die Frage stellen: Nur weil ich alle diese Optionen in meinem Leben habe, *muss* ich sie dann auch nutzen? *Muss* ich z. B. nach dem Abitur ins Ausland gehen, nur weil es diese Möglichkeit gibt und andere es tun, obwohl ich es mir eigentlich gar nicht zutraue und gar keine Lust habe, mich deswegen für ein Jahr von meinem Freundeskreis zu trennen? *Muss* ich unbedingt studieren, nur weil ich nun das Abitur habe und die Option dazu besteht, oder hätte ich nicht viel lieber Lust, praktisch zu arbeiten? *Muss* ich in meinem Studium immer zu den Besten gehören, drei Sprachen sprechen und ein Praktikum nach dem nächsten machen, oder ist es nicht auch ok, irgendwo im Mittelmaß zu sein, weil es ja nun mal schlichtweg gar nicht möglich ist, dass alle zu den »Besten« gehören?

In ähnlicher Weise kann ich mich bei anstehenden Kaufentscheidungen fragen: Nur weil es dieses neue Produkt jetzt gibt (und die Werbung mir suggeriert, dass ich es unbedingt haben muss), muss ich es wirklich haben? Macht mich das (wirklich) glücklich? Immer wieder neue, der Mode entsprechende Kleidung, die immer noch perfektere Wohnungseinrichtung, das noch aktuellere Smartphone, immer noch mehr von allem: Muss das sein? Bringt mir das wirklich einen Gewinn an Lebensqualität? Psycholog*innen und Soziolog*innen sind sich einig: Nicht die Produkte, die uns Unternehmen verkaufen, sind es, die uns glücklich machen, sondern es sind – jenseits einer Grenze des sozialen Abgesichertseins, das gegeben sein muss – Beziehungserfahrungen, die uns gut tun. Zu viele Anschaffungen, zu viele Konsumgüter scheinen uns eher zu überfordern. Dass viele von uns mittlerweile Coaches und Ratgeber brauchen mit Titeln wie »Die

Kunst des Wegwerfens. Wie man sich von unnötigem Ballast befreit und dadurch mehr Freude am Leben hat«[100], zeigt doch, dass wir in unserem Alltag von zu vielen Gegenständen umgeben sind, die uns eher belasten (und bei denen wir dann sogar Hilfe benötigen, um uns wieder von ihnen zu »befreien«).

Exkurs: Sinn- und Identitätskrisen – Die »Quaterlife Crisis« vor 20 Jahren und heute

Die Überforderung vieler junger Erwachsener durch eine Vielzahl von Optionen wurde erstmals von den beiden amerikanischen Autorinnen Alexandra Robbins und Abby Wilner in ihrem 2001 erschienenen Buch »Quaterlife Crisis. Die Sinnkrise der Mitzwanziger« beschrieben. Sie berichteten darin über das Erleben amerikanischer Collegestudierender beim Übergang von ihrem Studium in das Erwachsenenleben.

Als »Entwicklungskrise des jungen Erwachsenalters« wurde die Quaterlife Crisis danach im angloamerikanischen Raum breit diskutiert, analog zur Midlife Crisis des mittleren Erwachsenalters. Entwicklungspsycholog*innen beschrieben daraufhin das »junge Erwachsenenalter«, das Alter zwischen 18 bis 30 Jahren, als ein Alter, in dem wichtige Herausforderungen, sog. »Entwicklungsaufgaben«, zu bewältigen seien. Es gelte, herauszufinden: »Was will ich beruflich/privat in meinem Leben machen? Wo möchte ich leben? Wer will ich sein?« und sich ein eigenständiges Leben mit einer eigenen Identität aufzubauen. Diese Aufgaben und Herausforderungen bräuchten Zeit – Zeit, sich in verschiedenen Rollen und Beziehungen zu erkunden, sich selbst und die Welt zu explorieren. Viele seien zunächst mit den zahlreichen Fragen und Herausforderungen dieses Alters überfordert und erlebten in dieser Zeit vorübergehende Krisen. Insgesamt seien diese Krisen im jungen Erwachsenalter sehr häufig. In einer 2013 veröffentlichten britischen Studie berichteten 70 % der Befragten im Alter zwischen 30 und 40, dass sie zwischen 20 und 30 Jahren eine solche Krise erlebt hätten.[101]

Die heute – 22 Jahre nach Erscheinen des Buches von Wilner und Robbins – von jungen Erwachsenen geschilderten psychischen Probleme und Beschwerden gehen leider *weit* über die einer solchen vorübergehenden, alterstypischen Sinn- und Identitätskrise hinaus. Junge Erwachsene haben heute in diesem Alter nicht nur die beschriebenen »Entwicklungsaufgaben« zu bewältigen, sondern stehen dabei gleichzeitig einer völlig anderen Welt gegenüber: einer Welt, die durch die Belastungen und Stressoren gekennzeichnet ist, die ich in den bisherigen Kapiteln bereits beschrieben habe und solche, die ich in den weiteren Kapiteln noch beschreiben werde.

Bedenkt man, wie sehr unsere Welt sich seit 2001 noch einmal verändert hat, sowohl was den Optimierungsdruck (▶ Kap. 2) und die Beschleunigung betrifft (▶ Kap. 3), aber auch die Social Media (▶ Kap. 4) und die Vielfalt der heute wählbaren Optionen in allen Lebensbereichen, auch und gerade in Bezug auf die Digitalisierung, die Arbeitswelt, Geschlechteridentitäten etc., so kann man nur erahnen, um wieviel komplexer die Anforderungen sind, denen sich heute junge Menschen zwischen 20 und 30 Jahren im Rahmen ihrer Identitätsfindung gegenübergestellt sehen, und um wieviel schwieriger es für sie sein muss, für sich selbst einen passenden Weg im Leben zu finden. Wie soll es ihnen gelingen, in einer Welt, die Werte wie Wachstum und Optimierung vorgibt und in der sie ständigen Vergleichen und Bewertungen diesbezüglich ausgesetzt sind, eine eigene Identität mit eigenen Zielen, Werten, Normen und Standards zu entwickeln (vgl. Kap. 2)? Und was ist, wenn sie sie möglicherweise auch viel zu wenig Zeit und »Muße« finden, sich auszuprobieren und über ihre Lebensziele nachzudenken, weil sie schon seit ihrer Kindheit einfach nur »funktionieren« müssen (vgl. Kap. 3)? Die Angst vor falschen Entscheidungen bei jungen Erwachsenen ist groß; viele zweifeln sehr an sich und an dem Weg, den sie eingeschlagen haben, da sie noch nicht wirklich herausgefunden haben, was sie in ihrem Leben wollen.

Nicht selten können sich dann aus vorübergehenden, alterstypischen Sinn- und Identitätskrisen handfeste psychische Störungen entwickeln. Auch Steffi Burkhart, Gesundheitspsychologin und Generationenforscherin, formuliert auf den bereits erwähnten Informationsseiten der Techniker Krankenkasse, die diese eigens zu diesem Thema für junge Menschen bereitgestellt hat, in ähnlicher Art und Weise: »Der Druck ist in den letzten Jahren stark angestiegen. Viele haben Angst, in dieser beschleunigten Welt nicht Schritt zu halten ... Klar, Krisen und Zukunftsängste hat es schon immer gegeben. Aber heute kommen noch ein paar Brandbeschleuniger hinzu: die Digitalisierung, der Innovationsdruck, unbezahlbare Mieten, Gehälter, von denen man nicht leben kann, der Generationenvertrag. Und auch die sozialen Medien erhöhen den Druck.« Auch auf diesen Informationsseiten wird der Zusammenhang konstatiert: Wenn zu den Herausforderungen und Entwicklungsaufgaben, die junge Menschen in diesem Alter eh schon zu bewältigen haben, zusätzlich Stressoren wie permanenter Leistungsdruck, finanzielle Nöte, Selbstzweifel hinzukommen, dann ist es noch wahrscheinlicher, dass sie psychische Störungen entwickeln.[102]

Wenn man sich zudem klar macht, dass unsere Welt gerade in den letzten Jahren nicht nur fordernder, schneller, schnelllebiger und komplexer, sondern zudem auch viel *unsicherer* geworden ist – durch die immer spürbarer werdenden Folgen des Klimawandels, das Erleben einer Pandemie, zunehmende kriegerische Auseinandersetzungen, die immer größer werdende Schere zwischen Arm und Reich und vieles andere mehr – so ist die Überforderung junger Menschen in diesem Alter nachvollziehbar.[103]

Heute stellen sich junge Menschen im Alter zwischen 20 und 30 nicht nur vergleichsweise »einfache« Fragen wie: Welchen Beruf möchte ich ergreifen? In welcher Stadt möchte ich leben? Wie kann ich vielleicht Beruf und Familie miteinander verbinden?, sondern fragen sich darüber hinaus: Wie kann ich »mithalten« in dieser Gesellschaft? Werde ich zukünftig genug verdienen, um davon leben zu können? Werde ich jemals eine Rente bekommen? Gibt es meinen Job in 20 Jahren noch? Woran kann ich mich festhalten, wenn alles um mich herum zerbricht? Wie langfristig kann ich überhaupt planen und denken? Habe ich wirklich noch eine Zukunft, die ich gestalten kann? Wie geht es mit unserer Welt/Gesellschaft weiter? Wie wird die Welt zukünftig aufgrund des Klimawandels aussehen? Werden wir zukünftig noch in einer Demokratie leben können? Kann ich es verantworten, Kinder in diese Welt zu setzen? Auf all diese Themen, die junge Menschen heute nicht nur in ihrem Selbstwerterleben verunsichern und sie erschöpfen, sondern sie in ihren gesamten Lebensgrundlagen und ihrer Zukunftsperspektive bedrohen, möchte ich in den folgenden Kapiteln eingehen.

5 Die Vielfalt der Optionen

Zusammenfassung

Will ich in unserer an Wachstum und Effizienz orientierten Gesellschaft »mithalten können«, so muss ich auch stets die »richtigen« Entscheidungen treffen, darf mir keine Fehlentscheidungen »leisten«. Die vielen Auswahlmöglichkeiten, die es heute sowohl bei kleineren Alltagsentscheidungen wie auch bei wichtigen Lebensentscheidungen gibt, überfordern uns. Oft haben wir die Angst, durch falsche Festlegungen und Entscheidungen »noch Besseres« zu verpassen. Das führt z. B. in vielen Partnerschaften von jungen Menschen zu einer großen Unverbindlichkeit, unter der viele leiden. Viele junge Menschen suchen mittlerweile verzweifelt nach Orientierung und haltgebenden Strukturen; viele haben auch kein wirkliches Gespür mehr für ihre eigenen Bedürfnisse und das, was ihnen guttut. Die in den bisherigen Kapiteln beschriebenen Stressoren (und auch die in den nächsten Kapiteln noch folgenden) führen zu psychischen Belastungen, die weit über die mit der »Quaterlife Crisis« beschriebene Sinnkrise der Mittzwanziger*innen hinausgehen.

Anregungen zur Reflektion

Muss ich immer »optimale« Entscheidungen treffen? Oder darf ich mir nicht auch Fehlentscheidungen verzeihen?

Brauche ich wirklich all diese Optionen? Und muss ich alle Optionen, die sich mir anbieten, auch nutzen?

Wie kann ich einen guten Zugang zu meinen Bedürfnissen finden? Was tut mir wirklich gut in meinem Leben? Was macht mich glücklich?

Fehlentscheidungen gehören zum Leben. Und es gilt, sie zu akzeptieren. Es gibt keine 100%ige Sicherheit bei Entscheidungen, denn niemand kann die Konsequenzen aller möglichen Optionen vorhersehen. Wenn ich z. B. nach Beginn des Studiums sehe, dass es nicht passt, darf ich ruhig noch einmal wechseln und etwas anderes ausprobieren. Das ist völlig in Ordnung! Und auch wenn ich nach dem Studium sehe, dass der Beruf doch nicht passt, kann ich mich noch

5 Die Vielfalt der Optionen

einmal umorientieren. Ich habe auf jeden Fall Kompetenzen und Fähigkeiten erworben, die auch in anderen Bereichen nützlich sein können.

Vieles im Leben ist nicht kontrollierbar und nicht planbar. Manchmal überrascht das Leben – im positiven Sinn – und eine vielleicht kurzfristig nicht optimale Entscheidung entpuppt sich als die langfristig bessere. Und manchmal gibt es – trotz allen guten Planens – unabänderliche negative Entwicklungen, bei denen es gilt, nicht daran zu zerbrechen, sondern das Beste daraus zu machen.

Und was unsere Konsumentscheidungen betrifft: Unser Wirtschaftssystem »lebt« nicht nur davon, dass wir uns alle weiter optimieren und immer besser und schneller werden, sondern auch davon, dass wir immer mehr konsumieren. Wir sollen ständig neue Produkte kaufen, neuen Moden folgen. Was davon brauchen wir wirklich? Und tut uns das gut? Und wie könnten Alternativen zu diesem System aussehen?

Müssen wir wirklich all das produzieren und konsumieren, was wir derzeit zu »brauchen« glauben? Oder könnten wir nicht auch weniger produzieren und konsumieren? Wie sähe dann unser Leben aus? Wäre nicht sogar vieles einfacher?

Und wie müsste eine Gesellschaft aussehen, in der wirklich alle jungen Menschen (und nicht nur diejenigen, die es sich finanziell leisten können) viele Optionen z. B. im Bereich Bildung, Selbstverwirklichung, Entwicklung eigener Interessen haben? (vgl. die Beispiele von Studierenden, die ihren Studienort danach auswählen müssen, wie hoch dort die Mieten und Lebenshaltungskosten sind, oder die sich kein Auslandssemester, keine privaten Zusatzkurse und keine Hobbies leisten können, weil sie neben dem Studium noch jobben müssen ...)

6 Das Aus des Narrativs von immer mehr Wachstum und Konsum: Finanzielle Sorgen, Mangel an bezahlbarem Wohnraum und Arbeitsplatzunsicherheit

»Den Blick in die Zukunft finde ich aktuell sehr schwierig ... Mir ist bewusst, dass wir nicht so einen Wohlstand haben werden, wie unsere Eltern und mit dem wir aufgewachsen sind. Der Blick in die Zukunft ist also ... auch geprägt von finanziellen Sorgen und Ängsten, wie es überhaupt mit der Welt weitergehen wird ... Es gibt so viele Dinge, die sich für mich nicht greifbar anfühlen und die ich nicht einschätzen kann. Wie wird sich das Klima weiter entwickeln? Mit welchen Naturkatastrophen werden wir leben lernen müssen? Wird es weitere Pandemien geben? Wie entwickelt sich die politische Lage? Werden wir weiterhin im Frieden leben? Wie entwickelt sich die Wirtschaft und meine persönliche finanzielle Lage?« (M., 26 J.)

Die hier beschriebenen, von mir befragten jungen Menschen haben versucht, alles »richtig« zu machen, ihr »Bestes« zu geben und damit den Normen unserer Leistungsgesellschaft zu entsprechen. Sie haben versucht, den Anforderungen von Elternhaus, Schule und Ausbildung bzw. Studium zu genügen, im Dschungel der zahllosen Möglichkeiten für sich einen Weg zu finden, sich »zu optimieren« und an sich »gearbeitet« – alles um »mitzuhalten« in unserer beschleunigten Gesellschaft (vgl. Kap. 2 bis Kap. 5). Doch welche Zukunft erwartet sie jetzt? Damit möchte ich mich in den folgenden Kapiteln beschäftigen.

Jahrelang schien die Perspektive verlässlich, es gebe von allem immer *mehr!* – Mehr Wohlstand, Konsum, Fortschritt, Frieden, eine unbeschwerte Zukunft. Das Versprechen ihrer Eltern und auch des Bildungssystems lautete: Wenn Du nur tüchtig genug lernst, Dich genug anstrengst, wirst Du ein gutes Leben in Wohlstand und Sicherheit haben, wirst es vielleicht

6 Das Aus des Narrativs von immer mehr Wachstum und Konsum

sogar noch besser haben als Deine Eltern. Viele der jungen Leute spüren jedoch: Dieses Versprechen ist nicht mehr einlösbar. Sie sehen sich heute einer Zukunft gegenüber, in der ein »gutes Leben« unsicherer ist als je zuvor. »Unsere Gegenwart wirkt zerbrechlich«, »wir ahnen, dass wir vor immensen Umwälzungen stehen«, schreibt die bekannte Ökonomin Maja Göpel.[104] Dies war bereits vor der Coronakrise und dem Ukraine-Krieg absehbar, die Wahrnehmung dafür wurde aber durch die Krisen der letzten Jahre, durch die unsere Welt geradezu »aus den Fugen geraten« ist, noch einmal deutlich verstärkt.

Schon vor der Coronakrise und dem Ukraine-Krieg mit der darauffolgenden Inflation und Teuerung der Lebenshaltungskosten war klar: Die junge Generation heute wird materiell nicht mehr den Wohlstand erreichen können, den ihre Eltern hatten. Unser auf grenzloses Wachstum und immer mehr Konsum ausgerichtetes Wirtschaftsmodell hat den Planeten an seine Grenzen gebracht. In einer Welt mit steigenden Bevölkerungszahlen und endlichen Ressourcen ist ein solches ständiges Wirtschaftswachstum aber auf Dauer schlichtweg nicht möglich. Das Wachsen der Wirtschaftsleistung ist, so Maja Göpel, beschränkt, da das Ausmaß dessen, was wir dem Planeten wegnehmen können, beschränkt ist.[105] 1968 lebten auf der Erde etwa 3,6 Milliarden Menschen, heute sind es mehr als 8 Milliarden. Die Weltbevölkerung hat sich damit in immens kurzer Zeit verdoppelt und wächst weiter. Dazu kommt, dass die heutigen Menschen pro Kopf deutlich mehr Platz und Ressourcen verbrauchen als damals. »1968 lag der ökologische Fußabdruck der Menschheit noch innerhalb dessen, was die Erde hergibt«, d.h. innerhalb der Grenzen, in denen die Natur den Konsum noch ausgleichen kann und sich wieder erholen kann. »Seit Mitte der Siebziger Jahre liegt er ständig darüber.«[106]

Durch unseren seit den 1970/80er Jahren expandierenden Lebensstil (in Form von z.B. großen Wohnungen und Häusern, Autofahrten und Flugreisen, Konsum von Kleidung, Nahrung, Fleisch, Möbeln, Luxusgütern und technischen Geräten im »Wegwerfmodus«) tragen wir wesentlich dazu bei, dass der Natur mit ihren Ökosystemen »die Fähigkeit genommen wird, sich verlässlich zu regenerieren.«[107] Unser Lebensstandard konnte in dieser Zeit enorm wachsen, doch wir haben es dadurch innerhalb der Lebensspanne von zwei Generationen geschafft, den Planeten an den Rand eines Kollapses zu bringen. Erschöpfte Rohstoffvorräte, abgeholzte und abgestorbene Wälder, die Umweltverschmutzung, überfischte Meere voller nicht abbaubarem Plastik, die Biodiversitätskrise und nicht zuletzt der Klimawandel und all seine Folgen, auf die ich im nächsten Kapitel gesondert eingehen möchte, zeugen davon.

Für künftige Generationen werden also noch mehr Wachstum und Konsum in der jetzt gelebten Form schlichtweg gar nicht mehr möglich sein. Göpel führt weiter aus, dass wir diese Realität anerkennen müssen; sie zu leugnen bedeute, in einer »Scheinrealität« zu leben. Viele Politiker*innen sprächen zwar von unseren planetaren Grenzen, aber »die meisten Lösungsvorschläge drücken sich darum, wirklich anzuerkennen, was das heißt ... Irgendwo kommt meist immer noch mehr Wachstum und Wohlstand her – auch wenn sehr selten benannt wird, woher und zu welchem Preis.«[108] Dabei sei es offensichtlich, dass es zu Einschränkungen unseres Konsums kommen müsse, damit auch zukünftige Generationen noch eine lebenswerte Zukunft haben könnten.

»Will die Menschheit nicht ihren eigenen Zusammenbruch herbeiführen, muss sie lernen, in einer vollen Welt zu wirtschaften, auf einem einzigen Planeten, mit begrenzten Ressourcen. Das ist die neue Realität.«, formuliert die Ökonomin pointiert.[109]

Die meisten der von mir befragten jungen Menschen sind sich dieser Situation sehr bewusst. Viele versuchen bereits, nachhaltig zu leben, indem sie bspw. sich vegetarisch oder vegan ernähren, auf Flugreisen und Autofahrten weitgehend verzichten, Second-Hand-Kleidung kaufen, Gegenstände gemeinsam benutzen bzw. tauschen oder insgesamt ihren Konsum reduzieren. Aber sie spüren auch, dass auf politisch-struktureller Ebene noch zu wenig getan wird, um einen wirklich nachhaltigen Lebensstil zu fördern und zu ermöglichen. Wie soll ich Plastik vermeiden, wenn vieles noch in Plastik verpackt ist? Wie soll ich CO^2 sparen, wenn ich in einer Mietwohnung lebe, die mit Gas beheizt wird? Wie soll ich Bio-Produkte bezahlen, wenn ich sie mir trotz voller Stundenzahl in meinem Beruf nicht leisten kann? Wie soll ich auf dem Land auf ein Auto verzichten, wenn keine öffentlichen Verkehrsmittel vorhanden sind und der Weg zur Arbeit mit dem Fahrrad zu weit ist? So formuliert P., 26 J.: »Ein nachhaltiger Lebensversuch in einer nicht nachhaltigen Welt und enormen Konsumgesellschaft überfordert mich regelmäßig und lässt mich mit einem schlechten Gefühl zurück ...«

Andere verdrängen diese Einsicht noch und beschränken sich derzeit in ihrem Lebensstil noch nicht, ahnen aber, dass sie dies zukünftig werden tun müssen. Wieder andere beschäftigen sich gar nicht mit dem Thema, doch diese sind in der von mir befragten Gruppe von jungen Leuten kaum vertreten.

Und vielen meiner Gesprächspartner*innen geht es bei ihrem Blick in die Zukunft auch gar nicht um Lebensziele wie hohen Konsum und großen materiellen Besitz. Sie haben schlichtweg Angst, keinen guten Arbeitsplatz zu bekommen und von dem, was sie einmal verdienen werden, ihren Lebensunterhalt nicht bestreiten zu können, eventuell auch keine Familie ernähren zu können. Curran und Hill formulierten schon in ihrer Studie 2019 (vgl. Kap. 2): »Across the industrialized world, young people now face far tougher social and economic conditions than their parents.«[110] und ergänzten in einer weiteren Studie 2022: »Today, most young people will need to work far harder than their parents and earn much more, just to have the same standard of living. They appear to be paying the price for this burden with their mental health.«[111]

So formulieren einige meiner Befragten:

H., 27 J.: »Ich habe Angst, dass mein zukünftiges Gehalt nicht ausreichen könnte, eine Familie zu ernähren.«

C., 23 J.: »Meine große Sorge ist, eine gute Arbeit zu finden und die finanzielle Stabilität, die ich mir wünsche. Ich habe Angst, dass es nicht klappt wie ich will, wegen der großen Konkurrenz in meiner Branche.«

D., 30 J.: »Vor Arbeitslosigkeit und einer Wiederholung des letzten Jahres hinsichtlich Jobsuche und Absagen habe ich viel Angst.«

L., 24 J.: »Ich glaube nicht, dass die Welt in 50 Jahren besser ist als heute. Ich mache mir Angst wegen meiner Ausbildung als Psychologische Psychotherapeutin (viel Arbeit, schlechte Bezahlung, bekomme ich einen Platz im Ausbildungsinstitut?) ... Ich habe Angst, später zu wenig Geld zu verdienen (z. B. in Bezug auf Wohnung, Familie). Ich habe Angst, als Einzelkind später alleine für die Pflege meiner Eltern verantwortlich zu sein, dafür nicht genügend Zeit (und wohlmöglich auch Geld) zu finden.«

Auch die Altersvorsorge bereitet jetzt schon Sorgen:

J., 25 J., formuliert diesbezüglich: »Der Blick in die Zukunft ist zwiegespalten: Einerseits bin ich froh, einen sicheren Job zu haben und habe das Gefühl, den richtigen Weg eingeschlagen zu haben. Gleichzeitig ist es erschreckend, die Preisentwicklungen zu beobachten. Wann werde ich mir eine eigene Wohnung leisten können? Wieviel Geld wird am Monatsende übrig bleiben? Werde ich mir bestimmte Hobbies leisten können? ... Die Altersvorsorge überfordert mich, da man davon ausgehen kann, dass das Rentensystem, wenn wir alt sind, völlig überlastet ist. Und dabei liegt es mir so gar nicht, 40 Jahre im Voraus zu denken. Und wenn man dann bei jeder Entscheidung denkt, dass es die falsche sein kann, denn wer weiß wie lange unser Geld noch seinen Wert halten wird, dann raubt einem das die Energie. Die Befürchtung trotz aller Vorsicht irgendwann arm dran zu sein.«

Und M., 28 J., fragt sich bezüglich einer möglichen Altersvorsorge: »In den letzten Jahren ist zunehmend die Angst dazu gekommen, dass das ganze demokratische Gesellschaftssystem zusammen bricht. Lohnt es sich überhaupt für die Zukunft zu sparen?«

Die Ängste vieler jungen Menschen bezüglich ihrer materiellen Absicherung sind groß. Oft müssen sie gerade zu Beginn ihrer beruflichen Laufbahn häufig umziehen und können sich angesichts der explodierenden Kosten für Mieten und Wohneigentum nicht darauf verlassen, in der neuen Stadt eine bezahlbare Wohnung zu finden. Auch ist die Angst groß, zunächst nur befristete Arbeitsverträge zu bekommen, und im Falle von Krankheit, Behinderung oder Arbeitslosigkeit nicht abgesichert zu sein.

N., 28 J., schreibt: »Ich bin sehr vom Mangel an bezahlbarem Wohnraum betroffen. Bezahlbare WG-Zimmer in Großstädten zu finden ist sehr zeitintensiv. ... Das wirkt sich auf meine finanzielle Situation aus. Ich stehe dadurch noch mehr unter Druck, einen gut bezahlten Beruf zu finden.«

Und J., 27 J., sagt sinngemäß »Vor allem berufliche Unsicherheit und befristete Verträge ... beschweren wie eine unsichtbare Last im Alltag. Finanzielle Sorgen spielen auf täglicher Ebene eine Rolle.«

Auch die immer größer werdende Schere zwischen Arm und Reich trägt zu den Zukunftssorgen und -ängsten junger Menschen bei. Nicht nur die neoliberale Erzählung vom »unbegrenzten Wachstum und Konsum«, sondern auch ihre Verheißung, immer mehr Wirtschaftswachstum und eine möglichst freie, nicht durch den Staat regulierte Wirtschaftsweise komme am Ende doch dem Wohlstand *aller* »zugute«, hat sich nicht bewahrheitet. Im Gegenteil: Nach dem Bericht des World Inequality Lab (von 2018) hat die Ungleichheit zwischen Arm und Reich seit 1980 weltweit deutlich zugenommen. Maja Göpel formuliert diesbezüglich: »Man kann es drehen und wenden, wie man will: Von dem, was das Wirtschaftswachstum seit der Globalisierung an Vermögen geschaffen hat, ist bei vielen Armen etwas, bei sehr wenigen Reichen unfassbar viel und bei der großen Mittelschicht kaum bis gar nichts angekommen.«[112] Entsprechend groß sei, so auch Curran und Hill[113], mittlerweile in vielen Mittelschichtsfamilien die Angst vor sozialem Abstieg.

Und diese Ungleichverteilung hat auch in Deutschland besorgniserregend stark zugenommen. Blickt man auf die *Einkommen* liegt speziell Deutschland im Vergleich zu den anderen EU-Staaten in puncto Ungleichverteilung noch im Mittelfeld. Insbesondere die privaten *Vermögen* sind jedoch in Deutschland sehr ungleich verteilt: Die gesamte ärmere Hälfte der Bevölkerung besitzt laut Oxfam[114], das sich dabei auf Studien aus 2021 bezieht, lediglich 1,3% des Vermögens. Die reichsten 10% besitzen hingegen 67,3%. »Die Kluft zwischen Arm und Reich ist in Deutschland sehr groß«, sagt deshalb Marcel Fratzscher, Präsident des Deutschen Instituts für Wirtschaftsforschung (DIW) in einem Interview mit t-online am 16.01.2023. »In der westlichen Welt haben wir hierzulande die größte Ungleichheit bei Vermögen und Ersparnissen. ... Fast 40 Prozent der Menschen hierzulande haben praktisch keine Ersparnisse, ... das ist ein riesiges Problem in Krisenzeiten.«[115]

Immer mehr Menschen können derzeit die gestiegenen Preise bei Energie und Lebensmitteln nicht von ihrem Lohn begleichen – und gleichzeitig nicht auf Erspartes zurückgreifen. Das zeigen besonders die

Tafeln: Für das Jahr 2022 klagten sie über eine um 50 % gestiegene Nachfrage. Erstmals kämen nun auch Menschen aus der Mittelschicht zu den Tafeln, so Sabine Werth, die vor 30 Jahren die erste Tafel gründete.[116]

Finanzielle Gewinne erzielten in den vergangenen Jahren vor allem die ohnehin schon reichen Menschen Deutschlands, so der Oxfam-Bericht. Von dem gesamten neuen Vermögen, das in der Zeit der Coronapandemie zwischen 2020 und 2021 erwirtschaftet wurde, flossen 81 % an das reichste 1 %.[117] Die 117 deutschen Milliardär*innen besäßen mittlerweile ein Gesamtvermögen von rund 488,2 Milliarden Euro. Alleine die sechs reichsten Personen besäßen mehr Vermögen als die rund 34 Millionen Menschen der ärmsten 40 % der Bevölkerung. Die extreme Ungleichverteilung stelle eine Zerreißprobe für unsere Demokratie dar.

Ökonom Fratzscher hält die Ungleichheit in Deutschland für politisch gewollt. »Es gibt kaum ein Land auf der Welt, welches Arbeit stärker und Vermögen geringer besteuert als Deutschland«, sagt er t-online. 60 % aller Ersparnisse würden geerbt. »Es ist wichtiger, in welche Familie Sie geboren werden, als was Sie mit Ihren Händen erarbeiten«, so Marcel Fratzscher. Er fordert deshalb eine grundlegende Steuerreform, die genau dort ansetze und Vermögen stärker und Einkommen schwächer belastet Auch eine Reform der Erbschaftssteuer zählt er dazu.

Die ökonomischen Bedingungen sind damit – nicht nur aufgrund des in den vorherigen Kapiteln beschriebenen Konkurrenzdrucks – für heute junge Erwachsene tatsächlich härter geworden. Die Eltern der von mir befragten heute 20- bis 30-jährigen »Mittelschichtskinder« konnten es mit einem »guten« mittelständischen Beruf (z. B. einer Ausbildung als Techniker, Handwerker, Krankenpfleger oder Kaufmann oder auch einem akademischen Beruf wie Lehrer, Psychologe, Jurist) noch aus eigener Kraft zu (relativem) Wohlstand bringen. Sie konnten eine Familie gründen, Wohneigentum erwerben oder in einer schönen Mietwohnung wohnen und von dem, was sie durch ihre Erwerbstätigkeit verdienten, gut leben. Die gesamtgesellschaftlichen Perspektiven waren blendend, das Wachstum und die Konsumsteigerungsmöglichkeiten in allen Lebensbereichen schienen in den 1980/90er Jahren grenzenlos. Auch konnten sie davon ausgehen, dass sie ihren einmal gewählten Beruf in der Regel in den nächsten 20 Jahren weiter würden ausüben können und dass sie in relativer Sicherheit würden leben können. Das gilt für ihre Kinder nicht mehr! Der

Politikprofessor Eberhard Sandschneider bezeichnete diese Elterngeneration in einem Vortrag 2022 als »goldene Generation«; eine Generation, die eine lange Friedenszeit mit stetigem Wohlstandszuwachs erlebt habe. Das sei »historisch einmalig«.[118]

Heute stehen die jungen Menschen nicht nur politisch (durch die immer stärkere Auszehrung der Natur und die Klimakrise, die Bedrohungen unserer demokratischen Gesellschaftsordnung und des Friedens, ständigen Wettbewerb, Globalisierung und Digitalisierung), sondern auch ökonomisch (durch die hohe Besteuerung ihrer (im Verhältnis niedrigeren) Einkommen, die hohen Lebenshaltungskosten und die nicht mehr zu rechtfertigenden Kosten für Wohnraum) vor immensen Herausforderungen.

Es besteht ein enormer Druck, genügend Geld zu verdienen, um überhaupt die Grundbedürfnisse befriedigen zu können (Wohnraum, Lebensmittel, Heizenergie und Strom, Gesundheitsvorsorge, Mobilität, Bildung etc.). Die reine »Daseinsvorsorge« ist so teuer und unsicher geworden, dass viele Studierende und Berufsanfänger*innen sich in Studium und Ausbildung noch mehr unter Druck setzen, immer noch bessere Abschlüsse zu bekommen, sich weiterzubilden, noch bessere Jobs zu bekommen, um ja nicht aus dem System herauszufallen. Das Bündnis »Soziales Wohnen« verweist am 13.01.2023 auf einen historischen Mangel von mehr als 700.000 Wohnungen in Deutschland.[119] Selbst akademisch gebildete Kinder der Mittelschicht (mit Berufen als Lehrer*in oder Jurist*in o.ä.), deren Eltern es noch geschafft haben, Eigentum zu bilden, dürften z.B. bei den aktuellen Preisentwicklungen auf dem Immobilienmarkt nicht dazu in der Lage sein, sich nach einigen Berufsjahren in einer der deutschen Großstädte eine Eigentumswohnung oder gar ein Haus anzuschaffen – wenn sie nicht hohe Geldbeträge erben.

N., 26 J., fasst in ihrem Statement verschiedene Aspekte zusammen: »Der Lebensstandard meiner Eltern wird für mich nie erreichbar sein. Ein Haus haben, mit 63 in Rente gehen können, mit dem Wohnmobil durch die Gegend fahren oder sonstwie durch die Welt reisen ... An den Punkt wird meine Generation nicht kommen. Mieten sind kaum bezahlbar und Eigentumswohnungen oder gar Häuser werden wir uns von unseren Gehältern nicht leisten können. Währenddessen wird alles teurer. Die ersten

Folgen des Klimawandels zeigen sich auch in Deutschland (Ahrtal, Hitzewelle, Waldsterben). Und das ist nur die Gegenwart. Alles, was noch kommt, sieht eher düster aus. Auf gesellschaftlicher Ebene (Klimawandel, Faschismus, etc.), aber auch auf individueller Ebene, was die finanzielle Situation betrifft: Werde ich genug Geld zum Leben haben? Jemals eine Familie ernähren können? Gibt es meinen Job in 20 Jahren überhaupt noch, oder hat die KI ihn schon übernommen? Was ist mit unserer Rente? Bringt es überhaupt was Altersvorsorge zu machen, wenn das Rentenalter ggf. irgendwann bei 75 oder so liegen wird?«

Große Themen sind heute bereits in Studium und Ausbildung für viele junge Menschen finanzielle Not und der Mangel an bezahlbarem Wohnraum: Sie sind aufgrund der Lage der Universitäten und Hochschulen auf Wohnraum in Städten angewiesen, deren Wohnungsmarkt angespannt ist und starken Preissteigerungen unterliegt. Gleichzeitig konkurrieren Studierende hier mit Gruppen wie Senioren, jungen Erwerbstätigen und Fernpendlern, die über höhere Einkommen verfügen, um kleine Wohnungen.[120] Der Bafög-Höchstbetrag deckt dabei die Preissteigerungen nicht hinreichend ab; auch die Unterstützung durch die Eltern kann meist nicht beliebig erhöht werden. Selbst ein Zimmer in einer Wohngemeinschaft kostet in Städten wie Berlin und Köln mittlerweile 500 bis 600 Euro. Das Angebot ist gering; wird ein halbwegs bezahlbares Zimmer frei, so melden sich auf entsprechende Annoncen Hunderte von »Bewerber*innen«, von denen dann nur einige wenige eingeladen und in »WG-Castings« ausgewählt werden. (Selbst hier stehen junge Menschen schon wieder in Konkurrenz zueinander und müssen sich möglichst positiv präsentieren und vermarkten.) So schreibt L., 26 J.: »Bezahlbaren Wohnraum gibt es in der Stadt, in der ich lebe, viel zu wenig und die Suche nach einem Zimmer ist unfassbar schwer und hat mir zwischendurch sehr große Sorgen bereitet.«

2021 war laut Statistischem Bundesamt sogar jeder dritte Studierende in Deutschland von Armut bedroht. »2021 waren 37,9% der Studierenden armutsgefährdet. Zum Vergleich: In der Gesamtbevölkerung lag dieser Wert im vergangenen Jahr nur bei 15,8% ... Noch höher war das Armutsrisiko bei Studierenden, die allein oder ausschließlich mit Kommilitonen zusammenlebten (76,1%)«[121]. Und diese Daten stammen noch aus der Zeit vor dem Ukraine-Krieg und der dadurch ausgelösten Energiekrise. Durch die hohe – seit Gründung der Bundesrepublik so nie dagewesene – Inflation von 7,9% im Jahre 2022 und Preissteigerungen vor allem für Wohnen, Lebensmittel und Energie wurde die Situation für viele Studierende in den letzten Jahren noch prekärer. Das Klischee des armen Studierenden wird damit gerade für manche zur bitteren Realität.

Zahlreiche Studierende müssen daher zusätzlich zu der Unterstützung durch Eltern und Bafög Jobs annehmen, um ihren Lebensunterhalt finanzieren zu können; manche müssen sich sogar über Jobs vollständig selbst finanzieren. Studierende niedriger und mittlerer Bildungsherkunft gingen einer Studie zufolge bereits 2017 zu 69% einer Erwerbstätigkeit neben dem Vollzeitstudium nach.[122] Und diese Zahl dürfte sich seither wohl kaum verringert haben.

H., 27 J., sagt: »... Ich finanziere mein Studium selbst. Das ist in den letzten Jahren immer teurer und schwieriger geworden. Die Stadt, in der ich eigentlich wohnen möchte, kann ich mir zum jetzigen Zeitpunkt und vermutlich in den nächsten Jahren erst einmal nicht leisten. Das macht mir Angst, dass es mir gar nicht mehr möglich sein wird und ich diesem Umstand immer nachtrauern werde.«

S., 29 J., schreibt: »Ich fühle mich häufig erschöpft und überfordert ... Am meisten belastet mich, dass ich so viel Zeit investieren muss, um mir die Befriedigung meiner Grundbedürfnisse leisten zu können, dass ich kaum Zeit und Energie finde, um mir mein Leben gestalten zu können, wie ich es gerne hätte.«

J., 28 J., schreibt nach zwei abgeschlossenen Studiengängen und jetzt in der Promotion: »... Ich habe starke finanzielle Sorgen. Ich überziehe mein Konto ganz stark, um mir mein Lebensgefühl/meine Lebensfreude nicht nehmen zu lassen. Wenn aber etwas Unerwartetes passiert (z. B. Fahrrad kaputt) oder ich schnell etwas brauche, kriege ich schnell Panik. Ich habe ein gutes soziales Netz, das mich auffängt, aber manchmal lösen auch kleine Beträge oder soziale Situationen bei mir ganz schlimme Krisen aus. Zum Beispiel, wenn ich aus sozialem Druck irgendwo essen oder etwas trinken war und es war mir doch zu teuer. Daran merke ich, dass ich einfach arm bin. Mein Konto ist seit zwei Jahren nicht mehr über 0 und ich habe keine Rücklagen.«

C., 27 J.: »Nach meinem ersten Semester inkl. Nebenjob und Praktika bin ich wegen starker Überforderung und Erschöpfung in Therapie ... Das Problem sehe ich vor allem an dem eigenen Leistungsdruck, den zusätzlichen Verpflichtungen, der unsicheren Zukunft, an knappen finanziellen Mitteln und finanzieller Abhängigkeit.«

Auch die Coronakrise trug seit 2020 zur Verschlechterung der finanziellen Situation und Verstärkung finanzieller Ängste und Sorgen vieler junger Studierender bei. In einer Befragung der Universitäten Hildesheim und Frankfurt vom Dezember 2021 berichteten 43,4 % der Befragten über größere Geldsorgen. Im November 2020 hatte der Anteil noch bei 33,8 % gelegen.[123] In der Coronakrise brach für viele Studierende ihr Einkommen durch einen Nebenjob weg. Das Geld konnte häufig auch nicht durch eine höhere Unterstützung durch die Eltern ausgeglichen werden, da diese oft selbst von Einkommenseinbußen in Form von Kurzarbeit, Arbeitslosigkeit oder weniger Aufträgen betroffen waren. Dadurch, dass die Mensen geschlossen waren, fehlte zudem eine günstige Art der Nahrungsversorgung. Viele von ihnen mussten während der Coronazeit einen Kredit aufnehmen, der in den folgenden Jahren abbezahlt werden muss. Die Preissteigerungen und die Inflation in Folge des Ukraine-Kriegs seit 2022 trafen diese Gruppe von jungen Leuten besonders hart.

Wie sehr finanzielle und materielle Sorgen heute junge Menschen umtreiben, belegt auch die Trendstudie »Jugend in Deutschland« Winter 2022/2023, der die Befragung einer repräsentativen Stichprobe von 14- bis 29-Jährigen in Deutschland im Oktober 2022 zugrunde liegt. Hier benannten junge Menschen als ihre größten Sorgen die Inflation (71 %), den Krieg in Europa (64 %), den Klimawandel (55 %), die Wirtschaftskrise (54 %), die Knappheit von Energie (49 %) und Altersarmut (43 %).[124] Dabei betonen Simon Schnetzer und Klaus Hurrelmann, die Autoren der Studie, dass die Sorge um den Klimawandel (vgl. Kap. 7) unter den 14- bis 29-Jährigen ebenfalls zugenommen habe, aber aktuell durch Inflation und Krieg von finanziellen und materiellen Sorgen überlagert werde.

Diejenigen meiner Gesprächspartner*innen, die über ihre Eltern oder anderweitig gut abgesichert sind, sind sich ihrer privilegierten Situation bewusst und dankbar für ihre Absicherung.

P, 26 J.: »Ich bin weder vom Mangel an bezahlbarem Wohnraum betroffen noch von finanziellen Sorgen betroffen und somit sehr privilegiert in der Hinsicht.«

L, 25 J.: »Gerade betrifft mich das zum Glück nicht. Dafür bin ich sehr dankbar.«

A., 27 J.: »Bisher musste ich keine großen Sorgen haben und bin dafür auch sehr dankbar. Natürlich machen einem die steigenden Kosten aber Gedanken.«

Neben den Sorgen um ihre finanzielle und materielle Absicherung belasten und verunsichern auch die Entwicklungen und Veränderungen unserer modernen Arbeitswelt viele heute junge Menschen. Viele stellen sich die Frage: Wie sieht die Arbeitswelt zukünftig aus? Wird es meinen Job in 20 Jahren überhaupt noch geben?

L., 25 J., schreibt: »Mein Blick in die Zukunft ist pessimistisch. Ich habe große Angst vor der Klimakrise, vor Hungerkrisen und sozialen Verwerfungen, die dadurch entstehen können. Auch der ungewisse Arbeitsmarkt macht mir Angst. Unsichere Beschäftigungsverhältnisse, Digitalisierung, hohe Anforderungen.«

D., 29 J., formuliert: »Einerseits wird erwartet, dass wir uns für den Arbeitsmarkt ›bis zum geht nicht mehr‹ spezialisieren, und die Ansprüche sind hoch. Andererseits zeigt uns eine extrem schnell wandelbare Welt, dass die Jobs von heute schon morgen nicht mehr da sein können. Es reicht nicht, in einem Job richtig gut zu sein, wir müssen immer weiterlernen und bereit sein, flexibel auf die Anforderungen des Arbeitsmarktes zu reagieren. Das schafft große Unsicherheit. Keiner von uns kann, wie vielleicht unsere Eltern noch, davon ausgehen, dass der Job, den er heute macht, wirklich ›sicher‹ ist für die nächsten Jahre.«

Erwerbsbiographien sehen heute völlig anders aus als noch für die Generation ihrer Eltern. Die mittlerweile in zahlreichen Berufen geforderte permanente Flexibilität belastet viele junge Menschen. Es gilt, sich beruflich immer wieder an neue Marktentwicklungen anzupassen, sich fit zu halten für alle möglichen Entwicklungen, sich nicht zu sehr an Orte und Zeiten zu binden, um immer neue Gelegenheiten nutzen zu können.[125] Eine kohärente eigene Lebensplanung scheint hier kaum möglich. Viele der von mir befragten jungen Menschen leiden tatsächlich unter dieser »Unplanbarkeit« der eigenen Zukunft. Sie haben mit Mitte oder Ende 20 schon durch ihr Gap-Year, die verschiedenen Wohnorte im Studium (Bachelor- und Masterstudium, Praktika, Auslandssemester) diverse Umzüge hinter sich, wollen sich dann nach Abschluss ihres Studiums endlich irgendwo »beheimaten«. Doch dann warten ggf. erst einmal weitere Praktika, Trainee-Programme, befristete Projektstellen auf sie. Wie soll es in so einer Situation möglich sein, langfristig zu planen?

So schreibt z. B. L., 26 J.: »Ich bin unfassbar viel umgezogen, weil ich es wollte, aber auch weil ich dachte ›das macht man so als junger Mensch an der Uni‹. Das war toll aber irgendwann auch überfordernd und zu viel und ich habe mir nichts mehr gewünscht als einfach an einem Ort zu sein, da zu bleiben und mal zur Ruhe zu kommen. Das muss ich gefühlt erst wieder neu lernen ...«

Zwar hat sich die Arbeitssituation für heutige Berufsanfänger*innen aufgrund des Fachkräftemangels im Allgemeinen verbessert; dennoch erwarten sie zu Berufsbeginn oft erst einmal befristete Verträge, und sie müssen sich stets weiter flexibel halten, optimal fortgebildet sein, immer auf dem »neuesten Stand« sein, um sich erneut »vermarkten« zu können.

Hinzu kommt die Digitalisierung. Auch die rasanten Entwicklungen in diesem Bereich können das Gefühl der Unplanbarkeit der eigenen Zukunft und Zukunftsängste verstärken. Neoliberale Erzählungen beinhalten hier Vorstellungen einer durch die Digitalisierung entstehenden »schönen neuen Arbeitswelt«; die Digitalisierung würde bessere Chancen und Freiräume eröffnen und eine bessere Vereinbarkeit von Familie und Beruf ermöglichen. Den Menschen würde es dadurch besser gehen. Düstere Prognosen dagegen betonen die Vernichtung von Millionen von Arbeitsplätzen und vor allem den Abbau langfristiger Arbeitsplatzsicherheit und Lebensperspektive, die fehlende Freizeit bei der Entgrenzung von Arbeits- und Privatleben und die große Burnout- und Erschöpfungsgefahr bei all den stets wechselnden und immer neuen Anforderungen an das Individuum.[126] Insbesondere die Entwicklungen der KI, der »Künstlichen Intelligenz« macht vielen jungen Menschen Sorge: Viele fragen sich nach Abschluss ihres Studiums: Wird es mein Berufsbild in 20 Jahren überhaupt noch geben? Wird das, was ich gelernt habe, überhaupt noch gebraucht? Tatsächlich stellt sich die Frage: Welcher heute in der Industrie, im Finanzsektor, in der Versicherungsbrache, in der Kundenberatung, ja selbst im Bereich Informatik tätige junge Mensch kann mit Sicherheit sagen, dass sein Wissen in 20 Jahren noch gebraucht wird? Und selbst »klassische« akademische Berufe im juristischen und medizinischen Bereich werden nicht von KI-Entwicklungen »verschont« bleiben. Idealerweise sollten Algorithmen hochbeschäftigte Menschen dabei unterstützen, ihre Arbeit besser zu bewältigen. Was aber, wenn der Mensch dazu gar nicht mehr benötigt wird? Yuval Harari schreibt in seinem Buch »21 Lektionen für das 21. Jahrhundert« (2018): »Die Computertechnologie hat unsere Welt seit den 1990er Jahren radikal verändert. ... Algorithmen bestimmen immer mehr unsere Entscheidungen und unsere Handlungen ... Immer mehr Menschen in den westlichen Demokratien fühlen sich nutzlos in der schönen neuen Welt der schlauen Maschinen ... Im 21. Jahrhundert sorgen sich die Menschen um den völligen Verlust ihres sozialen Status in einer High-Tech-Wirtschaft, die sie schlicht und einfach nicht mehr braucht.«[127]

Wie rasch solche Entwicklungen unser Leben verändern können, zeigte Ende 2022 die Veröffentlichung von »Chat GPT« durch die Open AI-Entwickler. Innerhalb kurzer Zeit könnten solche Entwicklungen unser gesamtes Schul- und Bildungssystem, aber auch viele klassische Berufsbilder radikal verändern.

Ein weiterer Aspekt, der in Bezug auf die Arbeit verunsichern und entmutigen kann, ist die empfundene Sinnlosigkeit des eigenen Tuns, auch vor allem angesichts der aktuellen Zukunftsbedrohungen durch die beschriebenen Menschheitskrisen. So schreibt z. B. S., 29 J.: »Ich schwanke immer zwischen dem Anspruch, gute Leistung bringen zu müssen ... und dann wieder alles in Frage zu stellen und als sinnlos zu empfinden. ... Viele Tätigkeiten fühlen sich nach sinnlosem Vor-sich-hinarbeiten an.«

Viele der jungen Menschen, die ich befragt habe, haben hohe Ansprüche an Sinnerfüllung durch ihren Beruf. Sie wollen zu einer »guten« Gesellschaft beitragen, wollen ihr Handeln als sinnvoll erleben. Manche verzweifeln daran, wenn sie beim Berufseinstieg feststellen müssen, dass die Realität ihres Berufsalltags oft eine andere ist (sie z. b. als Jurist*innen Verträge ausarbeiten müssen, die ihren moralischen Maßstäben nicht entsprechen, sie als Verwaltungsfachleute aufwändige Qualitätsmanagementhandbücher erstellen müssen, die dann in der Realität doch nur in einer Schublade verschwinden usw.). Die bei ihren Berufstätigkeiten empfundene »Sinnleere«, gerade angesichts der auf uns zukommenden Menschheitsbedrohungen, ist für viele ein Grund dafür, daneben noch anderes tun zu wollen und nicht Vollzeit arbeiten zu wollen. Dafür verzichten sie auf Gehalt und materielle Belohnungen.

G., 25 J., die z. B. gerade ihre erste Stelle nach einem BWL-Studium angetreten hat, sagt: »Ich finde meinen Job sinnlos. Ich habe BWL studiert. Jetzt sitze ich den ganzen Tag an meinem Laptop und fertige Statistiken und Tabellen über unser Unternehmen für meinen Chef, die er für seine Präsentationen bei irgendwelchen Projekten braucht ... Was bringt das für unsere Welt, für unsere Gesellschaft? Für mein weiteres Leben, dessen Zukunft bedroht ist ...?« Und auch D., 29 J., der gerade zu einem sehr theoretischen Thema promoviert, sagt: »Ich zweifle täglich daran, ob das überhaupt noch sinnvoll ist, was ich mache, die Zeit drängt so! Lieber würde ich 2–3 Jahre Wärmepumpen einbauen helfen, wenn wir damit die Energiewende wirklich schaffen könnten und auch gesellschaftlich entsprechend einiges passierte. Ich hab kein Problem damit, hart und viel zu arbeiten, wenn ich weiß, die Dinge sind wichtig, die ich tue, für uns alle und die Zukunft unserer Gesellschaft. Unsere Gesellschaft ist gerade schlecht darin, Menschen adäquate Formen sinnvoller Beschäftigung zu bieten. Dabei gäbe es so viel zu tun!« Und in der Tat: Die Liste der sog. »Bullshit Jobs« in unserer heutigen Welt, die David Graeber in seinem gleichnamigen Buch eindrücklich beschreibt, ist lang.[128] Viele der heutigen Jobs werden erledigt, weil Geld verdient werden muss, nicht weil sie als sinnvoll empfunden werden. Leistung ist zunehmend losgelöst von Sinn.

Sie bezieht sich auf die Gewinnoptimierung der Unternehmen (auf Arbeitgeber*innenseite) und im persönlichen Bereich auf das »mithalten können« und die Vermarktung des Selbst, hat aber mit »Sinnerfüllung« oft nur noch wenig zu tun.

Leistung als gesellschaftliches »Must«, Leisten, leisten, leisten, ohne die Ziele zu hinterfragen – das geht heute für viele meiner jungen Gesprächspartner*innen angesichts der Bedrohungen unserer Zeit nicht mehr. Der Druck zur Optimierung und Leistungsverbesserung als Selbstzweck, nur um mithalten zu können und ohne sie als sinnvoll anzusehen, wird von ihnen als sehr quälend empfunden. Lehrer*innen können davon berichten, mit wie viel Freude, Engagement und Begeisterung Kinder Leistungen erbringen können, wenn sie Dinge als sinnvoll erachten – genauso ist es bei Erwachsenen! Warum fragen wir uns dann nicht mehr: Welche Leistungen braucht unsere Gesellschaft wirklich, vor allem in unserer aktuellen Umbruchssituation? Welche machen wirklich Sinn?

Abschließend noch eine Anmerkung: Angesichts der hohen Zahl von Armut betroffener Studierender, der zunehmenden Schere zwischen Arm und Reich und der hier geschilderten finanziellen Ängste und Sorgen, scheint es für die Betroffenen geradezu zynisch in Zeitschriften pauschal immer wieder zu lesen, sie seien ja eine Generation der Erben und materiell gut abgesichert, und deswegen seien sie auch zu bequem, mit voller Stundenzahl zu arbeiten; ihre Work-Life-Balance sei ihnen wichtiger. Was aber, wenn viele von ihnen gar keine Erben sind? Ein großes Erbe dürfte nur die wenigsten der von mir hier befragten jungen Leute erwarten. Beim klassischen Mittelschichtkind sieht es doch heute eher so aus, dass einige Eltern es vielleicht geschafft haben, ein schönes Haus oder eine Eigentumswohnung zu erwerben, viele aber durchaus auch weiter zur Miete leben, und viel Geld in die Bildung und Ausbildung ihrer Kinder »investiert« haben. Sie sind jetzt vielleicht 50 bis 65 Jahre alt, haben also durchaus noch eine hohe Lebenserwartung. Selbst wenn Wohneigentum vorhanden ist, werden sie noch 20 Jahre darin leben. Gerade in diesen 20 Jahren benötigen ihre Kinder – falls sie eine Familie gründen wollen – aber bezahlbaren Wohnraum, der gerade nicht vorhanden ist. Und was ist von dem Erbe angesichts zu erwartender hoher Pflegekosten bei den Eltern im Alter und angesichts von Wirtschaftskrise und Inflation dann noch übrig?

Und wäre angesichts der hier beschriebenen Erschöpfungszustände und zahlreichen Anforderungen, die junge Menschen heute zu bewältigen haben, nicht auch zu überlegen, ob der Wunsch nach einer Berufstätigkeit mit reduzierter Stundenzahl schlichtweg durch die Erschöpfung des bereits seit ihrer Kindheit Geleisteten, erklärt werden könnte? Oder durch die empfundene Sinnlosigkeit mancher beruflicher Tätigkeiten angesichts einer unsicheren und bedrohten Zukunft? Oder vielleicht durch das Infragestellen materieller Werte und des »Immer höher, schneller, weiter«-Lebensmodus unserer Gesellschaft? Bei einigen der von mir Befragten auch durch den Wunsch, neben der Erwerbstätigkeit noch Zeit und Energie für gesellschaftliches und politisches Engagement zu haben? Wären diese Überlegungen nicht sinnvoller statt pauschal anzunehmen, dass sie einfach nur »zu verwöhnt« seien?

Zusammenfassung

Junge Menschen heute stehen in unserer Gesellschaft nicht nur unter dem Druck, stets gut sein zu müssen, mithalten zu müssen, sich selbst dabei auch immer ein Stück »vermarkten« zu müssen (vgl. Kap. 2 bis Kap. 5). Sie stehen auch materiell und ökonomisch vor hohen Herausforderungen. Angesichts der begrenzten Ressourcen unseres Planeten, der zunehmenden Schere zwischen Arm und Reich und all der Krisen unserer Zeit werden sie auch mit harter Arbeit nicht den Wohlstand erreichen können, den ihre Eltern hatten und den diese sich für sie erhofft haben. Viele haben finanzielle Sorgen und Ängste, befinden sich aktuell schon in prekären Lebenssituationen und haben Sorgen und Ängste bezüglich der zukünftigen Entwicklung der Arbeitswelt. Das Narrativ unserer Wirtschaftstheorien, es gebe ein unbegrenztes Wachstum und dieses käme allen zugute, hat sich als falsches Versprechen erwiesen. Im Gegenteil: Es ist dabei, die Lebensgrundlagen junger Menschen und aller zukünftigen Menschen zu zerstören, und wir müssen hier dringend handeln.

Anregungen zur Reflektion

Jeder einzelne kann sich fragen: Wie kann ich in meinem Alltag schonender mit der Umwelt und den verbliebenen Ressourcen unseres Planeten umgehen? Was brauche ich wirklich? Was sind meine Grundbedürfnisse? Was tut mir gut? Wo kann ich mich aber auch in meinem Konsum einschränken?

Als Gesellschaft sollten wir uns fragen: Wie wollen wir uns angesichts der gegebenen planetaren Grenzen für die Zukunft aufstellen? – für eine Zukunft, in der es auch heute jungen Menschen und zukünftigen Generationen noch gut gehen kann? Was müsste dafür jetzt getan werden?

Wie könnte ein nachhaltiges Wirtschaftssystem aussehen, eine nachhaltige Welt – eine Welt, in der wir als Menschen nur so viele Ressourcen verbrauchen, wie die Natur sie zur Verfügung stellt? Und eine, in der soziale Ungleichheit nicht weiter gefördert wird?

Was könnten alternative Leitbilder für unser ökonomisches Handeln sein, statt Profitmaximierung, stetigem Wachstum und Konsumsteigerungen? Wofür wollen wir als Gesellschaft zukünftig – angesichts begrenzter Ressourcen – unsere Produktionskapazitäten nutzen?

Wir können uns vielleicht zukünftig keine SUVs und Privatjets für alle leisten, wohl aber ein gutes und funktionierendes, kostengünstiges Bahn- und ÖPNV-Netz; wir können uns nicht einzelne Swimmingpools in den Gärten, aber wohl gut ausgestattete öffentliche Schwimmbäder und Sportstätten für alle leisten; keine Luxusvillen und Luxuswohnungen, aber bezahlbaren Wohnraum für alle etc. Vielleicht ließe sich für die allermeisten von uns sogar eine »gute Welt« bauen, trotz der begrenzten Ressourcen unseres Planeten, wenn wir auf individuellen Konsum in manchen Bereichen verzichten würden?

7 Die Klimakatastrophe: Zukunftsangst und reduzierte Zukunftsperspektive

»Ich habe tatsächlich Sorgen, dass ich nie die Möglichkeit haben werde, mir so eine unbeschwerte Zukunft aufzubauen. Wenn ich darüber nachdenke, bin ich mir nicht einmal sicher, ob ich irgendwann Kinder in diese Welt setzen möchte. In vielen Jahren wird es hier viel zu heiß sein, es wird viele Brände geben, Wasservorräte werden knapp werden, Menschen werden sich bekriegen. Sorgen bereitet mir, dass oftmals Menschen die Macht haben, denen es egal zu sein scheint, wie folgende Generationen auf dieser Welt leben werden. Die sich ihr Gewissen rein kaufen, indem sie einen CO^2 Ausgleich zahlen, wenn sie mit einem Flugzeug von Hamburg nach Frankfurt fliegen. Die über das Renteneintrittsalter diskutieren, ich aber gar nicht weiß bzw. auch nicht davon ausgehe, dass ich überhaupt einmal eine Rente bekommen werde.« (M., 24 J.)

Das Thema, das die von mir befragten jungen Menschen in Bezug auf ihre Zukunft am meisten umtreibt, ist der Klimawandel.

Bei der Klimakatastrophe handelt es sich nicht nur um eine lokale und zeitlich begrenzte Krise; es geht schlichtweg um die Zukunft der Menschheit und das Schicksal unseres Planeten. Kathrin Macha formulierte 2023 treffend in einem Interview: »Die Klimakatastrophe ist nicht nur eine vorübergehende Krise auf der Bühne unseres Lebens, sondern bedroht die Bühne selbst.«[129]

Mit drastischen Worten warnt auch UN-Generalsekretär Antonio Guterres regelmäßig vor den katastrophalen Folgen der Erderhitzung. Bei der 77. Generaldebatte der UN-Vollversammlung in New York sagte er, die Welt führe einen »selbstmörderischen Krieg gegen die Natur.« »Wir haben die Pflicht zu handeln. Und doch sind wir in einer kolossalen globalen Dysfunktion festgefahren. ... Unsere Welt ist in großer Gefahr – und gelähmt.«[130]. Kurz darauf formulierte er 2022 auf der Welt-Klimakonferenz in Scharm El Scheich mit Blick auf von der Klimakrise ausgelöste Dürren, Überschwemmungen, Unwetter und steigende Meeresspiegel: »Wir sind auf dem Highway zur Klimahölle - mit dem Fuß auf dem Gaspedal. ... »Wir kämpfen den Kampf unseres Lebens – und sind dabei ihn zu verlieren.«[131]

Und er ruft zu einem »Klima-Solidarpakt« zwischen wohlhabenden Staaten sowie Schwellen- und Entwicklungsländern auf. Zu Recht würden die Länder des globalen Südens mehr internationale Solidarität einfordern. Schon jetzt leiden die Menschen in den ärmeren Ländern der südlichen Hemisphäre unter den Folgen des Klimawandels; täglich sterben dort Menschen oder verlieren ihre Heimat, obwohl sie mit ihren minimalen CO^2-Emissionen am wenigsten dazu beigetragen haben.

Obwohl einige positive Ansätze da sind, reichen die bisherigen Anstrengungen der Weltgemeinschaft also bei Weitem nicht aus. Prof. Mojib Latif, renommierter Wissenschaftler am Geomar Helmholtz-Zentrum für Ozeanforschung in Kiel, hält das 1,5-Grad-Ziel des Pariser Klimaschutz-Abkommens von 2015 nicht mehr für erreichbar. Schon jetzt hat sich die Welt um etwa 1,2 Grad im Vergleich zur Zeit vor der industriellen Revolution im 19. Jahrhundert aufgeheizt – Deutschland sogar noch stärker. »Nimmt man das, was die Politik derzeit macht, sind wir eher auf dem Kurs drei Grad. Drei Grad wären eine Katastrophe.« Ein »Weiter so wie bisher« sei deshalb keine Option. »Es braucht eine Revolution im Klimaschutz, bevor uns die Zeit davonläuft.«, so Mojib Latif.[132]

Junge Menschen heute stehen dieser Situation fassungslos gegenüber: Warum passiert so wenig? Ihre Zukunft ist durch den Klimawandel mehr als gefährdet.

Hintergründe

Die Fakten zum Klimawandel sind schon seit den 1970er Jahren, u. a. seit den Veröffentlichungen des »Club of Rome« über die Grenzen des Wachstums, bekannt. Fakt ist: Der Ausstoß von Kohlendioxid heizt die Atmosphäre der Erde auf; der Mensch beschleunigt diesen Prozess, indem er fossile Brennstoffe wie Kohle, Erdöl oder Gas nutzt. Aktualisiert wird die Faktenlage in den jährlichen Veröffentlichungen des Weltklimarates (IPCC), in dem die weltweit führenden Wissenschaftler*innen zu diesem Thema berichten und die jeder online leicht nachlesen kann. Die damaligen Mahnungen haben die Menschheit aber nicht dazu geführt, entsprechend rechtzeitig zu handeln.[133]

Fakt ist leider auch: Der CO^2 Ausstoß hat sich weltweit (und vor allem in den westlichen Industrienationen) seit den Veröffentlichungen der 1970er Jahre noch einmal dramatisch erhöht. Trotz aller Konferenzen, Tagungen und Absichtsbekundungen, die seitdem erfolgten: Die Hälfte des Kohlendioxids, für das die Menschheit verantwortlich ist, wurde erst in den vergangenen 30 Jahren ausgestoßen (seit Ende der 1980er Jahre). »Also von uns, unserer Generation.«, formuliert Maja Göpel.[134] Wenn wir mit unserem Lebensstil in den 1970er Jahren stehen geblieben wären, sähe die Welt also heute deutlich anders aus.

Hätte die Politik in den letzten 30 Jahren gehandelt und auf die Mahnungen der Wissenschaftler*innen gehört, statt dem Narrativ eines unbegrenzten Wirtschaftswachsums ohne Rücksicht auf die Natur weiter zu folgen, hätten wir den Umstieg auf erneuerbare Energien (aus Wind, Sonne, Wasser, Biomasse etc.) längst bewältigt, die entsprechenden Strukturen und Versorgungswege wären lange aufgebaut, unsere Häuser und Wohnungen bereits energetisch saniert und eine nachhaltige Industrieproduktion (wie sie z. B. jetzt erst im Stahlsektor mit Hilfe von Wasserstoff aufgebaut werden soll) und auch eine nachhaltige Landwirtschaft etabliert. Es gäbe schon lange keine Autos mit Verbrennungsmotor mehr, sondern einen gut ausgebauten öffentlichen Nahverkehr, und wir wären jetzt in unserer Energieversorgung klimaneutral und nicht mehr abhängig von russischen und sonstigen Öl- und Gaslieferungen. Unsere Energieversorgung wäre sogar deutlich billiger – denn die erneuerbaren Energien sind auf Dauer deutlich kostengünstiger als fossile Brennstoffe. Die Technologien für diesen Umbau liegen bereits seit Jahren vor, doch wurden kurzfristige Gewinninteressen der »Wirtschaft« Investitionen in eine langfristig nachhaltige Infrastruktur vorgezogen. Und leider ist auch aktuell das Tempo beim Umstieg auf erneuerbare Energien immer noch nicht hoch genug. Unser jetziges Wirtschaftssystem (und wir alle, die dies mit unseren Wählerstimmen, aber auch mit unserem individuellen Konsum fördern) verhindern ein solch nachhaltiges Handeln der Politik.

Mittlerweile sind die verheerenden Folgen unseres Lebensstils nicht mehr nur im »globalen Süden« spürbar, der schon lange den Preis für unser Handeln zahlt; die Folgen sind auch innerhalb Deutschlands zunehmend spürbar. Insbesondere die Flut im Ahrtal 2021, immer häufigere Unwetter, Ernteausfälle durch Dürren, die Hitzewellen und die großen Waldbrände der Sommer 2022 und 2023, aber auch das Waldsterben durch trockenheitsbedingte Schädlinge und Dürre haben manchen zum Nachdenken gebracht. Auch die jetzt schon in Hitzephasen vorhandene Trinkwasserknappheit in Italien und Spanien, aber auch in manchen deutschen Regionen gibt zu denken. Hinzu kommen schon jetzt immer mehr gesundheitliche Folgen für die gesamte Bevölkerung, derer sich viele noch nicht bewusst sind: die Zunahme an Allergien in der Gesamtbevölkerung (durch verlängerte Blühzeiten der allergieauslösenden Pflanzen), der Anstieg der Hautkrebszahlen (Verfünffachung in den letzten 30 Jahren), die Zunahme an Hitzetoten bei Menschen mit Herz-Kreislauf- Erkrankungen in jedem Sommer (2022 allein durch Hitzeeinfluss in Deutschland 8.000 Todesfälle)[135]; befürchtet wird auch die Ausbreitung neuer, durch den Klimawandel begünstigter Pandemien sowie ein Anstieg psychischer Erkrankungen (wie z. B. Ängsten, Depressionen und Posttraumatischen Belastungsstörungen nach Extremwetterereignissen).[136] Zunehmend mahnen auch Gesundheitspolitik und Ärzte -und Psychotherapeutenschaft ein schnelleres Handeln beim Ausstieg von fossilen Energieträgern an.[137] Auch die indirekten Folgen der klimabedingten Naturkatastrophen wie Nahrungsmittelunsicherheit, gewaltvolle Konflikte aufgrund von Verteilungskämpfen sowie die Zunahme von Rechtsruck, Fremdenfeindlichkeit und gesellschaftlichen Spaltungstendenzen durch die enorme zu erwartende Zunahme von Menschen auf der Flucht aus den betroffenen Regionen sind noch nicht bei allen angekommen.

»Hauptverantwortliche« sind also die Angehörigen der heute lebenden älteren Generationen; auch die Eltern der hier befragten 20- bis 30-Jährigen müssten dazu gehören. Sie sind (– und leider ist auch das ein Faktum –) diejenigen, die unseren Planeten durch ihren Konsum an seine Grenzen gebracht haben und sich auch nicht rechtzeitig gewehrt haben gegenüber einer Politik und Wirtschaft (vor allem der Macht der großen fossilen

Konzerne), die bewusst die Profite Weniger über das Allgemeinwohl gestellt haben. Natürlich gilt das nicht für *alle* älteren Menschen; auch hier hat es immer schon engagierte und auf die Folgen unseres Wirtschaftsmodells und unseres Konsums für das Klima hinweisende, kritische Leute gegeben – aber sie wurden eben von der Mehrzahl der Menschen bis vor wenigen Jahren nicht gehört. Erst langsam schleicht sich vor allem bei den »Babyboomern«, die jetzt gerade in Rente gehen oder gegangen sind, die Erkenntnis heran, dass sie selbst zu den gravierenden Problemen, die auf ihre Kinder und Enkelkinder zukommen werden, wesentlich beigetragen haben. Manche hat diese Erkenntnis immer noch nicht erreicht. Zumindest schlägt sie sich nicht in politischem Handeln und Wahlergebnissen nieder.

Die meisten der jungen Menschen, die ich im Rahmen meiner Recherchen gesehen und gesprochen habe bzw. die mir geschrieben haben und die ja zum großen Teil Studierende sind, sind sich hingegen der Bedrohungen gerade in Bezug auf den Klimawandel und die Zerstörung der Ökosysteme und deren Folgen seit Jahren bewusst. Viele versuchen sich bereits in irgendeiner Form zu engagieren und nachhaltig zu leben, doch viele fühlen sich auch ohnmächtig und hilflos angesichts der gefühlten Untätigkeit vieler der jetzigen Entscheidungsträger. Manche sind regelrecht verzweifelt, nehmen auch ihre Zukunftsperspektive dadurch als reduziert wahr. Nur wenige tangiert dieses Thema gar nicht. Oder aber sie sehen die Bedrohungen, vermeiden aber die Auseinandersetzung damit, weil sie zu belastend wäre; sie versuchen also, sich vor Überforderung zu schützen, indem sie diese Themen ausblenden. C., 27 J., gibt zu: »Ich sorge mich besonders um meine berufliche Zukunft und an meinen eigenen Ansprüchen zu scheitern. Die Bedrohung durch instabile und zunehmend rechte Regierungen, Krieg und Klimakatastrophen nehme ich wahr, übersteigen jedoch immer wieder meine Sorgen-Kapazität.«

Inwiefern dies außerhalb der Stichprobe der hier betrachteten Studierenden bzw. jungen Menschen in einem eher akademischen Umfeld unter Gleichaltrigen anders aussieht, mag ich nicht zu beurteilen.

7 Die Klimakatastrophe: Zukunftsangst und reduzierte Zukunftsperspektive

Gefühle in Bezug auf den Klimawandel

Viele der von mir Befragten fühlen vor allem Angst:

So schreibt S., 29 J.: »Der Blick in die Zukunft ist ... ambivalent. Auf der einen Seite möchte ich einfach machen was ich will und mich auf mich konzentrieren. Auf der anderen Seite läuft so viel schief und alles ist mittlerweile so dringend geworden, dass Weltretten immer auch Teil der eigenen Aktivitäten sein muss. Doch der Aktionismus fühlt sich an wie ein Kampf gegen Windmühlen. ... Angst macht mir, dass wir um so viele Probleme wissen und nicht viel passiert. Ich habe Angst, dass sich die Lage schneller zuspitzt, als wir uns das jetzt eingestehen ... Es fühlt sich an, als wartet man auf einen Knall.«

T., 24 J., sagt: »Der Klimawandel macht mir große Sorgen, es bräuchte Anstrengungen in der ganzen Welt um ihn zu stoppen. Dafür gibt es aber zu viele Akteure mit unterschiedlichen Interessen. Ich mache mir Sorgen um die EU, dass sie an den Klimawandelfragen zerbricht. Sie wird/wurde durch Wohlstand zusammengehalten. Wenn der jetzt weniger wird, könnte sie zusammenbrechen und immer mehr rechtsradikale Tendenzen könnten sich in den Staaten durchsetzen.«

Und L., 24 J., schreibt: »Der Klimawandel macht mir am meisten Angst. Auch nationalistische Tendenzen in den Nachbarländern und weltweit.«

Manche fühlen auch Trauer:

N., 28 J.: »Ich trauere um die Welt. Ich sehe die Herausforderungen, die der Klimawandel mit sich bringt. Ich weiß nicht, ob ich überhaupt Kinder bekommen kann und wie sich die kommenden Krisen auf die Stimmung in der Gesellschaft auswirken werden. Hier habe ich besondere Angst vor der Zunahme von Rassismus in der Gesellschaft. ... Ich fühle mich angesichts der Bedrohungen einerseits ohnmächtig und zum anderen überfordert.«

Andere sind wütend, vor allem auch in Bezug auf die Untätigkeit der Politik:

L., 25 J.: »Täglich rege ich mich auf, dass nicht genug gegen die Klimakrise unternommen wird, dass Menschen so ignorant sind und dass meine und die jüngere Generation so allein gelassen werden.«

M., 28 J.: »Beim Klimawandel habe ich das Gefühl, dass die Politik viel zu zögerlich handelt und das Problem oft einfach ignoriert wird. Manche Entscheidungen machen mich auch wütend (weiterhin kein Tempolimit, spätes Aus für den Verbrennungsmotor etc.).«

Wieder andere fühlen sich schuldig.

Sie wissen, dass unser Lebensstil in den Industrienationen die Klimakatastrophe verursacht hat und schon jetzt vor allem in ärmeren Ländern großes Leid anrichtet. Daran fühlen sie sich mitschuldig. Sie haben ein schlechtes Gewissen aufgrund ihrer privilegierten Lebenssituation als Studierende in Deutschland und fühlen von daher auch eine starke Verpflichtung, sich im Kampf gegen den Klimawandel sowie für mehr Klimagerechtigkeit weltweit zu engagieren.

Manche sind auch einfach nur fassungslos.

Fassungslos gegenüber älteren, aber auch gegenüber Gleichaltrigen, die so tun, als tangiere das Thema sie nicht, sich nicht damit beschäftigen und weiterhin für sich ein Recht auf Reisen, Konsum und Genuss förmlich einfordern. Fassungslos und entsetzt aber auch, dass mit der AFD eine Partei im Bundestag vertreten ist, die immer noch den Klimawandel leugnet und Klimaschutzmaßnahmen mit populistischen Parolen zu boykottieren versucht – und damit auch das Leid der jetzt schon Betroffenen (z. B. auch im Ahrtal) verhöhnt.

Auf das Gefühl der *Ohnmacht*, das viele verspüren, aus dem Erleben heraus, sich von der Gesellschaft und der Politik mit ihren Anliegen in Bezug auf den Klimawandel nicht gesehen und gehört zu fühlen, möchte ich in Kapitel 9 noch einmal gesondert eingehen.

7 Die Klimakatastrophe: Zukunftsangst und reduzierte Zukunftsperspektive

Betrachtet man all die genannten Gefühle in Bezug auf den Klimawandel, so ist es wichtig zu sehen: Alle diese Gefühle sind erst einmal angemessen und dürfen so sein. Es wäre falsch, sie zu pathologisieren und sie als psychische Störung anzusehen.

Kathrin Macha, Landessprecherin Rheinland-Pfalz der Deutschen Gesellschaft für Verhaltenstherapie, schreibt dazu, bei diesen Emotionen handle es sich in allererster Linie um »eine angemessene Reaktion auf eine existenzielle Katastrophe. Denn es steht schlichtweg unsere Lebensgrundlage ... auf dem Spiel. Während bei Störungsbildern im Bereich Angst häufig eine unrealistische oder unwahrscheinliche Befürchtung der Kern ist, handelt es sich hier um eine realistische Bedrohung. Das heißt wiederum, dass es für eine starke Vermeidung oder Verdrängung spricht und ungesund ist, wenn diese Emotionen gar nicht vorhanden sind.«[138]

Und ebenso pointiert formuliert Prof. Dr. Andreas Meyer-Lindenberg, Direktor am Zentralinstitut für Seelische Gesundheit: »Ich persönlich halte die Evidenz für den menschengemachten Klimawandel für bombenfest. ... Wenn man das so sieht, dann ist die Klimaangst zunächst einmal rational begründet. Die Emotion Angst signalisiert eine Gefahr und soll damit bewirken, dass ich damit umgehe. Dafür ist die Angst in der Evolution da, wie der Schmerz auch. Unangenehm, aber notwendig, um zu handeln. Das muss ich also noch nicht pathologisieren. Es hat im Gegenteil eine überlebenswichtige Funktion. Irrational ist eher der, der keine Angst hat.«[139]

Es ist also wichtig, die Angst erst einmal zu akzeptieren und anzunehmen (sie also gerade nicht zu verdrängen) und dann zu schauen: Was kann ich gegen die wahrgenommene Gefahr unternehmen? »Um herauszukommen aus dem Gefühl, ich sei hilflos, ist wichtig zu realisieren, dass ich selbst etwas tun kann. Ich kann z.B. nachhaltiger leben oder versuchen, andere dazu zu bewegen, dass sie das tun. Ich selbst kann klimaaktiv werden.« so Meyer-Lindenberg weiter. Das beste Mittel gegen empfundene Angst und Hilflosigkeit sei es, aktiv zu werden, also aktiv gegen die wahrgenommene Gefahr zu handeln.

Inwieweit Klimaemotionen auch mit psychischen Störungen (wie Angststörungen und Depressionen) zusammenhängen bzw. diese bedingen können, ist Gegenstand aktueller Forschung. Die Schwelle zu einer behandlungsbedürftigen psychischen Störung wird überschritten, wenn die Person mit ihrer Angst nicht mehr konstruktiv umgehen kann, sondern davon so beherrscht wird, dass sie in ihrer Alltagsbewältigung Schwierigkeiten bekommt und der Leidensdruck so stark ist, dass sie z. B. wichtigen sozialen oder beruflichen Funktionen nicht mehr nachgehen kann. Das ist meiner Erfahrung nach sehr selten der Fall. Eine Behandlung hätte aber auch in diesem Fall nicht das Ziel, diese Emotionen »wegzutherapieren«, sondern – so formuliert es Kathrin Macha – »mit ihnen umzugehen, sie zu akzeptieren und ihre Botschaft ernst zu nehmen. Schlussendlich haben diese Emotionen eine wichtige Funktion: Sie zeigen uns auf, dass sich etwas verändern muss. Im besten Fall ist das Ergebnis also, in der Lage zu sein, eine gesellschaftliche Transformation selbst mitzugestalten, um die schlimmsten Szenarien der Klimakatastrophe zu verhindern.«[140]

Am besten gelingt dies im Übrigen in der Verbundenheit und im Austausch mit anderen Menschen; darauf werde ich in Kapitel 10 noch einmal zurückkommen.

Eine Aktivistin in Lützerath, die danach gefragt wurde, woher sie die Kraft für ihren langandauernden, auch körperlich sehr fordernden Protest nehme (sie hing viele Stunden in einer sehr anstrengenden Haltung in einem Seil), sagte sinngemäß: Ich stemme mich mit all meiner Kraft gegen meine Angst.

Handeln gegen die wahrgenommene Gefahr

Das aktive Handeln gegen die wahrgenommene Gefahr kann einerseits auf individueller Ebene, andererseits aber auch auf politischer Ebene ansetzen und im günstigsten Fall natürlich auch auf beiden Ebenen stattfinden. Viele der von mir Befragten versuchen, insbesondere zunächst das eigene Verhalten im Sinne eines nachhaltigen Lebensstils (vgl. Kap. 9) zu verändern (z. B. indem sie sich fleischlos ernähren, nicht mehr fliegen und Auto fahren, wenig konsumieren, auf Plastik verzichten), sehen aber gleichzeitig auch, dass das allein nicht ausreicht, zumal viele – aus den älteren Generationen, aber durchaus auch Gleichaltrige – noch nicht dazu bereit sind, ihren Lebensstil umzustellen und zumal es in vielen Bereichen unseres Alltags auch noch gar nicht möglich ist, »perfekt« nachhaltig zu leben (Beispiel: plastikfrei einkaufen, mangelnde ÖPNV-Strukturen in manchen

Regionen, vgl. Kap. 6). Wichtig ist es, sich hier nicht durch unerfüllbar hohe Ansprüche an sich selbst von Ohnmacht und Frustration überwältigen zu lassen. Es gilt, die eigene individuelle Leistung durchaus wertzuschätzen – denn auch ein noch so kleiner Beitrag kann sehr wertvoll sein und zudem eine Modellwirkung für andere haben – und gleichzeitig auch nicht »zu streng mit sich« zu sein und auch einmal Ausnahmen bei sich zuzulassen. Bei dieser Krise bedarf es vor allem politisch-struktureller Änderungen, und dafür gilt es ebenfalls zu kämpfen.

P., 26 J., schreibt: »Ich muss mich ... oft daran erinnern, dass es z. B. in der Klimakrise nicht überwiegend auf das Leben einzelner Personen, sondern auf strukturelle Änderungen ankommt. Den Gedankengang zu haben empfinde ich als wichtig, da sich sonst ein Gefühl der Ohnmacht bei mir einstellt.«

Greta Thunberg formuliert in ihrem neuen Klimabuch: »Als Individuen können wir zwar vieles tun, aber diese Krise ist nichts, was ein Mensch allein bewältigen könnte.«[141]

Das Konzept des individuellen CO_2-Fußabdrucks lastet die Verantwortung für den Klimawandel sehr den einzelnen Individuen an und lenkt damit von der noch viel größeren Verantwortung der großen Energiekonzerne, die nach wie vor sehr große Gewinne mit fossilen Brennstoffen machen, und der Industrie insgesamt ab. Interessant ist, dass dieses Konzept tatsächlich seit 2006 von BP, einem der größten Mineralölkonzerne, weltweit propagiert wurde. Menschen können aber nicht klimafreundlich leben, wenn z. B. die Energie in ihrer Wohnung weiter aus fossilen Brennträgern kommt. Hier sind strukturelle Änderungen gefragt und der politische Wille, sie durchzusetzen.

Immer mehr junge Menschen nehmen an Demonstrationen teil und engagieren sich mittlerweile auch in den verschiedensten Gruppen (z. B. den Fridays for Future (FFF), Extinction Rebellion, dem NABU etc.), um auch auf die Notwendigkeit struktureller Veränderungen hinzuweisen. Auch das ist ein gutes und hilfreiches »Handeln gegen die wahrgenommene Gefahr«. Es ist zudem befreiend und gibt Kraft, sich mit Menschen zu umgeben, die die eigenen Gefühle verstehen und ernstnehmen, und mit ihnen gemeinsam etwas zu tun, das man als richtig erachtet.

Gefahr von Überforderung – »Activist Burnout«

Viele der von mir befragten jungen Leute stellen jedoch auch bezüglich ihres politischen Engagements sehr hohe Ansprüche an sich (vgl. Kap. 2). Angesichts der Krisen unserer Zeit lastet ein großer Druck auf ihnen, aktiv werden zu müssen. Manche haben ein ständig schlechtes Gewissen, »nicht genug« für die Rettung der Welt zu unternehmen. Manche entwickeln diesbezüglich sehr hohe perfektionistische Ansprüche an sich, die sie überfordern können.

Oft bewegen sie sich in Bekanntenkreisen, in denen alle sich selbst sehr viel abverlangen und auch voneinander erwarten. Sie übertragen paradoxerweise also ihren durch neoliberale Strukturen geprägten Optimierungsdruck (▶ Kap. 2) auf ihr politisches Engagement, also auf ihren Kampf gegen gerade diese Strukturen.

T., 26 J., sagt: »Viel von meiner Freizeit geht für den Aktivismus drauf, denn mir ist es wichtig, dass ich mich gesellschaftlich einbringe. ... Doch es fällt mir schwer, mir einfach so Ruhe oder Freizeit zu gönnen. Gesellschaftlich läuft so viel schief und so viel muss getan werden, damit sich auch nur minimal was ändert und da denke ich, kann ich mich nicht in meiner recht komfortablen Situation ausruhen. Und ich bin mir bewusst, dass das irrational und ungesund ist so zu denken – und würde auch bei allen anderen Personen sagen, dass sie sich auf alle Fälle mal Zeit für sich nehmen sollten.«

Und L., 25 J., schreibt: »In die Zukunft blicke ich eher pessimistisch bis hoffnungslos. Ich habe große Angst vor der Klimakrise und sehe meine Generation mit großen Herausforderungen konfrontiert ... Ich fühle mich sehr regelmäßig überfordert. Aktuell studiere ich, arbeite nebenbei und bin auch noch in einer Umweltgruppe engagiert. Das alles nimmt mich insgesamt sehr ein und mir fehlt manchmal die Zeit, um mich einfach auszuruhen und mal etwas für mich zu machen. Was den Aktivismus betrifft, habe ich das Gefühl, nie genug zu tun. Dass es einfach nicht reicht.«

Und auch die politisch schon sehr aktive J., 28 J., schreibt: »Im politischen Engagement mache ich mir auch Stress, weil ich stetig das Gefühl habe,

7 Die Klimakatastrophe: Zukunftsangst und reduzierte Zukunftsperspektive

andere wissen mehr, machen mehr, sind besser vernetzt, gehen auf mehr Demos und organisieren mehr.«

Die 26-jährige P. verlangt auch deswegen sehr viel von sich, weil sie sich immer wieder bewusst macht, wie privilegiert ihr Leben – als Studierende in Deutschland – doch ist. So schreibt sie: »Grundsätzlich ist mein Anspruch an mich, in allen Bereichen zu wissen, mein für mich Bestes gegeben zu haben ... Aufgrund meines privilegierten Lebens (im Vergleich zu anderen Menschen auf der Welt) darf ich mich nicht einfach ausprobieren, muss meine Potenziale voll nutzen, stets alles geben. Alles was nicht gut ist heißt, sein Privileg nicht genügend genutzt zu haben, das so vielen Menschen auf der Welt fehlt.«

Und weiter formuliert sie auch ihr schlechtes Gewissen dabei, sich angesichts der Weltlage beruflich frei zu entscheiden, sich Freizeit zu gönnen und schöne private Momente genießen zu dürfen: »Die Weltlage hat sich in den letzten Jahren so drastisch verschlechtert. Der Handlungsbedarf ist damit immens, und somit meiner Meinung nach auch die Verantwortung jedes einzelnen, seinen Teil zu einer besseren Welt beizutragen. ... Auch das Entscheiden für eine berufliche Richtung ist ein Fass ohne Boden für mich. Die Welt brennt und geht unter und es hätte aus jetziger Sicht weitaus »nützlichere« Ausbildungen (als meine) gegeben, um den Weltproblemen entgegenzutreten. Darf ich mich da überhaupt nach meinen Interessen entscheiden, was ich machen will? ... Wo kann man bei der Vielzahl an Problemen in der Gesellschaft überhaupt ansetzen? ... Ich habe also immer das Gefühl, zu wenig zu machen und mich deshalb unberechtigt überwältigt zu fühlen von allem, weil andere ja viel mehr Grund zur Erschöpfung haben, da sie viel aktiver oder weitaus weniger privilegiert sind ...«

V., 27 J., schreibt: »Ich habe das Glück, in einem sozialen Umfeld zu leben (WG, Familie, Arbeit), in denen alle ein kritisches Bewusstsein über kapitalistische Selbstoptimierungszwänge haben und auch meistens dazu in der Lage sind, diese zu erkennen und zu benennen, wenn sie bei mir oder anderen auftreten. Dennoch ist es schwierig bis unmöglich, sich diesen gänzlich zu entziehen. Manchmal bzw. immer öfter tritt auch eine paradoxe Umkehrung auf, nach der ich und viele andere in meinem Umfeld so viel und in so einem Tempo zur Beseitigung dieser Umstände arbeiten, dass sie selbst daran leiden und ebenfalls von einem Burnout ergriffen werden.«

Eine dauerhafte Selbstüberforderung kann tatsächlich in schweren Erschöpfungszuständen enden; unter dem Stichwort »Activist Burnout« wird dieses Thema in der Klimapsychologie diskutiert. Hier gilt es, von professioneller Seite Aktivist*innen in ihrer Selbstfürsorge und damit in einem »nachhaltigen Aktivismus« zu unterstützen. Die Psychologists for Future (als Untergruppe der FFF) bieten diesbezüglich kostenlose Beratungen an.[142]

Auswirkungen auf die persönliche Zukunftsperspektive

In manchen der obigen Zitate wurde bereits sehr deutlich, wie pessimistisch viele meiner Gesprächspartner*innen aufgrund des fortschreitenden Klimawandels in die Zukunft schauen. Manchen der von mir Befragten gelingt es dabei, bezüglich ihrer privaten Zukunft hoffnungsvoll zu bleiben und diese von den gesellschaftlichen Bedrohungen zu trennen:

V., 27 J., sagt z. B.: »Ich habe das große Glück, vor einigen Wochen zwei neue Jobs gefunden zu haben, die gut zu mir passen. ... Daher schaue ich mit meinem persönlichen, egoistischen Blick daher gerade recht positiv und zuversichtlich in die Zukunft. Anders sieht es aus, wenn ich meinen Blick weiter auf gesellschaftliche, ökologische und wirtschaftliche Zustände ausweite. Hier mache ich mir tagtäglich große Sorgen. Krise über Krise, keine angemessenen Antworten der Politik, drohender ökologischer und gesellschaftlicher Kollaps. Diese Dinge bestimmen meine täglichen Gedanken und werden in der unmittelbaren Zukunft zunehmen.«

J., 27 J., schreibt: »Politisch und klimatechnisch bin ich nicht zuversichtlich. Persönlich erhalte ich mir meinen Optimismus.«

M., 26 J.: »Mein Blick in meine persönliche Zukunft ist grundsätzlich positiv. Ich kann mir gut vorstellen, mit meinem Partner eine Familie zu gründen und gemeinsam alt zu werden. ... Was die Zukunft der Welt

7 Die Klimakatastrophe: Zukunftsangst und reduzierte Zukunftsperspektive

betrifft, habe ich viele Sorgen und Ängste. Die größten Sorgen macht mir die Klimakrise und der aktuelle Umgang damit. Ich frage mich, wie lange wir noch gut auf der Erde leben werden und wie viel Naturkatastrophen wir noch erleben werden. Außerdem macht es mir Sorgen, dass aktuell alles teurer wird und ich frage mich, was für ein Leben wir uns in Zukunft noch leisten können. Auch die politische Situation in der Welt macht mir Sorgen und es belastet mich, dass es so viel Krieg und Leid aktuell in der Welt gibt.«

B., 29 J.: »Meiner persönlichen Zukunft als Softwareentwickler blicke ich optimistisch entgegen. Auf die Zukunft der Welt eher mit gemischten Gefühlen. Einerseits gibt es überall auf der Welt Fortschritte, andererseits müssen wir unser komplettes System umstellen, was gerade nicht funktioniert. Der Klimawandel und die damit einhergehenden Probleme machen mir am meisten Angst.«

A., 27 J.: »In meiner persönlichen Zukunft habe ich gerade sehr viel Gelassenheit gelernt und freue mich gerade einfach nur über meine Gegenwart, wo ich wohne, arbeite und was ich für liebe Menschen um mich habe und möchte daran gerade nichts ändern … Auf die Welt bezogen sorgen mich die Kriege und Ungerechtigkeiten und die Klimakrise. Und die dadurch kommende Spaltung in der Gesellschaft.«

Doch viele blicken auch sehr pessimistisch sowohl in ihre persönliche Zukunft wie auch in die Zukunft der Welt; sie nehmen ihre persönliche Zukunftsperspektive als durch die Klimakatastrophe (und die weiteren zahlreichen Krisen) reduziert wahr. Erschreckend ist dabei auch die große Anzahl junger Frauen unter meinen Gesprächspartnerinnen, die deswegen überlegen, auf Kinder zu verzichten:

J., 27 J.: »Der Klimawandel und die Bedrohung der Demokratien machen mir Sorgen. Es lässt mich daran zweifeln, selbst Kinder in die Welt zu setzen, obwohl ich gerne wollte.«

H., 27 J.: »Ich habe Angst, dass mein zukünftiges Gehalt nicht ausreichen könnte, eine Familie zu ernähren. Ich mache mir Gedanken darüber, ob ich in diesem Zusammenhang und vielen anderen (Klimakrise, Kriege an unterschiedlichsten Orten der Welt ...) überhaupt noch Kinder haben möchte. Das bringt mich fast um den Verstand. Eines meiner größten Ziele im Leben war es, Mutter zu werden, und diesen Traum in Gefahr zu sehen bzw. mich aus vernünftigen Gründen dagegen zu entscheiden, belastet mich enorm. Neben meinem persönlichen Glück sehe ich auch die Zukunft innerhalb der Welt nicht unbedingt positiv an. Der Rechtsruck europaweit macht mir zu schaffen, Alleinherrscher, die Kriege bekommen, ein Wirtschaftssystem, das nun immer deutlicher seine Schattenseiten offenbart. Die Klimakrise, die von politischer Seite kaum ernst genommen wird. Ich fühle mich oft hilf- und machtlos.«

R., 30 J.: »Bezüglich Kinderwunsch: Ich habe momentan die Einstellung, dass ich diese Welt, wie sie gerade ist, und besonders die Welt, die noch kommen wird, keinem Kind zumuten möchte.«

D., 30 J.: »Ich bin unsicher, ob es vertretbar ist, Kinder zu bekommen, wegen der Klimakrise empfinde ich es als egoistisch, sich für eigene Kinder zu entscheiden und hätte trotzdem gerne welche. Das macht die Entscheidung sehr schwer.«

Uta Nabert berichtet dazu 2021 in ihrem Artikel »Keine Zukunft – keine Kinder: Warum Frauen in der Klimakrise auf Nachwuchs verzichten« von Zahlen des Statistischen Bundesamtes aus dem Jahre 2019, also der Zeit noch vor der Coronapandemie und vor dem Ukraine-Krieg. Demnach bekamen 2019 ein Fünftel der Frauen in Deutschland kein eigenes Kind. Grund hierfür sei laut der BAT-Stiftung für Zukunftsfragen in 46% aller Fälle der Faktor Zukunftssicherheit; sie sorgen sich um die künftige gesellschaftliche Entwicklung, dazu zähle auch der Klimawandel.[143]

Klimaausreden und Abwehrmechanismen

Doch wie kann es sein, dass manche Menschen angesichts der Bedrohungen durch den Klimawandel aktiv werden und viel Verantwortung über-

7 Die Klimakatastrophe: Zukunftsangst und reduzierte Zukunftsperspektive

nehmen, andere aber mehr oder weniger gleichgültig scheinen und ihr Verhalten nicht im Mindesten umstellen?

Ist es nur Nichtwissen (das kann eigentlich heute niemand mehr von sich behaupten) oder Gleichgültigkeit oder gar Bequemlichkeit? Hier kommen Mechanismen ins Spiel, die von den Autor*innen des sehr lesenswerten Herausgeberbands »Climate Action – Psychologie der Klimakrise. Handlungshemmnisse und Handlungsmöglichkeiten.« und auch von Lea Dohm und Mareike Schulze in ihrem Buch »Klimagefühle. Wie wir an der Umweltkrise wachsen statt zu verzweifeln« [144] beschrieben werden, und auf die ich hier leider nur kurz eingehen kann. Verschiedene »Abwehrmechanismen« sowie als sog. »Klimaausreden« bezeichnete Argumentationsmuster helfen uns, die Gefahr nicht ganz so ernst zu nehmen und/oder zumindest keine persönliche Verantwortung für deren Bewältigung fühlen zu müssen.

Ein klassischer Abwehrmechanismus, mit dem wir die Fakten zur Klimakrise oft wegschieben, ist die Verdrängung. Menschen setzen sich nicht gerne mit Themen auseinander, die negative Gefühle hervorrufen. Manche von uns sind so sehr damit beschäftigt, in unserer beschleunigten Gesellschaft mitzuhalten (vgl. Kap. 2 bis Kap. 5), dass sie gar keine Kapazitäten mehr haben, sich mit Themen wie der Klimakrise zu befassen (vgl. auch das Zitat von C., 27 J., oben). Sie wissen zwar um die Bedrohungen, »verdrängen« dieses Wissen aber immer wieder, um sich vor Überforderung zu schützen. Auch Aktivist*innen müssen ab und zu ihr Bedrohungserleben »beiseiteschieben« und sich erlauben, unbeschwerte Momente zu genießen. Aber es ist nicht nur nicht gesund, sondern sogar lebensbedrohlich, wenn wir durch ein »Zuviel« an Verdrängen gar nicht ins Handeln gegen eine akute Gefahr kommen. Und das ist in Bezug auf den Klimawandel ja gerade bei vielen der Fall. Das ist dann mit Sicherheit die »ungesündeste« und »irrationalste« Form, auf eine solche Menschheitsbedrohung zu reagieren.

Andere reduzieren die erlebte Bedrohung und ihre persönlich erlebte Verantwortung, indem sie sich beruhigen mit Argumenten wie: »Die Politiker werden es schon richten. Es ist ja schon so viel seit den ersten Mahnungen in den 1970er Jahren getan und verbessert worden.«

Fakt ist: Der CO_2-Ausstoß hat sich seither weltweit immens und stetig erhöht und erhöht sich weiterhin – trotz aller Konferenzen und Absichtsbekundungen. Die aktuellen Maßnahmen der Politik reichen bei weitem nicht aus.

Gerne wird auch die Verantwortung auf andere Länder geschoben: »Erst einmal müssen doch Länder wie China und Indien und andere was machen. Wir Deutschen sind doch nur so ein kleines Land und tragen gar nicht so stark zum Klimawandel bei.«

Fakt ist: Deutschland hat zwar aktuell insgesamt einen geringeren Anteil an den weltweiten CO_2-Emissionen als bevölkerungsreichere Länder wie China oder Indien. Dennoch liegt es – als Land mit vergleichsweise geringer Einwohnerzahl – unter den »Top Ten« der Länder mit den weltweit höchsten Emissionen. Betrachtet man den Pro-Kopf-Verbrauch im Ländervergleich, so liegt Deutschland mit 8,1 Tonnen pro Einwohner ebenfalls unter den »Top Ten« und deutlich über dem weltweiten Durchschnitt, der bei 4,7 Tonnen pro Kopf liegt; Indien hat z. B. nur einen Pro-Kopf-Verbrauch von 1,93 Tonnen[145]. Deutschland gehört zu den Industrienationen, die in den vergangenen Jahrzehnten durch ihren Lebensstil und ihr »Wirtschaften« den Klimawandel *weltweit* hauptsächlich befördert haben. Im Pariser Abkommen hat es sich längst völkerrechtlich zu ehrgeizigen Emissionssenkungen verpflichtet. Wie sarkastisch muss es für viele ärmere Länder der südlichen Hemisphäre klingen, wenn wir als einer der Hauptverursacher nicht auch die Verantwortung für ihr Leiden übernehmen. Somalia z. B. leidet, wie sich 2023 zeigte, schon jetzt extrem unter den Folgen des Klimawandels – trägt aber nur 0,03 % zum weltweiten CO_2-Ausstoß bei. Mojib Latif, Präsident der Deutschen Gesellschaft des Club of Rome, sagt dazu: »Globale Krisen können nur global gelöst werden. Das Klimaproblem ist vor allem auch eine Frage der Gerechtigkeit. Nur wenn die Lasten verteilt werden – zwischen Arm und Reich und den Generationen-, wird es Fortschritte in der Klimapolitik geben. Dazu gehört es auch, dass die Industrieländer vorangehen, denn sie haben sich auf Kosten der Umwelt ihren Wohlstand erschaffen. Außerdem müssen die Industrieländer die aufstrebenden Länder in die Lage versetzen, sich nachhaltig zu entwickeln.«[146] Zudem ist zu bedenken, dass viele Regierungen des globalen Südens von den Ländern im globalen Norden ein Zeichen erwarten, selbst mehr für den Klimaschutz und die Verlangsamung des Ausstoßes von Treibhausgasen zu tun, bevor sie selbst in Aktion treten. Europa sollte, so Johan Rockström, Direktor des Instituts für Klimaforschung, Vorbild bei der Reduktion von fossilen Energiequellen werden.[147]

Auch die Hoffnung auf rettende technologische Innovationen kann als eine Form der Ablenkung von persönlicher Verantwortung für mehr Klimaschutz gesehen werden. Es wird suggeriert, dass es technische Lösungen gäbe, die zukünftig verhindern werden, dass wir uns verändern und einschränken müssen. »Die Technik wird es richten. Mit Geoengineering werden wir es schon schaffen, das CO_2 aus der Luft zu saugen.«
Fakt ist: Gegenwärtig gibt es keine solche Super-Technologie. Und wir können nicht darauf warten. Was wir brauchen, ist ein extrem schneller Ausbau erneuerbarer Energien. Die dafür notwendigen Technologien sind bereits seit Jahren »erfunden« – und müssen nur zügiger implementiert werden.

Eine weitere Klimaschutz-Ausrede, die ein angemessenes gesellschaftliches Handeln im Bereich Klimaschutz oft untergräbt, ist zu sagen: »Das ist alles viel zu teuer, diesen ganzen Klimaschutz können wir uns gar nicht leisten.«
Fakt ist: Kein oder mangelnder Klimaschutz wird in den nächsten Jahren z. B. aufgrund massiver Schäden durch Extremwetterereignisse, Hochwasser, Brände, Ernteausfälle u. ä. immer *mehr* kosten als ein wirksamer Klimaschutz jetzt. Also stellt sich die Frage nicht. Die Folgekosten eines jetzt nicht rechtzeitigen Reagierens werden z. B. allein für Deutschland auf bis zu 900 Milliarden (!) Euro bis 2050 geschätzt.[148] Es käme uns also langfristig teuer zu stehen, jetzt notwendige Investitionen in Klimaschutzmaßnahmen hinauszuzögern.

Solche »Klimaausreden« sind gefährlich und werden gerne von Klimawandelleugnern, aber auch von Politiker*innen der Parteien, die ein rasches Klimahandeln blockieren wollen, propagiert. Hier ist es wichtig, in Diskussionen die Fakten immer wieder einzubringen.

7 Die Klimakatastrophe: Zukunftsangst und reduzierte Zukunftsperspektive

Zusammenfassung

Der Klimawandel ist keine vorübergehende Krise, sondern stellt eine existentielle Bedrohung der gesamten Menschheit dar. Verursacht wurde er von uns Menschen – vor allem durch unseren Lebensstil und unser »Wirtschaften« seit den 1980er Jahren. Viele junge Menschen, die die wissenschaftlichen Fakten auf ihrer Seite haben, erkennen, dass unser bisheriges und jetziges Handeln nicht ausreicht und wir uns, wenn wir so weitermachen, auf ein 3-Grad-Szenario zubewegen. Das wäre für uns alle eine Katastrophe, abgesehen von gefährlichen Kipppunkten, die auch schon vorher überschritten werden könnten. Viele junge Menschen sind verzweifelt und sehen ihre Zukunft gefährdet; viele junge Frauen geben sogar ihren Kinderwunsch auf. Wir alle haben Strategien und Ausreden, die dazu führen, dass wir die Bedrohung und unsere Verantwortung nicht konkret spüren und das Thema uns in unserem Alltag nicht allzu sehr beschäftigt. Es gilt, diese »Ausreden« zu hinterfragen, die abgewehrten Gefühle zuzulassen und daraus die Motivation zum Handeln zu entwickeln.

Anregungen zur Reflektion

Diejenigen (jung und alt), die sich bisher noch nicht näher mit dem Thema beschäftigt haben, können sich fragen: Wie geht es mir angesichts der täglichen Schreckensnachrichten zum Thema Klimakatastrophe und deren Folgen? Welche Gefühle kommen da hoch? Kann und möchte ich weiter wegschauen und die Fakten verleugnen?

Will ich wirklich so weiterleben wie bisher – zulasten meiner persönlichen Zukunft, aber auch zulasten aller zukünftigen Generationen? Will ich wirklich mein Leben wie bisher in einer »Scheinrealität« (»Das wird schon alles irgendwie gut gehen?«) fortführen?

Was könnte helfen? Weder ein Erstarren und Gelähmtsein vor Angst noch ein Aktivismus, der über die eigenen physischen und psychischen Grenzen geht, ist hilfreich. Aber erst recht nicht Gleichgültigkeit! Es gilt, sich von den Schicksalen der jetzt schon unter dem Klimawandel leidenden Menschen emotional berühren zu lassen, hinzugucken, Mitgefühl zu entwickeln. Vielleicht mag sich daraus ja bei manchen die Motivation und die Kraft entwickeln, sich selbst zu engagieren? Das beste Mittel gegen Angst ist: aktiv werden! Wir alle sollten endlich persönlich und politisch Stellung beziehen und die Menschen, die schon jetzt für einen angemessenen Klimaschutz kämpfen, unterstützen.

8 Real gewordene Dystopien (Coronakrise, Ukraine-Krieg ...): »Was kommt jetzt noch alles?«

A., 27 J., formuliert ihre Angst davor, psychisch nicht stark genug zu sein, die aktuellen und weitere zukünftige Krisen auszuhalten: »Was die Zukunft betrifft, bin ich momentan eher pessimistisch. ... Mich überfordern die aktuellen Krisen (Corona, Krieg, politische Unsicherheiten, gesellschaftliche Unsicherheiten, Klima ...). Dazu kommen natürlich immer wieder private Herausforderungen und der Druck, trotzdem funktionieren zu müssen. ... Ich habe Angst, dass die Krisen immer mehr werden und die Hoffnung automatisch weniger. Manchmal kommt Zweifel auf, ob ich das alles in Zukunft meistern kann und psychisch stark genug bin, um all diesen Krisen standzuhalten ... Diese Krisen haben mein Leben in den letzten 3 Jahren klar verändert. Ich habe deutlich mehr Ängste und traurige Momente. Ich fühle mich psychisch immer wieder stark belastet.«

Und in der Tat: Die letzten Jahre erschienen geradezu surreal, wie ein schlechter Traum: wie real gewordene Dystopien. Belastungen traten in das Leben junger Menschen, die so für vorhergehende Generationen junger Menschen nicht vorstellbar waren:

Wer hätte 1980 oder 1990 (hier starteten die Eltern der heute 20- bis 30-Jährigen gerade in ihr Erwachsenenleben) gedacht,

- dass sich in Deutschland eine rechtspopulistische Partei wie die AFD gründen könnte (in der auch viele Rechtsradikale wie Bernd Höcke federführend sind) und solch großen Zulauf haben würde? (2013 gegründet)

8 Real gewordene Dystopien (Coronakrise, Ukraine-Krieg ...)

- dass ein Mensch wie Donald Trump 2017 Präsident der USA werden könnte? Dass er mit den kuriosesten Faktenverdrehungen und Verschwörungstheorien bei Millionen von Menschen Anklang finden und vier Jahre im Amt bleiben könnte?
- dass die demokratischen Systeme auch in Europa zunehmend durch erstarkenden Rechtsradikalismus und Nationalismus bedroht würden? Dass z. B. in Schweden und Italien 2022 rechtsnationale Regierungen an die Macht kommen könnten?
- dass das damals erst gerade breitenwirksam werdende Internet, Social Media (damals noch gar nicht erfunden) und KI-Anwendungen (wie z. B. auch ChatGPT seit Ende 2022) unseren gesamten Alltag so sehr revolutionieren könnten? dass wir heute alle über Smartphones kommunizieren, bezahlen und andere Dinge tun würden, die so damals gar nicht denkbar waren? Ja, dass in vielen Schulen nicht einmal mehr Schulbücher genutzt würden, sondern iPads mit den entsprechenden Informationen? Dass es Phänomene wie FOMO, Snapchat-Dysmorphia, Cybermobbing geben könnte? Dass wir bei Berichten kaum noch zwischen wahr und falsch unterscheiden könnten?
- dass der Klimawandel so schnell voranschreiten würde, dass seine Folgen (trotz aller Bemühungen und der so viel beschworenen technologischen Neuerungen) heute sogar unmittelbar in Deutschland bereits spürbar sein würden? (Ahrtalflut 2021, große Hitzewellen und Waldbrände 2022 und 2023 mit zahlreichen Toten in ganz Europa, Trinkwassermangel in manchen Regionen etc.)
- dass es 2020, ebenfalls begünstigt durch den unachtsamen Umgang des Menschen mit der Natur, eine weltweite Pandemie geben könnte, die für nahezu zwei Jahre die Welt erstarren ließe?
- dass 2022 ein russischer Angriffskrieg auf europäischem Boden beginnen könnte und sogar die Gefahr eines Atomkriegs erneut im Raum stünde?
- dass es daraufhin zu einer Wirtschaftskrise und zu einer Inflation in einer Größenordnung käme wie seit Bestehen der Bundesrepublik nicht mehr? (2022: 7,9 %, im Vergleich dazu z. B. 2013 1,0 %)
- dass 2023 auch im Nahen Osten ein neuer Krieg entfachen würde
- Usw. usf ... (Damit sind noch lange nicht alle negativen Entwicklungen, wie zahlreiche weitere kriegerische Auseinandersetzungen, die bedroh-

lichen geopolitischen Instabilitäten der letzten Jahre und weitere Umweltkrisen, erfasst.)

Fazit: Wir leben zwar noch auf demselben Planeten, aber gefühlt in einer völlig anderen Welt. Oder wie Greta Thunberg in ihrem neuen Buch schreibt: Die Welt hat Fieber![149]

Wie soll ich da als junger Mensch optimistisch für mein Leben bleiben? Meine Zuversicht bewahren? Viele drohen an der Last dieses »Dauerkrisenmodus« zu zerbrechen.

Beispielhaft sei hier das Erleben junger Menschen in der Coronakrise etwas ausführlicher beschrieben. Sie traf die jungen Menschen in einer für sie sehr prägenden Phase ihrer Identitätsentwicklung, in der es nicht nur gilt, Pläne für das eigene Leben zu machen, sondern auch, sich auszuprobieren und sich im Kontakt mit anderen zu erleben (vgl. Kap. 5). Entsprechend tief sitzen die Wunden bei manchen auch heute noch.

K., 27 J., sagt: »Ich saß wochenlang allein in meinem Miniappartment und musste lernen. Es war so bedrohlich, alles so irreal. Ich war so viel allein!!! Mal mit einer Freundin spazieren gehen und Netflix gucken war das Einzige, was ich machen konnte. Ich hab mich völlig leer und nutzlos gefühlt. Keine Seminare mehr in Präsenz, viele Prüfungen wurden verschoben, mein Auslandssemester, auf das ich mich gefreut hatte, wurde kurzfristig abgesagt. Und dann immer die Frage: Wann ist es vorbei? Wann kann ich meinen Abschluss machen? Wie geht mein Leben weiter? Ich habe mich immer noch nicht wirklich von dieser Zeit erholt, kann nicht mehr wirklich ›unbeschwert‹ sein, Dinge wirklich genießen. Wie ein Schleier hängt diese Zeit immer noch über mir.«

Und L., 28 J., formuliert: »Seit der Pandemie (spezifisch dem letzten Winter) hat sich eine innere Taubheit in mir ausgebreitet, die ich bisher noch nie gefühlt habe. Auch wenn ich vorher vielleicht mal unglückliche Phasen hatte, wusste ich immer tief in mir drin, dass ich einen Ausweg finde, und es hat mir immer Spaß gemacht, von der Zukunft zu träumen. Dieser große Aspekt meiner Persönlichkeit ist sehr viel kleiner geworden. Ich merke aber, dass es in mir langsam wieder auftaut und ich zwischendurch wieder ehrliche Fröhlichkeit empfinde, nicht nur gespielte. Allerdings hat mein Blick in die Zukunft an jeglicher Naivität verloren.«

Die Pandemie führte dazu, dass »der Alltagsrhythmus junger Menschen in den prägenden Phasen des Jugendalters und den jungen Erwachsenenjahren empfindlich gestört wurde. Durch das Auf und Ab der Infektionswellen und die teilweise einschneidenden politischen Reaktionen bis hin zur Schließung von Bildungseinrichtungen, Betrieben und Freizeiteinrichtungen, standen die jungen Menschen innerhalb kurzer Zeit immer wieder vor neuen Herausforderungen.«, so die Autoren der Trendstudie »Jugend in Deutschland« 2022/2023.[150]

Die Bedrohung durch die Erkrankung selbst war groß und erschütterte das naive Vertrauen vieler junger Menschen in ihre Gesundheit. Viele litten unter Ängsten vor der Erkrankung und Ängsten, Angehörige zu verlieren und andere anzustecken. Dazu kamen die Folgen der von der Politik ergriffenen Maßnahmen: Die Kontaktbeschränkungen und die Schließung der Universitäten bzw. die Umstellung des Unterrichts auf Online-Unterricht (letzteres für fast zwei Jahre) stellten eine nahezu komplette Veränderung des Alltags sowie einen Stillstand bisheriger Aktivitäten und auch der Lebenspläne vieler junger Studierender dar. Diese Maßnahmen hatten z. T. verheerende Konsequenzen nicht nur für den Lernerfolg der Studierenden, sondern vor allem auch für die in diesem Alter so wichtige Persönlichkeitsentwicklung und den Erwerb und die Festigung sozialer Kompetenzen, den Aufbau von sozialen Kontakten und die Partner*innensuche, nicht zuletzt für die Lebensqualität der jungen Leute. Besonders häufig schilderten sie – neben den schon in Kapitel 6 beschriebenen finanziellen Problemen, die durch die Krise gefördert wurden (nämlich vor allem weniger eigenes Einkommen durch den Wegfall von Nebenjobs, aber oft auch weniger Unterstützungsmöglichkeiten durch die Eltern) – ihr Leiden unter der sozialen Insolation. Viele litten unter Einsamkeitserleben, Niedergeschlagenheit und depressiven Stimmungen. Manche hatten Schwierigkeiten, den Tag zu strukturieren, erlebten sich als überfordert durch den erhöhten Arbeitsaufwand, entwickelten zunehmende Selbstzweifel. Viele beschrieben Ängste bezüglich ihrer beruflichen und privaten Zukunft, waren verunsichert durch die ständig wechselnden Zukunftsprognosen, sorgten sich auch um die globalen Folgen der Pandemie für die Ökonomie und die Gesellschaft. Bei anderen entwickelten oder verstärkten sich aufgrund der nahezu ausschließlichen Beschränkung ihrer Kontakte auf die virtuelle Realität soziale Unsicherheiten und Ängste; auch eine problematische Internetnutzung (Gaming, Social Media) wurde von vielen geschildert.

Schon in den Jahren davor waren, wie wir bereits gesehen haben, die psychischen Belastungen bei jungen Menschen stark angestiegen (vgl. Kap. 1); einige Ursachen dafür wurden in den vorhergehenden Kapiteln bereits benannt. Diese Probleme wurden wie in einem »Brennglas« durch die Coronakrise noch einmal deutlich verstärkt.

Natürlich haben Menschen aller Altersgruppen unter der Coronazeit gelitten. Sicherlich hatten die meisten Angst um ihre eigene Gesundheit und die ihrer Angehörigen. Viele litten unter den Kontakt- und Aktivitäteneinschränkungen. Auch beruflich und finanziell war die Zeit für viele sehr herausfordernd. Es ist aber etwas Anderes, mit solch einer Krise im Alter von vielleicht 40 und mehr Jahren aus einer halbwegs gesicherten beruflichen und privaten Lebenssituation heraus konfrontiert zu werden (z. B. mit einem festem Beruf, einem Wohnort, an dem man schon seit längerem lebt, einer Partnerschaft und einem festen Freundes- und Nachbarschaftskreis), als eine solche Zeit des Stillstands des eigenen Lebens und der eigenen Pläne und der extremen Bedrohung über mehr als zwei Jahre hinweg allein in einer fremden Stadt mitten im Aufbau seines Lebens mit vielleicht 24, 26 oder 28 Jahren erleben und durchstehen zu müssen.

Gleichzeitig fühlten sich viele der jungen Erwachsenen und insbesondere der Studierenden von Politik und Gesellschaft in der Coronazeit völlig übergangen. Manche verzweifelten, weil sie sich schon nicht nur bezüglich der Klimakrise, sondern nun auch noch in der Pandemie von der Politik nicht gesehen fühlten. Und auch in der nachträglichen Aufarbeitung der Krise wurde bisher zwar viel von Kindern und Jugendlichen und auch von alten Menschen gesprochen, das Leiden der jungen Erwachsenen wurde jedoch kaum gesehen. Hier bedarf es dringend einer systematischen wissenschaftlichen Aufarbeitung, um Lehren für zukünftige Krisen ziehen.

8 Real gewordene Dystopien (Coronakrise, Ukraine-Krieg ...)

N., 26 J., formuliert geradezu verbittert: »Die Wunden sind immer noch da, sie wirken noch nach. Die Coronapandemie sitzt noch tief: Die Unis wurden einfach geschlossen. Wir sind drinnen geblieben, um die Alten zu schützen. Haben wir dafür als Ausgleich irgendeine Form von Unterstützung bekommen? Nicht wirklich. Wir saßen jahrelang in kleinen überteuerten WG-Zimmern, kämpften mit einer erhöhten Arbeitsbelastung und kriegten kaum Unterstützung. Währenddessen saß die ältere Generation in ihren (vor X Jahren bezogenen) Häusern und Wohnungen und wurde zuerst geimpft. In der Corona Pandemie wurde das Wohl der Älteren über das Wohl der Jüngeren gestellt. Begreifen, dass das falsch ist, werden die Älteren wohl erst, wenn unsere Gesellschaft zusammenbricht, weil es nicht genug Arbeitskräfte gibt und man sich dann wundert, wieso man doch nicht so gemütlich in Frührente gehen kann, wie man dachte.«

Und H., 27 J., bemängelt vor allem auch die mangelnde Rücksichtnahme auf die Belange junger Menschen an den Universitäten: »Schwierigkeiten lagen zum einen im finanziellen Bereich. Studierende mit, aber auch besonders ohne Bafög-Anspruch, sind bis auf den »Coronazuschuss« in meinen Augen vergessen worden. In der Uni mussten alle Abgaben in schriftlicher Form im Sinne von Hausarbeiten erfolgen, die unendlich aufwändig waren. Rücksicht auf die Situation der Studierenden hat innerhalb der Universität kaum jemand genommen. Es wurde eher damit gespaßt, wie viel Zeit nun jetzt alle für universitäre Leistungen hätten. Existenzielle Ängste aufgrund finanzieller Schieflage, die Angst, den Semesterbeitrag nicht mehr zahlen zu können, wurden nicht beachtet. Abgesehen davon wurde auch die Angst junger Menschen um Angehörige kaum wahrgenommen. Meine Eltern gehörten beide zur Hochrisikogruppe. Eine Anlaufstelle für all meine Ängste wurde von keiner Seite geschaffen«.

Die meisten der von mir befragten jungen Menschen verhielten sich in der Krise geradezu vorbildlich, um vulnerable Bevölkerungsgruppen zu schützen. Sie zählten eher zum »Team Vorsicht«, befolgten die Hygienemaßnahmen und Kontaktbeschränkungen und ließen sich impfen. In der Jugendstudie vom Sommer 2022 waren sogar 84 % der Befragten 14- bis 29-Jährigen vollständig geimpft, was deutlich über dem Durchschnitt der

Gesamtbevölkerung liegt. Sie gehörten außerdem zu der Bevölkerungsgruppe mit den meisten regelmäßigen Tests und der deswegen auch häufigsten Erfahrung von Quarantäne.[151]

P., 26 J., schreibt: »Eine große psychische Belastung, die ich durch die Corona-Krise verspürt habe, war die Angst davor, sich nicht verantwortungsvoll genug zu verhalten, aber auch die Angst, selbst krank zu werden … Sie hat mich … seit Frühling 2020 bis jetzt noch nicht vollständig verlassen. Ich versuche seit diesem Jahr (2022) aktiv, … wieder zu einem normalerem Umgang mit allem zu finden«.

Und M., 24 J., berichtet von ihrem sehr hohen Verantwortungserleben. Sie trage seit der Corona-Zeit, unter der sie sehr gelitten habe, »eine leichte Schwere mit mir herum, die ich wahrscheinlich auch nicht mehr loswerden kann … Zu Beginn der Corona-Pandemie steckte ich in meinen Staatsexamensvorbereitungen (Abschluss der Physiotherapie-Ausbildung) und genoss es sogar, Zeit für mich zu haben, mich in aller Ruhe an den Schreibtisch setzen zu können und nicht Freund*innen absagen zu müssen, weil ich lieber lernen möchte. Als ich dann in das Arbeitsleben eingetaucht bin, hat mich die Corona-Pandemie ›voll erwischt.‹« Sie habe die ganze Zeit durchgearbeitet, den ganzen Tag ihre FFP-2 Maske getragen. »Diese Zeit hat mich wirklich nachhaltig geprägt. Ich wollte auf keinen Fall Menschen in meinem Umfeld anstecken. Bevor ich meine Eltern und auch die Großeltern besuchte, machte ich zum Teil drei Coronatests aus Angst, diese anstecken zu können. Wenn ich meine Großeltern besuchte, ließ ich die FFP2 Maske auf und hielt Abstand. … Ich wohnte allein und hielt mich strikt an die Coronaabstandsregeln. Dies lähmte mich in meiner Situation mit am meisten, da ich mich als sehr gesellig und kontaktfreudig beschreiben würde.« Sie entwickelte schließlich depressive Stimmungen, die erst nach Beendigung der Coronakrise und Veränderung ihrer Lebenssituation wieder nachließen.

Ein ähnlich hohes Verantwortungserleben und eine hohe Belastung in ihrem Beruf schildert auch M., 26 J.: »Ich habe die Corona-Pandemie als sehr bedrohlich und belastend erlebt. Gerade am Anfang war nicht klar, was für Auswirkungen das für mein Arbeitsfeld in der stationären Jugendhilfe haben wird. ... Ich habe die ganze Zeit eine große Verantwortung gespürt, dass ich mich nicht anstecke und so Corona in die Einrichtung trage. Aus diesem Grund habe ich mich viel isoliert und meine Kontakte eingeschränkt. So sind mir viele Möglichkeiten des Ausgleichs weggefallen und ich habe gefühlt nur noch gearbeitet. Bei der Arbeit hat sich die Belastung dann auch weiter gesteigert, da die Bewohner immer mehr Verhaltensauffälligkeiten und Impulsivität gezeigt haben und gleichzeitig immer mehr Kolleg*innen ausgefallen sind. Ich habe also immer mehr Überstunden angesammelt. ... Ich erhole mich aktuell von meiner Erschöpfung und den sehr hohen Belastungen. Meine eigenen Ansprüche und der Druck durch die Arbeit ... haben mich im Sommer 2021 zusammenbrechen lassen. ... Aktuell bin ich noch krankgeschrieben.«

Auch das Online-Studium wurde von vielen als eher belastend empfunden:

M., 28 J.: »Das Online-Studium fand ich sehr anstrengend und frustrierend, hier hat mir der persönliche Austausch definitiv gefehlt.«

J., 27 J.: »Die Online-Lehre und das anschließende Examen haben mir die Freude an meinem Studium genommen. Da ich es zuvor gerne gemacht habe und sehr zufrieden damit war, bin ich jetzt umso frustrierter, dass mir jenes, was mir so viel Freude bereitet hat, genommen wurde.«

Auch viele bereichernde Aktivitäten wie ein geplantes Gap-Year, Auslandssemester, Exkursionen und Praktika mussten kurzfristig abgesagt werden und konnten häufig später nicht mehr nachgeholt werden; Prüfungen wurden verschoben oder abgesagt, vor festgelegten »Präsenz-Prüfungsterminen« (unter strengsten Hygiene- und Testbedingungen) litten die Studierenden zum Teil wochenlang unter der Angst, sich vorher noch mit Corona zu infizieren und deswegen an den Prüfungen nicht teilnehmen zu können. Insbesondere für Studienanfänger*innen war der Wegfall der unter sozialen Aspekten so wichtigen Kennenlern- und Orientierungsveranstaltungen schwierig; auch diese Veranstaltungen fanden nur online statt. Viele Erstsemester-Studierende fanden unter diesen Bedingungen gar nicht ins Studium hinein und brachen auch wieder ab.

Einige Vorteile im Lockdown wurden von manchen Befragten darin gesehen, sich beim Lernen zurückziehen zu können und nicht das Gefühl haben zu müssen, in ihrer Freizeit etwas zu »verpassen« (vgl. Kap. 4); eine meiner Befragten formulierte sogar explizit: »Endlich keine FOMO mehr.« Auch konnten online einige Freundschaften zu altbekannten Menschen in verschiedenen Städten vertieft werden, da eh – unabhängig vom Wohnort – »alles online lief«; manche sahen auch einen Vorteil darin, mehr Zeit für Outdoor-Sportaktivitäten und auch Kreatives entwickelt zu haben, weil viele Verpflichtungen und Termine wegfielen.

Glücklich konnten sich diejenigen schätzen, die liebe Mitbewohner*innen um sich herum hatten – gerade die Verbundenheit mit anderen hat ihnen in dieser Zeit sehr geholfen:

P., 26 J.: »Was mich vor allem gerettet hat war der Kontakt zu meiner Mitbewohnerin und der Austausch mit anderen mir sehr nahestehenden Personen.«

M., 28 J.: »Ich hatte Glück, dass ich in einem Wohnheim gewohnt habe und so immer noch relativ viele soziale Kontakte hatte. Als Gemeinschaft sind wir in dieser Zeit auch noch zusammengewachsen.«

L., 26 J.: »Ich glaube ich hatte unglaublich viel Glück, da ich mit meinen engsten Freundinnen zusammengewohnt habe und wir viel Zeit miteinander verbracht haben und durch diese intensive Zeit auch nochmal mehr zusammengewachsen sind.«

Insgesamt aber litten die meisten, vor allem die alleinlebenden jungen Leute doch sehr unter den fehlenden sozialen Kontakten und Aktivitäten. Manchen Studierenden half es, dann wieder in die Nähe der Eltern oder zu den Eltern zu ziehen.

L., 25 J.: »Ich fand sehr belastend, dass so viele öffentliche Orte geschlossen waren und man dadurch sehr isoliert war. 2020 wurde ich mit meinem Bachelor fertig und bin wieder in meine Heimatstadt gezogen. Ich war froh, dass ich dort noch Menschen kannte, sonst hätte ich große Probleme gehabt, neue Leute kennenzulernen.«

Zwei Jahre kaum »reale« Kontakte, kein Uni-Besuch, geschlossene Mensen und Bibliotheken, keine Sport- und Freizeitveranstaltungen, kein zufälliges Kennenlernen neuer Menschen, keine unbeschwerten Partys und Konzerte, kein Kino und keine Spielabende, keine Reisen, Praktika und Auslandsaufenthalte etc. – alles, was für heute ältere Menschen in diesem Alter selbstverständlich war, blieb den jungen Studierenden während der Coronazeit verwehrt. Es fehlte für lange Zeit vor allem die Unbeschwertheit, die doch in diesem Alter gegeben sein sollte. Nahezu zwei Jahre fand zudem kein Training sozialer Kompetenzen (in der Realität) statt, junge Menschen fühlten sich einsam trotz vorher guten sozialen Vernetztseins – das alles sind Dinge, die die jungen Menschen nachhaltig geprägt haben. Und die häufig von den älteren Generationen nicht gesehen werden.

L., 22 J.: »Die Pandemie hat mir alle möglichen positiven Verstärker genommen und ich habe immer noch nicht das Gefühl, mich davon erholt zu haben. Alles was man sich mit Anfang 20 erhofft, existierte einfach nicht mehr. Erst war ich wütend, weil ich das Gefühl hatte, ich und meine Generation existieren überhaupt nicht. Menschen brauchen Menschen, vor allem in Umbruchsphasen, das war aber irgendwie allen egal. In dieser Zeit haben sich sehr negative Gedankenspiralen bei mir verfestigt.«

Große Empörung löste daher eine Äußerung Winfried Kretschmanns in den sozialen Netzwerken im März 2021 aus. Bei einem Treffen mit jungen Studierenden in der Coronapandemie meinte er (sinngemäß) sagen zu müssen, die jungen Leute hätten ja nichts zu beklagen, es ginge ihnen ja schließlich sehr gut. Der Satz wird zitiert: »Vergleichen Sie Ihre Situation mit der anderer Menschen. Dann werden Sie sehen, dass es keinen Grund dafür gibt, depressiv zu werden.«[152]

Erschreckend ist aktuell, wie viele gerade junge Menschen trotz Impfungen Long-Covid-Symptome entwickelt haben – und jetzt auch diesbezüglich wiederum von der Gesellschaft alleingelassen werden. Der Arzt und Moderator Eckart von Hirschhausen macht in einer Dokumentation 2023 auf diese Menschen aufmerksam: »Wir haben eine neue Volkskrankheit in der Mitte der Gesellschaft ... Junge, gesunde Menschen sind aus ihrem Leben gerissen, haben schwerste körperliche Beschwerden und werden in unserem Gesundheitssystem brutal alleine gelassen.«[153]

Wissenschaftliche Studien und Umfragen bestätigen inzwischen die erhöhte psychische Belastung junger Menschen und gerade Studierender in der Coronazeit:

Nach einer Studie des Zentralinstituts für seelische Gesundheit in Mannheim litten viele junge Menschen in der Coronakrise unter großen Sorgen, Ängsten und depressiver Stimmung. 57 % von 666 befragten 16- bis 25-Jährigen waren belastet, 38 % mittel bis schwer. Mit zunehmendem Grad der sozialen Isolation von Freunden und Verwandten sei das Risiko einer psychischen Belastung immer größer geworden. Junge Menschen seien von den Einschränkungen stärker belastet gewesen als Ältere.[154]

Bei Befragungen der Universitäten Hildesheim und Frankfurt gaben 61 % der 7000 Teilnehmenden an, sich teilweise oder dauerhaft einsam zu fühlen. 64 % berichteten von psychischen Belastungen, 69 % von Zukunftsängsten. Auch vermissten sie Aufmerksamkeit und Unterstützung: 65 % äußerten während des zweiten Lockdowns im November die Einschätzung, dass ihre Sorgen eher nicht oder gar nicht gehört werden. »Ihr coronabedingter Verzicht auf Kontakte zu Freunden und Gleichaltrigen, organisierte Freizeitaktivitäten und Möglichkeiten der Selbstentfaltung wird demnach aus ihrer Sicht in der öffentlichen Debatte kaum thematisiert, geschweige denn anerkannt.«[155]

Bei Menschen, die ohnehin schon unter Depressionen litten, verstärkten sich diese durch die Pandemie.[156] Bei Menschen mit sozialen Phobien kam es durch die Kontaktbeschränkungen oft kurzfristig zu einer emotionalen Entlastung; für sie war es zunächst erleichternd, sich sozialen Kontakten nicht stellen zu müssen. Seit Ende der Kontaktbeschränkungen stellten sie jedoch fest, wie sehr sich ihre Ängste dadurch noch weiter verfestigt haben. Gerade bei jungen Menschen fehlen zwei Jahre sozialen Lernens und des Erwerbs sozialer Kompetenzen.

Die große Zahl der Anfragen, die seit Beginn der Coronazeit in psychotherapeutischen Praxen zu beobachten war, führte aufgrund der mangelnden Versorgungskapazitäten dazu, dass viele Hilfesuchende oft Monate auf einen Platz warten mussten; auch 2022 lagen die Patient*- innenanfragen in psychotherapeutischen Praxen immer noch 40 % über der Vor-Corona-Zeit, blieben also ähnlich hoch wie 2020 und 2021. Gebhard Hentschel, Bundesvorsitzender der DPTV, formuliert im April 2022: »Die hohe Nachfrage im letzten Jahr war leider kein vorübergehendes

Phänomen, sondern scheint sich zu stabilisieren. Der Leidensdruck durch Pandemie, Krieg und Klimakatastrophen kommt bei den Menschen an.«[157]

Gegen Ende der Pandemie, im Februar 2022 – psychisch noch kaum erholt von der Zeit und mit dem Wunsch, endlich wieder ein zumindest »etwas« unbeschwerteres Leben leben zu können – begann dann der Ukraine-Krieg. Viele meiner Gesprächspartner*innen berichteten mir, dass sie einige Tage wirklich verzweifelt waren, im Sinne eines: Was kommt denn jetzt noch alles für unsere Generation? Durch die zeitliche Überlappung der Krisen blieb keine Zeit zum »Atemholen«; das noch aus der Coronazeit bestehende Bedrohungserleben wurde »ohne Pause« durch ein neues bedrohliches Thema, die Angst vor dem Krieg und dessen Folgen, abgelöst bzw. fortgesetzt.

So schilderte z. B. N., 26 J.: »Ich hatte mein Examen nach langer Vorbereitung mit ganz viel Selbstdisziplin im Dez. 2021 in der Coronazeit geschafft, und war erschöpft, wollte endlich mal wieder etwas frei sein von Leistungsdruck und Anspannung, mich daran freuen, mal rausgehen – Dann verlängerte sich die Coronakrise noch weiter, und ich war selbst auch krank. Dann war ich gerade wieder fit und wollte mit meinem Leben wieder starten, da kamen im Febr. 2022 diese Nachrichten vom russischen Überfall auf die Ukraine, und Putin, der wie ein Wahnsinniger wirkte, und die ständigen Horrorszenarien, es werde vielleicht einen Atomkrieg geben. Das war zuviel! Da bin ich erst mal zusammengebrochen. Klimawandelt, Pandemie, jetzt auch noch ein Krieg: Was kommt da noch alles?«

Nach zwei Jahren Pandemie und den dadurch bedingten Einschränkungen waren viele der von mir Befragten psychisch erschöpft und angespannt, ihre Ressourcen angegriffen. Die Bedrohung durch einen Krieg in Europa kam dann noch als weitere schwere emotionale Belastung dazu. In der Trendstudie »Jugend in Deutschland« Sommer 2022 heißt es: »Die junge Generation ist vom Angriffskrieg Russlands gegen die Ukraine völlig überrascht worden und reagiert fassungslos auf die brutalen Übergriffe auf die Zivilbevölkerung. Das zeigt sich in dem ungewöhnlich hohen Wert von 68 % der Jungen, denen der Krieg Sorge bereitet. … Die Sorge vor einem Krieg in Europa schockiert die jungen Menschen … Der Krieg stellt alle ihre Zukunftsaussichten infrage und zerstört ihr bisheriges Sicherheitsgefühl. Die allermeisten von ihnen haben mit einer kriegerischen Zuspitzung in Europa nicht gerechnet und fühlen sich ohnmächtig. Die Kriegsangst setzt ihnen vermutlich auch deshalb stark zu, weil sie die Auswirkungen der Corona-Pandemie immer noch spüren und als psychische Belastung empfinden ... Viele befürchten, dass ein Leben mit Angst vor dem Krieg zu einem Dauerzustand werden könnte.«[158] Aktuell verstärken die Folgen des Krieges, nämlich die Inflation, die Energiekrise und Preissteigerungen in nahezu allen Lebensbereichen, Zukunftsängste und erhöhen den psychischen Druck noch weiter.

Vor allem bei Menschen mit bestehenden Angststörungen verfestigten sich, auch durch die Flut der negativen Nachrichten, diese Störungen; Hilflosigkeits- und Ohnmachtserleben nahmen zu.
   Doch auch erneut gesellschaftliche Ungerechtigkeiten zu erleben, z. B. mitzuerleben, wie trotz aller Teuerungen wieder keine zeitnahe finanzielle Unterstützung bei ihnen ankam, frustrierte die von mir befragten jungen Menschen. Geradezu fassungslos machte viele, dass große internationale Energieunternehmen wie z. B. BP und Shell im November 2022 stolz ihre Milliardengewinne aus der Energiekrise seit dem Ukraine-Krieg verkünden konnten, während die gesamte Bevölkerung und sie selbst unter den hohen Energie- und Lebensmittelpreisen litten. Dass der Staat auch in solchen Krisensituationen nicht in der Lage ist, z. B. in Form einer »Übergewinnsteuer« solche Gewinne abzuschöpfen, um sie zum Wohl aller zu verwenden, erschütterte ihr Vertrauen in die Politik weiter.

Studien zeigen, dass die Zuversicht, die junge Menschen heute für ihr Leben haben, unter der Last der aktuellen Krisen sinkt. Die bereits erwähnten Trendstudien Sommer 2022 und Winter 2022/2023, Umfragen an einer repräsentativen Stichprobe von 14- bis 29-Jährigen, die im März und im Oktober 2022 durchgeführt wurden, bestätigen die zunehmende Verschlechterung der psychischen Gesundheit und die zunehmend geringere Zufriedenheit mit der eigenen psychischen Situation bei jungen Menschen als Folge des »Dauerkrisenmodus«, in dem sie sich seit einigen Jahren befinden. Der Blick in die Zukunft falle bei ihnen zunehmend negativer aus; die Zuversicht der jungen Generation »bröckle«. Beängstigend seien, so die Studienautoren, insbesondere die ernstzunehmenden Symptome Hilflosigkeitserleben und Suizidgedanken, die bei den Teilnehmenden noch einmal zugenommen hätten: 16% der jungen Befragten litten bei der Studie vom Winter 2022/2023 unter Hilflosigkeit, 10% unter Suizidgedanken. Bei einer großen Minderheit der jungen Generation seien die Belastungen inzwischen so stark und anhaltend geworden, dass gezielte fachliche Hilfe und Unterstützung eingeleitet werden müsse, schlussfolgern die Autoren.[159]

In seinem Artikel dazu schreibt der Journalist Jörg Ratzsch: »Die junge Generation leidet unter der Last von vielfältigen Krisen. Die Einschränkungen aufgrund der Corona-Pandemie hinterlassen in der Psyche der Jugend dramatische Langzeitspuren. Gleichzeitig verdüstert sich der Blick in die Zukunft unter dem Eindruck von Klimakrise, Krieg und Inflation zu einer unbequemen Gewissheit, dass die Wohlstandsjahre hierzulande vorbei sind.«[160] Und seine Kollegin Sarah Lena Grahn formuliert dazu: »Inflation, Krieg und Klimawandel. Diese Krisen gehen nicht spurlos an jungen Menschen in Deutschland vorbei.« Die Studie zeige: Die Zuversicht habe, trotz Besserung der Corona-Lage, nicht zugenommen. Im Gegenteil: Der Blick in die Zukunft verdüstere sich. Es zeichne sich die Gewissheit ab, dass die Wohlstandsjahre vorbei seien, weil Lebensqualität, wirtschaftliche Lage, gesellschaftlicher Zusammenhalt und politische Verhältnisse als deutlich schlechter empfunden würden als noch einige Monate zuvor.[161]

Auch andere Umfragen belegen, dass die Jugend Europas tatsächlich immer pessimistischer in ihre Zukunft blickt. So ergab z. B. eine vom Meinungsforschungsinstitut YouGov im Auftrag der TUI-Stiftung im März 2023 durchgeführte Befragung bei mehr als 7000 Menschen zwischen 16 und 26 Jahren (in Deutschland, Großbritannien, Frankreich, Spanien, Italien, Griechenland und Polen), dass 52% von ihnen denken, dass es ihnen zukünftig schlechter gehen werde als ihren Eltern. Im Jahr 2017 gaben von den Befragten speziell in Deutschland noch 64% an, eher oder sehr optimistisch auf ihre persönliche Zukunft zu blicken. 2023 sagten das nur noch 56% der jungen Leute in Deutschland.[162]

Auch Mediziner warnen aufgrund einer aktuellen DAK-Studie vor wachsenden Zukunftsängsten bei jungen Menschen. Die Krisen der letzten Jahre hätten nachhaltig negative Auswirkungen auf die Lebenszufriedenheit junger Menschen – auch bereits auf Jugendliche – die sich in Zukunftsangst manifestiere, so der Präsident des Berufsverbandes der Kinder- und Jugendärzte, Thomas Fischbach. Immer mehr junge Menschen zwischen 15 und 17 Jahren mussten in den letzten Jahren (nach Analyse der Krankenhausdaten von 2018 bis 2022) stationär wegen psychischer Störungen behandelt werden. Neben Pandemie und Ukraine-Krieg spielten Angst um die wirtschaftliche Zukunft und den Planeten eine Rolle. Generell lägen die sozio-psycho-emotionalen Störungen auf hohem Niveau. »Das ist absolut beunruhigend«, findet Fischbach.[163] Und Andreas Storm, Vorstandschef der DAK formuliert: »Die anhaltenden Krisen hinterlassen tiefe Spuren in den Seelen vieler junger Menschen, wobei die aktuellen Krankenhausdaten nur die Spitze des Eisbergs sind.«[164]

Zusammenfassung

Die Krisen unserer Zeit belasten insbesondere junge Menschen und ihre Zukunftsperspektive sehr. Die Coronakrise hat bei ihnen tiefe Wunden hinterlassen und schon vorhandene Probleme wie Überforderungserleben, depressive Stimmungen, Zukunftsängste, Selbstzweifel, soziale Ängste und Einsamkeitserleben verstärkt. Der Angriffskrieg auf die Ukraine hat ihr Sicherheitserleben sehr erschüttert und das schon seit der Coronakrise verstärkte Bedrohungserleben in Bezug auf ihre Zukunft noch weiter fortgeführt. Bei vielen politischen Entscheidungen wurden ihre Anliegen dennoch auch hier übergangen; viele fühlen sich – ebenso wie bei ihren Anliegen in Bezug auf die Klimakrise – von der Gesellschaft und der Politik nicht wahrgenommen und verlieren angesichts der Vielzahl der Bedrohungen zunehmend ihre Zuversicht für ihre Zukunft.

Anregungen zur Reflektion

Wir alle als Gesellschaft sollten uns fragen: Wie können wir es schaffen, die Bedürfnisse und Anliegen junger Menschen besser wahrzunehmen und bei politischen Entscheidungen zu berücksichtigen? – insbesondere was die Klimakrise

8 Real gewordene Dystopien (Coronakrise, Ukraine-Krieg ...)

betrifft, die ihre grundlegende Lebensperspektive in Frage stellt, aber auch was die anderen »Krisen unserer Zeit« betrifft.

Die Coronakrise und auch der Ukraine-Krieg haben uns unvorbereitet getroffen. Was können wir aus diesen Krisen lernen, um auf zukünftige Krisen dieser Art besser vorbereitet zu sein und gute Entscheidungen für alle, auch für jüngere Menschen zu treffen? Hier bedarf es dringend einer wissenschaftlichen Aufarbeitung der Effekte – der positiven Wirkungen, aber auch der Schäden – der verschiedenen Coronamaßnahmen und eines Plans für zukünftige Krisen.

9 Ohnmachtserleben und Resignation: »keine Macht haben«, »sich nicht gesehen/gehört fühlen von den älteren Generationen«

»Politisch fühle ich mich nicht wahrgenommen. Es gibt so viele Anliegen junger Erwachsener, die in der Politik keine Berücksichtigung finden. Ich bin auf keinen Fall ein politikverdrossener Mensch, aber die letzten Jahre habe mir schon etwas den Glauben in Entscheidungen politischer Vertreter genommen. Mir ist bewusst wie Demokratie funktioniert, ich habe jedoch das Gefühl, dass Entscheidungen überwiegend getroffen werden, um die jetzige Generation nicht zu verärgern und Wählerstimmen zu verlieren. Ich habe kein Verständnis für die »Nicht-Beachtung« der Klimakrise. Ich habe das Gefühl, dass häufig nach dem Grundsatz gehandelt wird: möglichst keine Einschränkungen, ohne über die Folgen nachzudenken.« (H., 27 J.)

Dass immer mehr junge Menschen angesichts der auf sie zukommenden immensen ökologischen, ökonomischen und sozialen Herausforderungen und all der Krisen unserer Zeit große Zukunftsängste haben und mit immer weniger Zuversicht in ihre Zukunft blicken, dürfte in den vorherigen Kapiteln 6 bis 8 anhand zahlreicher Zitate der von mir Befragten bereits hinreichend deutlich geworden sein. Die zunehmend erschöpften Ressourcen unseres Planeten, der Klimawandel und die damit verwobenen weiteren ökologischen Krisen, die immer größere Schere zwischen Arm und Reich, finanzielle Sorgen und Wohnungsnot, die Pandemie, zunehmende kriegerische Auseinandersetzungen und die Zunahme von Rechtsextremismus und antidemokratischen Tendenzen nehmen vielen den Glauben an eine gute Zukunft.

Mit Blick auf all diese Herausforderungen drohen manche zu verzweifeln und zu resignieren. Sie geben die Hoffnung auf, ihre Zukunft selbst gestalten zu können. So schreibt z. B. H., 25 J.: »Ich bin extrem ängstlich und desillusioniert, was die Entscheidungen und den Umgang der Politik und Gesellschaft mit Klimawandel, Kriegen und Rechtsextremismus angehen. Ich fühle mich hilflos. Auch in die Zukunft blicke ich eigentlich nicht, weil ich das Gefühl habe, es wird sie für uns jungen Leute nicht mehr geben oder in einer sehr veränderten Form, für die ich gerade eh nichts vorsorgen könnte, weil sie so ungewiss ist.« Und an anderer Stelle: »Ich plane nicht mehr, wegen meiner Hoffnungslosigkeit bezüglich der Zukunft. Deshalb konzentriere ich mich nur noch auf meine jetzigen Projekte.« Und B., 27 J., formuliert: »Ich fühle mich ängstlich und hoffnungslos für die Zukunft, aufgrund von Ungewissheit (Klimawandel, Krieg, gesellschaftliche Entwicklungen). Zufrieden mit mir selbst, wenn ich mich anstrenge im Sinne von überrede zufrieden zu sein. Grundsätzlich fühle ich mich getrieben ins Nirgendwo, cope damit, mir meine Privilegien bewusst zu machen.«

Zu Resignation und Hoffnungslosigkeit beitragen kann vor allem das Gefühl, aus eigener Kraft nicht wirklich an der Situation etwas verbessern zu können: das Gefühl der Ohnmacht bzw. mangelnden Selbstwirksamkeit. Dieses Gefühl der Ohnmacht wird als sehr quälend beschrieben; so sagt z. B. auch T., 24 J.: »Das Schlimmste für mich ist das Gefühl: Ich habe keine Hoheit über mein Leben, keine Entscheidungsmacht. Ich kann mich der Zeit nicht entgegenstellen.« Und D., 29 J., formuliert: »Für mich geht es darum, das Gefühl zu haben, dass meine Zukunft nicht mehr in meiner Hand liegt, dass ich sie nicht mehr selbst gestalten kann – unabhängig welche Pläne ich schmiede. Ich kann zwar für mich planen, aber ich weiß: Wenn es mit unserer Gesellschaft so weiter geht (finanziell, Wohnen, Rente, Klima, Naturkatastrophen, Krieg, gesellschaftliche Spaltung) wie bisher, wird es nicht gut.«

Doch nicht nur die Anforderungen und Krisen unserer »aus den Fugen geratenen Welt« führen zu großem Ohnmachtserleben beim Blick in die Zukunft. Dazu kommt der Umgang mit diesen Krisen und mit den Zukunftsanliegen junger Menschen in Politik und Gesellschaft. Viele der

9 Ohnmachtserleben und Resignation

jungen Erwachsenen, die ich gesprochen habe, *wollen* irgendetwas tun, das die Gesellschaft befördert und das dazu beiträgt, zukünftige Bedrohungen wie z. B. den Klimawandel abzuwehren. Sie versuchen bereits, z. b. nachhaltiger zu leben; einige sind auch bereits politisch aktiv. Wenn sie jedoch Ideen für gesellschaftliche Veränderungen entwickeln und diese einfordern, fühlt sich dieser Kampf wie ein »Kampf gegen Windmühlen« an; sie fühlen sich von den älteren Generationen und den jetzigen Entscheidungsträgern nicht gesehen und nicht gehört und bei manchen Entscheidungen (wie z. b. auch in der Coronakrise) schlichtweg von der Politik übergangen.

Zudem fühlen sie sich unverstanden. Statt ihre bisherigen Leistungen und die immensen Belastungen, die sie in unserer Leistungs- und Optimierungsgesellschaft zu tragen haben, anzuerkennen, schallen ihnen im öffentlichen Diskurs oft pauschalisierende Vorurteile entgegen wie dass sie einfach nur »nicht belastbar« und »zu verwöhnt und privilegiert aufgewachsen« seien (vgl. auch Kap. 6). Man kann sich vorstellen, wie zynisch diese Äußerungen für manch junge Menschen wirken müssen und wie sehr sie ihre Verzweiflung noch verstärken können. Oft hören sie auch von Älteren: »Wir hatten in unserem Leben doch auch unsere Sorgen und haben es schließlich doch auch geschafft.« Insbesondere durch den letztgenannten Aspekt fühlte sich einer meiner jungen Patienten, der unter einer schweren Depression litt, völlig überfordert: »Ich darf keine Schwäche zeigen, nicht klagen, muss mein Leben schaffen. Meine Eltern haben es schließlich auch geschafft.«

P., 26 J., merkt an: »Was mir an Kritik am System/Einschätzung zu den weltweiten Bedrohungen/Einstellung zu Institutionen/klimafreundliches Verhalten im Alltag etc. entgegnet wurde von den älteren Generationen reicht von Verständnis und dem Wunsch nachzuvollziehen bis hin zu persönlichem Angegriffenfühlen und Zurückweisung, oft auch mit dem Argument, ›meine Generation‹ sei nicht mehr so belastbar und spreche aus einer sehr privilegierten Sicht (was auch stimmt), wobei niemand ›von uns‹ bereit wäre, wirklich auf etwas zu verzichten. Bis zu einem gewissen Maß habe ich das Gefühl, dass ein Reflektionsprozess bei älteren Generationen oft fehlt und Kritik an den Strukturen, die unweigerlich ja auch von ihnen aufgebaut wurden und die uns ein so privilegiertes Leben ermöglichen, persönlich genommen wird. Das macht es schwer, sachlich zu diskutieren.«

Vor allem aber fühlen sich viele alleingelassen von den älteren Generationen, die sie nicht ausreichend bei der Sicherung ihrer Zukunft unterstützen (vgl. auch bereits die diesbezüglichen Zitate in Kap. 7):

M., 26 J.: »Ich habe oft das Gefühl, dass meine Sorgen und Ängste von der älteren Generation nicht wirklich wahrgenommen werden.«

L., 25 J.: »Ich finde die ältere Generation ignorant. In meiner aktivistischen Laufbahn sind mir schon oft Menschen begegnet, die mir grinsend sagten, sie würden das ja ›alles nicht mehr miterleben.‹ Ich finde das egoistisch. Ich habe das Gefühl, die ältere Generation setzt sich zu wenig für die jüngere ein, dabei sind sie diejenigen, die an den Entscheidungshebeln sitzen und dieses System mitgestaltet haben. Ich finde meine Generation wird zu sehr alleingelassen. Viele der FFF sind selbst unter 30 Jahre alt, stecken noch im Studium und damit nicht in den relevanten Positionen, um politisch wichtige Entscheidungen zu treffen. Außerdem muss man sich ja nur mal in der Stadt umschauen. Die vielen Autos und SUVs, die immer größer werden. Besser kann man ein ›ist mir doch egal‹ an meine Generation doch gar nicht ausdrücken.«

N., 26 J., formuliert: »Ich fühle mich oft ohnmächtig, weil ich das Gefühl habe, dass die Anliegen unserer Generation von der Politik nicht wirklich gehört werden. Doch es ist kein Wunder, dass unsere Interessen nicht gehört werden. Wir wohnen ja in einem alten Land. Und natürlich wählt jeder Mensch im Endeffekt für sich, so ist es ja auch gedacht. Von älteren Menschen zu fordern, dass sie die Probleme der jüngeren Generation mitdenken müssen, ist wahrscheinlich schwierig, aber wohl dringend nötig! Es ist schwer auszuhalten: Sofort schreien alle nur auf, wenn sie von minimalen Komforteinschränkungen hören. Man kann aber nicht über Hitzewellen und Waldbrände klagen – und gleichzeitig weiter in den Urlaub fliegen und Grillfeste mit riesigen Fleischmengen feiern.«

In der Tat haben die jungen Generationen keine demokratische »Macht«, sie sind in unseren demokratischen Institutionen ja auch kaum vertreten: 80 % der Deutschen sind über 25 Jahre alt. 75 % der Deutschen sind über 40 Jahre alt. Die wahlberechtigten Menschen unter 25 machen nur 6 % aus und die wahlberechtigten Menschen unter 40 nur 22 %.[165] Junge Menschen können also in unseren demokratischen Institutionen ihre Interessen gar nicht angemessen aus eigener Kraft vertreten – sie sind auf die Unterstützung der Älteren angewiesen. Im aktuellen Deutschen Bundestag sind von den 736 Politiker*innen nur 70, die den Geburtsjahrgängen 1990 und jünger angehören (also 33 Jahre und jünger sind), also nicht einmal 10 %.[166]

Und N., 26 J., schreibt dann weiter in Bezug auf den Klimawandel: »Ich kenne auch viele gerade Ältere, die sagen ›Mein Leben betrifft der Klimawandel ja gar nicht mehr so sehr.‹ Das ist leicht zu sagen, wenn man nur noch 20 Jahre zu leben hat. Das ist aber eine ganz andere Sache, wenn man sein ganzes Leben noch vor sich hat. Und wenn man Kinder kriegen möchte. Was ist mit unseren Kindern? Die sind 2050 gerade einmal 20–25 Jahre alt. Sollen sie als Soldat*innen in irgendwelchen Verteilungskämpfen um Wasser, Wohnraum, Nahrung dienen müssen? Sollen sie in einer von faschistischen oder sonstigen Gruppen zerstörten und nicht mehr funktionierenden Demokratie leben?«

B., 29 J., formuliert: »Ich selbst kann nur begrenzt etwas gegen diese Bedrohung unternehmen, weil ich denke, dass es bei unserem System scheitert … Die älteren Generationen nehmen den Klimawandel nicht ernst – der betrifft diese auch nicht mehr groß. Die Politik handelt immer nach dem Willen der größten Wählergruppe – die ist also gar nicht so an Zukunftslösungen interessiert.«

Und P., 22 J., sagt: »Es »lohnt sich« wohl nicht für die Politiker, für junge Leute Politik zu machen, weil sie dann wieder abgewählt werden von den Ü-60igern, die einfach mehr Stimmen haben als wir. Viele Sachen, die man jetzt machen müsste, sind unpopulär. Da fühle ich mich schon oft hilflos.«

9 Ohnmachtserleben und Resignation

N., 28 J.: »Ich fühle mich einerseits ohnmächtig und andererseits überfordert. ... Ich fühle mich von der Politik nicht vertreten. Ich habe das Gefühl, dass sie den Ernst der Lage nicht verstanden haben.«

G., 27 J.: »Was mich ankotzt ist die Politik – Geld regiert die Welt – die müssten einfach so viel beschließen. Und natürlich ist es eine Umstellung für die Menschen (z. B. 120 auf der Autobahn oder keine innerdeutschen Flüge mehr, Bahnnetz ausbauen und billiger, Massentierhaltung verbieten, öffentlichen Nachverkehr mehr supporten ...), aber man gewöhnt sich an alles!!!«

S., 28 J., würdigt immerhin die aktuellen Bemühungen der Grünen in der Regierung und formuliert: »Ich habe das Gefühl, unsere Sorgen werden schon mehr gehört, weil immer mehr Menschen in der Politik sie sehen. Es ist aber unglaublich nervtötend zu sehen, dass diese im Zweifel am Ende durch die Koalitionsparteien ignoriert werden, um noch ein wirtschaftliches Interesse durchzudrücken.«

Und A., 27 J., äußert auch Verständnis für die Politiker*innen: »Ich bin sehr froh, in einer Demokratie zu leben. Für Politiker*innen sind diese Zeiten sicherlich auch nicht leicht ... Manchmal bin ich trotzdem wütend auf das System und verstehe nicht, dass wichtige Dinge so schleppend vorangehen.«

Bei dem Gefühl, sich nicht gehört zu fühlen von den älteren Generationen, nehmen einige meiner Befragten ihre Eltern explizit aus, sagen z. B. wie H., 27 J.: »Von meinen Eltern fühle ich mich schon gehört und verstanden. Ich kann mich hier gut mit ihnen austauschen. Politisch fühle ich mich nicht wahrgenommen.« Oder L., 24 J.: »Ich merke, dass meine Mutter sich Mühe gibt bezüglich einer nachhaltigeren Lebensweise. Insgesamt bin ich aber von der Ignoranz und dem Egoismus der älteren Generationen frustriert.«

Und andere betonen, dass auch durchaus in *ihrer* Generation Menschen sind, die ihre Anliegen nicht unterstützen, absolut unpolitisch sind und auch nicht für ihre eigene Zukunft eintreten: So sagt S., 29 J.: »Die ältere Generation ist nicht besonders hilfreich, meiner Meinung nach. Aber fairerweise muss gesagt sein, dass die junge Generation auch nicht immer viel besser ist.« Und J., 28 J., sagt: »In meiner Generation sind Leute auch lethargisch, unpolitisch und liberal bzw. nur fokussiert auf ihren eigenen Alltag und sehen nicht dessen Verwobenheit und die Zusammenhänge.«

Immer mehr junge Aktivist*innen begegnen der Tatsache, dass sie in ihren Forderungen nach einem rascheren Handeln der Politik bei der Abwehr der auf uns zukommenden Klimakatastrophe zu wenig Gehör finden, damit, dass sie neue Wege erdenken, wie Gesellschaft und Politik wachgerüttelt werden könnten. Dabei überschreiten sie auch manch rote Linie – wie die Aktiven der »Letzten Generation« mit ihren spektakulären Aktionen seit Ende 2022.

Solche Aktionen stoßen verständlicherweise auf viel Kritik, auch durchaus bei klimabewegten Menschen, die die berechtigte Sorge haben, dass solche Aktionen die so wichtige gesellschaftliche Akzeptanz für den Kampf gegen den Klimawandel eher zerstören als fördern. Auch wenn man mit den Maßnahmen im Einzelnen nicht einverstanden ist oder sie verurteilt: Es wird deutlich (und das wird bei der Bewertung der Protestformen dieser Gruppe oft übersehen), wie verzweifelt, wie zutiefst verzweifelt diese jungen Menschen sein müssen. Sie riskieren körperliche Verletzungen und Strafanzeigen, um ihre Zukunft zu retten. Sie fühlen sich nicht gehört und fragen sich: Warum passiert so wenig? – Wo doch klar ist, dass so viel getan werden muss!

Dabei haben sie die wissenschaftlichen Fakten auf ihrer Seite (vgl. Kap. 7): Die aktuellen Szenarien sämtlicher weltweit führender Wissenschaftler laufen auf eine Katastrophe hinaus, wenn wir nicht deutlich stärkere Gegenmaßnahmen ergreifen als bisher. Und das ist keine »Endzeitrhetorik« und kein »apokalyptisches Schwarzmalen«, wie Kritiker*innen gerne behaupten, sondern aktueller wissenschaftlicher Konsens: Wenn wir in dem gleichen Tempo wie bisher versuchen, gegen den Klimawandel anzugehen, wird das nicht reichen und es läuft auf ein 3-Grad-Szenario hinaus, das eine Katastrophe für die gesamte Menschheit bedeuten würde. Natürlich sind auch wissenschaftliche Modellierungen in Bezug auf den Klimawandel immer mit einer gewissen Unsicherheit behaftet; sie beruhen auf statistischen Vorhersagen, bei denen berechnet wird, mit welcher Wahrscheinlichkeit bestimmt Szenarien eintreffen können. Unvorhersehbare Faktoren, Ereignisse oder Entwicklungen könnten theoretisch noch »Wunder« im positiven Sinne bewirken. Aber unsere Welt ist eine Welt der Wahrscheinlichkeiten, und auf dieser Grundlage handeln wir tagtäglich. Würden wir nicht auch, wenn die Notfalllampe unseres Autos aufleuchtet und anzeigt, dass die Bremsen nicht mehr richtig funktionieren, sofort eine Werkstatt aufsuchen? Oder würden wir einfach weiterfahren und auf ein Wunder hoffen?

Die Aktivist*innen der »Letzten Generation« verstoßen auf spektakuläre Art gegen Regeln und gehen dabei persönlich hohe Risiken ein, um Aufmerksamkeit zu erzielen und die Dringlichkeit ihres Anliegens, bei dem sie sich nicht gehört fühlen, deutlich zu machen. Dieses Vorgehen hat in der Geschichte des zivilen Ungehorsams eine lange Tradition. Sie deswegen als »Terrorist*innen« und »Verfassungsfeind*innen« zu diskreditieren und ihren Protest zu kriminalisieren, ist weder klug noch hilfreich und schadet unserem demokratischen Rechtsstaat. Wieso sollten »harmlose« Forderungen wie ein Tempolimit von 130 km/h auf Autobahnen und ein früherer Ausstieg aus fossilen Energien demokratiegefährdend sein? Ihre Forderungen sind in keiner Weise radikal und definitiv nicht demokratiefeindlich. Die aktuellen ökologischen Krisen zeigen: Viele der schädlichen Entwicklungen des Klimawandels sind schon jetzt nicht mehr rückgängig zu machen. Die Aktivist*innen sind fest davon überzeugt, dass in wenigen Jahren – wenn der Klimawandel seine volle verheerende Wirkung entfaltet – »nicht *sie* als die »Klimaterrorist*innen«[167] dastehen werden, sondern all jene, die nicht gehandelt haben, als dies noch möglich war.« Hierher stammt auch der Name, der auf ein Zitat des früheren US-Präsidenten Barack Obama zurückgeht: »Wir sind alle die letzte Generation, die den Klimawandel noch aufhalten kann.«[168]

Felix Peter formuliert pointiert: »Während die Wissenschaft in starkem Konsens ... immer deutlicher vor einem unumkehrbaren Fortschreiten multipler miteinander verschränkter menschengemachter ökologischer Krisen warnt ..., verharrt der Großteil der Menschheit in einem Zustand, der diese Krisen überhaupt erst möglich gemacht hat: einem hegemonialen neoliberalen Kapitalismus, der die Zerstörung unserer Lebensbedingungen vorantreibt ... und selbst vor einer Negierung naturwissenschaftlicher Realitäten keinen Halt macht.«[169]

9 Ohnmachtserleben und Resignation

Eine meiner Gesprächspartner*innen (G., 25 J.) formulierte ihr Lebensgefühl in diesem Bild: »Ich fühle mich wie in einem Hochgeschwindigkeitszug, der mit voller Geschwindigkeit auf eine Abbruchkante zufährt. Es wird kräftig daran gearbeitet, die Fahrgeräusche zu minimieren, die Geschwindigkeit noch weiter zu optimieren, die Bequemlichkeit der Sitze (zumindest für einige wenige) und den Service im Speisewagen zu verbessern – doch keiner hört die Rufe derjenigen die sagen: »Zieht die Notbremse! Wir rasen auf einen Abgrund zu!« Im Gegenteil: Sie werden als ›linke Spinner‹ und ›Terroristen‹ abgewertet und belächelt ...«

Ist es da so wenig nachvollziehbar, dass viele junge Menschen verzweifeln und glauben, zu drastischen Maßnahmen greifen zu müssen?

Neben dem »Nichtgehört-Werden« von Gesellschaft und Politik führt auch die tägliche Flut vor allem negativer Nachrichten sowie die zunehmende Verbreitung von Falschinformationen und Verschwörungstheorien in den sozialen Medien bei vielen jungen Menschen zu Ohnmachtserleben und Resignation; dies wurde bereits in Kapitel 4 beschrieben (vgl. diesbezüglich auch die sog. »Medienvermeider«).

N., 26 J., schreibt z. B.: »Die Flut der negativen Nachrichten aus aller Welt lässt einen sich hilflos fühlen. Natürlich kann man Hoffnung haben. Aber die gilt es sich im Angesicht der negativen Nachrichten erst einmal zu erarbeiten, das fordert viel Kraft.«

Und P., 22 J., formuliert: »Ich kann alleine nichts machen. Ohnmacht und Verdrossenheit werden bei mir immer stärker. Die negativen Nachrichten reißen nicht ab und verfolgen einen geradezu. Ich versuche es ab und zu alles auszublenden, sonst werde ich verrückt.«

Auch P., 28 J., schreibt, er habe nach der Coronakrise aufgehört, Medien (Nachrichten, Talkshows) zu konsumieren: »Meiner Meinung nach macht die ständige Berichterstattung die Menschen verrückt.«

Die Medien (sowohl die Print- wie auch die digitalen Medien) tragen hier eine hohe Verantwortung, der aktuell nicht alle immer gerecht werden. Es scheint manchen leichter (und ist eher im Geschäftsinteresse), mit reißerischen, dramatischen, eher negativen Überschriften und Themen (sowie mit der Darstellung extremer Minderheitenmeinungen) die Aufmerksamkeit der Leser*innen zu gewinnen und in Social Media »Screentime« zu generieren, als ausgewogen und sachlich von Ereignissen zu berichten, jede Einzelmeinung einem »Faktencheck« zu unterziehen oder gar auch positive Entwicklungen aufzuzeigen. Medien können ihre Leser*innenzahlen eher steigern, wenn sie Formulierungen wählen, die emotionale Reaktionen hervorrufen; vor allem negative Nachrichten werden eher gelesen als positive. Fatal ist, wenn so Minderheitenmeinungen zu neuen »Wahrheiten« hochstilisiert werden, Wissenschaftler*innen oder Politiker*innen ohne jegliche Beweise diskreditiert werden oder auch fahrlässig irgendwelche angeblichen »Studien« benannt werden, ohne dass deren empirische Datengrundlage und ihr wissenschaftlicher Hintergrund überprüft wurde. Viele junge Menschen sind sehr besorgt bezüglich der gesellschaftlichen Spaltungsprozesse und einer möglichen Destabilisierung unseres demokratischen Systems durch die zunehmende Verbreitung von Verschwörungstheorien und gezielten Desinformationen, auch durch die russische Einflussnahme auf Social-Media-Plattformen wie Telegram, und wünschen sich mehr Regulierung. Auch hier haben sie aber keine »Macht« bzw. keine Möglichkeit, dies aus eigener Kraft zu ändern.

N., 26 J., formuliert: »Ich spüre eine große Ohnmacht, nicht nur weil ich es nicht schaffe, weniger Zeit auf den sozialen Medien zu verbringen, als ich eigentlich will, sondern auch Ohnmacht auf gesellschaftlicher Ebene, wenn ich sehe, dass in den sozialen Medien fast unreguliert Verschwörungstheorien oder falsche Fakten verbreitet werden. Angesichts der Silicon Valley Riesen fühlt man sich jedoch hilflos. Wenn die Unternehmen selbst es nicht schaffen oder wollen, ihre Algorithmen entsprechend anzupassen, sie aber auch nicht von einzelnen Staaten oder z. B. der Europäischen Union dazu gezwungen werden, was kann man dann als einzelner gegen sie ausrichten? Alle sozialen Medien löschen und dadurch abgeschnitten sein von einem wichtigen Aspekt im Leben junger Menschen?«

Dazu kommt die »erschlagende« Komplexität der Zusammenhänge in nahezu allen Lebensbereichen unserer digitalisierten und globalisierten

9 Ohnmachtserleben und Resignation

Welt, die bei vielen jungen Menschen ebenfalls Ohnmachtserleben und Resignation verstärken kann (vgl. diesbezüglich auch Kap. 5). Es entsteht der Eindruck, keine Macht mehr über das eigene Leben zu haben, willkürlich irgendwelchen Bedingungen ausgesetzt zu sein, gegen die die Einzelnen nichts tun können.

T., 24 J., formuliert: »Es ist alles so *viel!* Das Leben ist so zerfasert, unübersichtlich, diese Komplexität erschlägt mich und führt dazu, dass ich mich oft ohnmächtig fühle. Es gibt so viele Widersprüche z. b. in den Nachrichten, die nicht aufgeklärt werden, die ich als einzelner kaum aushalten kann. Es gibt so viele komplexe Zusammenhänge, die ich als einzelner nicht verstehen kann. Es gibt so viele gesellschaftliche Gruppen, Akteure, Institutionen, die alle was zu sagen haben und über mein Leben entscheiden. Wo soll ich da ansetzen, wenn ich etwas ändern will? Lohnt sich das überhaupt?«

G., 25 J., sagt: »Aufgrund der Globalisierung ist alles mittlerweile vernetzt und verwoben. D. h., dass gesellschaftliche, politische und wirtschaftliche Zusammenhänge extrem kompliziert geworden sind, was schon zu Ohnmachtserleben führen kann.«

Und N., 26 J., stellt die Frage, wie sie sich überhaupt Gehör schaffen könnte (z. B. mit ihrer Forderung nach einer besseren Regulation der Tech-Konzerne) und ob es sich in unserer globalisierten Welt überhaupt lohnt, sich in Deutschland für etwas einzusetzen: »Was kann ich überhaupt tun, wenn die Entscheidungen doch eher von großen Unternehmen und Konzernen weltweit und nicht von unseren Politiker*innen selbst getroffen werden? Bringt es überhaupt etwas, wenn ich auf eine Demonstration hier in Deutschland gehe und fordere, dass unsere demokratisch legitimierten Politiker etwas gegen Fake News unternehmen und die Tech-Konzerne in die Pflicht nehmen sollen? Oder werden die Entscheidungen sowieso nur noch z. B. von Mark Zuckerberg, Elon Musk oder Jeff Bezos getroffen? Wie funktioniert politische Mitbestimmung, wenn sich die Macht auf wenige Einzelne konzentriert, die häufig noch nicht einmal durch Wahlen demokratisch legitimiert wurden? Wenn ich … (aber) in meiner Kommune sage, dass Facebook doch bitte Fake News regulieren soll, ist das doch ein Witz. Und selbst der Bund kann da ggf. nicht viel machen. Und wo beschwere ich mich dann? In die USA fliegen und bei Mark Zuckerberg anklopfen?«

Die Umgangsweisen mit dem Gefühl der Ohnmacht können sehr unterschiedlich sein. Manche, wie die Aktivist*innen der Letzten Generation, greifen zu drastischeren Maßnahmen, um sich Gehör zu verschaffen. Manch andere resignieren: »Ich kann ja eh nichts ändern. Es lohnt sich nicht, sich einzusetzen« oder »Es ist eh schon zu spät.« Manche lenken sich von ihrem Ohnmachtserleben in der »realen« Welt ab, indem sie sich in Rollen oder Identitäten in der virtuellen Realität flüchten, in denen eher Erfolgserlebnisse herstellbar sind (z. B. beim Gaming oder in den Social Media). Manche verdrängen das Gefühl und alle Gedanken an die Zukunft, weil es schwer aushaltbar ist, und fokussieren sich nur noch auf ihren gegenwärtigen Alltag.

Häufig ist in diesem Zusammenhang auch zu beobachten, dass junge Menschen gerade aus dem Gefühl der »Unkontrollierbarkeit« ihres eigenen Lebens heraus auch ihre Optimierungs- und Selbstoptimierungsanstrengungen noch verstärken (und sich damit noch mehr überfordern und erschöpfen). Sie tun das, was sie »in der Hand haben« und bei dem sie aus eigener Kraft messbare Erfolgserlebnisse haben (gute Noten im Studium erhalten, ihre Karriere verfolgen, beim körperlichen Training über Fitnesstracker jeden Tag Fortschritte erkennen, weniger essen und dabei messbar sehen, wie das Gewicht abnimmt etc.). Die Optimierung wird hier zu einem »Versuch der Kontrolle in einer als unkontrollierbar erlebten Welt«. Roger Willemsen formuliert in seiner »Zukunftsrede« (sinngemäß), unser Optimierungsdrang und unsere Arbeit seien das Medium, das uns vor der Betrachtung der Existenzfragen, vor der Sichtung der Bedrohungen und damit auch vor Ohnmacht bewahrt.[170]

Gleichzeitig raubt die Optimierung dann aber auch die Zeit und Energie, die z. B. für ein politisches Engagement notwendig wäre. N., 26 J., schreibt: »Wir konzentrieren uns stark auf uns selbst. Wir optimieren uns bis zum Geht nicht mehr und kommen abends nach Hause und sind so erschöpft von der Selbstoptimierung, dass wir gar keine Kraft mehr haben, uns für irgendwas zu engagieren. Stattdessen schalten wir die Nachrichten aus und gucken den nächsten Netflix Film ...«

9 Ohnmachtserleben und Resignation

Wieder andere bewältigen ihr Ohnmachtserleben und ihre große Verunsicherung angesichts ihrer Zukunft mit immer noch mehr Konsum (von Kleidung, Reisen, immer top-aktuellen Smartphones und technischen Geräten etc.); immer noch mehr Konsum wird hier zur Kompensation für ein immer noch größeres Ohnmachts- und Unsicherheitserleben und trägt fatalerweise ja auch eher zu einer weiteren Erhöhung der Bedrohung bei.

»Gesünder« wäre es – ganz ähnlich wie es bereits bei dem Gefühl der Angst in Kapitel 7 beschrieben wurde – bewusst mit dem Gefühl der Ohnmacht umzugehen, d. h. es bewusst wahrzunehmen, sich darüber mit anderen auszutauschen und kreative Ideen zu entwickeln, wie ein Handeln gegen die empfundene Bedrohung doch noch möglich ist (auch wenn es nur ein ganz kleiner Beitrag ist), um sich in kleinen Schritten, am besten in Verbundenheit mit anderen, wieder als selbstwirksam erleben zu können.

Dabei stellt vor allem das Erleben von Verbundenheit mit anderen einen wichtigen Beitrag zur eigenen Resilienz dar: zu hören, dass es anderen Menschen ähnlich geht, dass sie ähnliche Sorgen und Probleme haben, dass der/die einzelne eben nicht allein ist, aber auch das Erleben, wie beflügelnd und kraftgebend ein *gemeinsames* Handeln sein kann, können manche vor Resignation bewahren.

N., 26 J., hat für sich die folgende hilfreiche Einstellung gefunden: »Ich glaube, dass der Aspekt aktiv sein, handeln etc. sehr wichtig ist. Aber dabei ist es vielleicht wichtig, nicht immer vom Ergebnis her zu denken – das ist oft zu frustrierend – sondern sich zu sagen: Es kommt nicht darauf an, was ich heute mit meinem Aktivismus erreiche. Sondern eher sich sagen: Ich engagiere mich, weil es richtig ist, weil ich überzeugt davon bin, und auch weil es mir Spaß macht (Ja, es darf Spaß machen!) und weil ich die Leute mag, mit denen ich das tue. Die Tätigkeit an sich ist das Ziel. Das Ergebnis ein Sahnehäubchen. Das versuche ich mir zumindest in vielen Lebensbereichen zu sagen.«

Zusammenfassung

Viele junge Menschen fühlen sich insbesondere von den älteren Generationen und von der Politik unverstanden in Bezug auf all die Belastungen und Stressoren, denen sie in der heutigen Welt entgegenstehen. Oft begegnen ihnen Vorurteile. Vor allem aber fühlen sie sich bezüglich ihres Anliegen, eine lebenswerte Zukunft aufbauen zu können, nicht gehört und alleingelassen. Manche empfinden eine starke Ohnmacht und stehen kurz davor zu resignieren. Andere überschreiten Regeln im Sinne des zivilen Ungehorsams, um Aufmerksamkeit zu erzielen und auf die Dringlichkeit ihrer Anliegen hinzuweisen. Wieder andere konzentrieren sich noch mehr als schon zuvor auf ihre Optimierung und ihren Konsum, um das Gefühl der Ohnmacht nicht spüren zu müssen. Das beste Mittel gegen Ohnmacht ist jedoch – ähnlich wie bei der Angst – aktiv zu werden und sich dadurch wieder als selbstwirksam empfinden zu können.

Anmerkungen zur Reflektion

Ich möchte hier keinem »Generationenstreit« das Wort reden. Ich halte den Begriff auch nicht wirklich für weiterführend, denn es gibt auch innerhalb der »Generationen« eine große Unterschiedlichkeit: Es gibt unter den jungen Leuten durchaus auch viele, die sich nicht für ihre Umwelt und für Politik interessieren, nur auf sich selbst fokussiert sind, viele der Bedrohungen nicht ernstnehmen und sich entsprechend auch nicht engagieren. Und ebenso gibt es auch unter den Älteren zahlreiche, die die Gefahren sehen und sich durchaus für die Zukunftsfragen der Jüngeren einsetzen. Tatsächlich gibt es aber viele ältere Menschen, denen einfach gar nicht bewusst ist, unter welchem immensen Druck heute junge Menschen stehen und denen auch nicht bewusst ist, dass sie in unseren demokratischen Institutionen kaum vertreten sind und dringend ihre Unterstützung brauchen. So sagten einige meiner älteren Bekannten spontan, als ich von diesem Buch erzählte: »Mir war gar nicht klar, welche Last auf diesen jungen Menschen heute liegt und wie anders sie heute doch aufwachsen und aufgewachsen sind als Menschen in unserem Alter!« und »Mir war auch nicht klar, wie sehr unsere

9 Ohnmachtserleben und Resignation

Generation mit ihrem Lebensstil zu den heutigen Problemen der jungen Menschen beigetragen hat.« Manche fangen an nachzudenken: Wie bin ich eigentlich aufgewachsen? Was war damals prägend? Was war belastend? Aber auch leichter, unbeschwerter? Wie sah die Welt noch vor 20 oder 30 Jahren aus? Und brauche ich wirklich all das, was ich mir jetzt im Rentenalter verdient zu haben glaube? (teure Fernreisen, ein großes Auto, Leben in einem großen Haus mit Garten, Konsum und materiellen Besitz in jeglicher Form ...) Es wäre schön, wenn dies Buch dazu beitragen könnte, dass die »Generationen« – wir alle – diesbezüglich mehr miteinander ins Gespräch kämen, statt sich gegenseitig mit pauschalisierenden Urteilen und Schuldzuweisungen zu begegnen.

10 Was hilft? Was tun? Hoffnung gebende Ideen und gesellschaftliche Visionen

Die ständige Bewertungs- und Vergleichskultur, in der junge Erwachse heute in unserer auf fortdauernde Selbstoptimierung und Leistungssteigerung ausgerichteten Gesellschaft aufwachsen (und in der auch zukünftige Generationen aufwachsen werden, wenn wir nichts ändern), bringt viele an den Rand der Erschöpfung und untergräbt ihr Selbstwertgefühl und ihre Lebensfreude. Der »Dauerkrisenmodus«, dem sie nun schon seit einigen Jahren ausgesetzt sind, nimmt ihnen zunehmend ihre Zuversicht für ihre Zukunft.

Ich habe in den bisherigen Kapiteln versucht, das Spannungsfeld zu beschreiben, in dem daher junge Menschen heute leben: zwischen ständigem Optimierungsdruck und den hohen Anforderungen unserer Wachstums- und Leistungsgesellschaft einerseits (Kap. 2 bis Kap. 5) und dem Ausblick auf eine bedrohte Zukunft aufgrund der aktuellen globalen und gesellschaftlichen krisenhaften Entwicklungen andererseits (Kap. 6 bis Kap. 9). Beides mündet bei vielen heute jungen Menschen in einer hohen psychischen Belastung.

Die dadurch ausgelösten Empfindungen reichen von dem Gefühl, »nie gut genug« zu sein, negativen Selbstbewertungen, Versagensängsten und der Angst vor negativen Bewertungen durch andere, Überforderungserleben und Erschöpfung, Prokrastination, Vereinzelung und Einsamkeitserleben, Sinnlosigkeitserleben, Identitätskrisen, Unzufriedenheit mit dem eigenen Körper, Zukunftsängsten, finanziellen und materiellen Sorgen, bis hin zu dem Gefühl einer durch den Klimawandel und die Krisen unserer Zeit reduzierten Zukunftsperspektive, Ohnmachtserleben und Resignation.

Viele der heute 20- bis 30-Jährigen sind psychisch am Ende ihrer Kräfte. Wenn ca. 30 bis 40 % von ihnen psychische Probleme berichten und 25 %

(und das ist eine niedrige Schätzung aus den vorhandenen Krankenkassendaten und Umfragen)[171] an ernstzunehmenden und behandlungsbedürftigen psychischen Störungen (wie Angststörungen und Depressionen) leiden, dann ist das zu viel – und kann nicht als »Privatsache« der einzelnen Individuen angesehen werden.

So schreibt auch die 22-jährige L. verzweifelt: »Ich bin erschöpft, weil es irgendwie nie reicht, was ich tue und ich auch gar nicht weiß wofür. Mich erschöpft ... dieser irre Anspruch an meine Generation, ohne dass jemand Verantwortung für unsere psychische Gesundheit übernehmen möchte.«

Was hilft? Was tun?

Ich möchte hier zunächst wieder einige junge Erwachsene zu Wort kommen lassen. Auf die Fragen: Was gibt Dir Kraft? Was gibt Dir Halt? Was schützt Dich vor Resignation? benannten die von mir befragten jungen Menschen nahezu alle – neben Sport und Aufenthalten in der Natur – vor allem andere Menschen: ihre Familie, Partner*innen, ihre Wohngemeinschaft, Freund*innen. Deutlich wird wieder einmal, wie wichtig die Verbundenheit mit anderen Menschen gerade in unserer heutigen krisenhaften Zeit ist.

S., 28 J.: »Kraft geben mir meine Freunde! ... Das gibt mir Energie und ich hoffe, dass ich denen auch Energie geben kann.«

M., 26 J.: »Meine Beziehung zu meinem Partner gibt mir Kraft. Es beruhigt mich, dass ich nicht alleine durch die kommenden Herausforderungen muss und jemanden habe, mit dem ich mein Leben planen kann.«

L., 26 J.: »Mein soziales Umfeld vor allem, sprechen und ganz viel emotionaler Austausch.«

G., 27 J.: »Mir gibt meine WG-Familie ultraviel Kraft, Halt, Sinn, Lebensfreude ...«

10 Was hilft? Was tun?

Und auf die Fragen: Was würdest Du Dir für unsere Welt/unsere Gesellschaft wünschen? Wie könntest Du in unserer Gesellschaft wieder mehr Hoffnung und Zuversicht finden? Was wäre für Dich eine Vision für eine Gesellschaft, für die es sich einzusetzen lohnt? nannten fast alle den Wunsch nach einer solidarischeren, gerechteren und nachhaltigeren Gesellschaft, in der sie mit ihren Anliegen mehr gehört werden.

H., 27 J.: »Ich würde mir wünschen, dass jüngere Menschen politisch endlich ernster genommen werden. Ich möchte, dass der Ernst der Klimakrise erkannt und danach gehandelt wird. Ich wünsche mir, dass der Drang der Menschen, immer der/die Beste zu sein, endlich aufhört. Ich würde mir wünschen, dass kapitalistisches Denken von mehr Menschen kritisch gesehen wird. Warum ist es so unabdingbar, dass die Wirtschaft immer weiter wächst? Was ist so schlimm daran, mit dem, was man hat, zufrieden zu sein? Ich wünsche mir, dass in vielen Systemen Chancengleichheit neu gedacht wird. Es gibt sie zur Zeit nämlich nicht, und ich frage mich, was so schlimm daran wäre endlich dafür zu sorgen ... Ich stelle mir eine Gesellschaft vor, in der Zusammenhalt (definitiv nicht im Sinne rechter Gesinnung) und Gerechtigkeit ein hohes Gut sind ...«

L., 27 J., schreibt u.a. »Die Politik muss notwendige Maßnahmen zum Klimaschutz ergreifen. Ich würde gerne in einer von Solidarität geprägten Gesellschaft leben, in der Menschen nicht um ihre Existenz fürchten müssen.«

S., 29 J., wünscht sich: »Alles was mit Ausbeutung und Selbstbereicherung zu tun hat, muss verschwinden. Und ich glaube, dass sich eine gesündere Gesellschaft entwickelt, wenn der Fokus auf dem Boden liegt und nicht jeder nach den Sternen greift. Es muss wieder mehr Gemeinsinn her. Hinterfragt gehören Selbstverständlichkeiten wie Gewinnmaximierung, Machtverhältnisse, Besitzansprüche, ... Lebenssinn und -ziel, ...«

M., 24 J.: »Für die Gesellschaft/die Welt würde ich mir ein gutes, friedvolles Miteinander wünschen, in dem man sich um die Anderen kümmert und in dem sich jeder Mensch auf Augenhöhe begegnen darf. Alle Menschen müssten erkennen, dass wir Gäste auf dieser Erde sind und uns auch so verhalten sollten.«

B., 29 J.: »Ich wünsche mir eine Politik, die sich mehr auf die Zukunftsplanung konzentriert und nicht nur bis ans Ende ihrer Legislatur denkt. Unsere Gesellschaft muss resilienter werden gegenüber Fakenews und wieder zusammenfinden.«

Was können wir also als Gesellschaft – was können *wir alle* tun, um junge Menschen in ihren Wünschen zu unterstützen? Was können wir tun, damit sie ihre Zuversicht für ihr Leben bewahren können und ihre Zukunft in unserer Gesellschaft für sie lebenswert bleibt?
Dafür gibt es sicherlich keine Patentrezepte und keine einfachen Lösungen. Während meiner Recherchen und meiner zahlreichen Gespräche mit jungen Menschen sind mir jedoch einige Ideen und Gedanken begegnet, für die es sich einzusetzen lohnen könnte. Einigen möchte ich hier Raum geben.

Verbesserung der Lebensbedingungen für junge Menschen und ein langfristigeres Denken bei politischen Entscheidungen

Ganz kurzfristig wäre – angesichts der großen finanziellen Sorgen und Ängste, mit denen heute junge Menschen in ihr Leben starten und ihrer zum Teil prekären Lebensverhältnisse (vgl. Kap. 6) – eine echte und schnelle Verbesserung ihrer Lebensbedingungen notwendig, insbesondere durch die Schaffung von genügend bezahlbarem Wohnraum für Studierende und Auszubildende, aber auch durch eine bessere finanzielle Absicherung durch unser Sozial- und Gesundheitssystem in Not- und Krisenzeiten, gerade in den Studien- und ersten Berufsjahren. Zudem sollten Praktika angemessen bezahlt werden und Arbeitsverträge für Berufseinsteiger*innen (wie z.B. auch Volontariate, Referendariate, Promotionsstellen) fairer gestaltet und die Arbeit auch so entlohnt werden, dass junge Menschen damit ihren Lebensunterhalt bestreiten können.

Des Weiteren sollten wir uns für eine Überprüfung aller zukünftigen politischen Entscheidungen auf ihre Konsequenzen für zukünftige Generationen einsetzen, damit deren Bedürfnisse nicht weiterhin schlichtweg übergangen werden können (vgl. Kap. 9). Entscheidungen, die nicht generationengerecht sind, dürften nicht mehr zulässig sein. Der deutsche Ethikrat fordert nach der Coronapandemie 2022 mehr Solidarität und Gerechtigkeit für junge Menschen; wichtig sei, so Stephan Rixen als Mitglied des Ethikrates, dass die junge Generation »eine gesetzlich gesicherte Stimme« bekomme.[172] Das Bundesverfassungsgericht forderte 2021 in seinem Urteil Generationengerechtigkeit beim Klimaschutz. Ebenso wäre bei allen Entscheidungen bezüglich unseres Sozial- und Rentensystems Generationengerechtigkeit und ein Schutz der Jüngeren angebracht.[173] Dennoch: Trotz aller Forderungen geschieht hier noch zu wenig. Zwar rief die Bundesfamilienministerin im Dezember 2022 mit 130 Erstunterzeichner*innen ein »Bündnis für die junge Generation« ins Leben. Dieses besitzt jedoch (noch) keinerlei Befugnisse oder Handlungsmacht.

Neue Werte und Normen für unser Zusammenleben und ein neues Menschenbild

Darüber hinaus wäre es an der Zeit, als Gesellschaft in eine grundsätzliche Wertediskussion zu kommen und dabei auch neue Formate und Räume für die Beteiligung junger Menschen an einer diesbezüglichen Diskussion zu schaffen. Wir sollten uns darüber Gedanken machen, wie wir zukünftig – in einer Welt mit begrenzten Ressourcen – zusammenleben wollen. Und wie wir eine lebenswerte Zukunft für die nachfolgenden Generationen in dieser Welt erhalten können. Dazu müssten wir uns über grundlegende Normen und Werte wie Verbundenheit und Solidarität, Gerechtigkeit und Freiheit austauschen und über unser Menschenbild, aber auch darüber, wer in unserer Gesellschaft über was bestimmen sollte.

Verbundenheit

Gerade das Erleben von Verbundenheit mit anderen Menschen ist ein existentielles Grundbedürfnis. Wie hoffnungsgebend und stärkend dieses Erleben für junge Menschen sein kann, zeigt sich in vielen Zitaten der von mir Befragten. Das Erleben von mehr Verbundenheit, ein neues »Wir-

10 Was hilft? Was tun?

Gefühl« wäre auch in unserer gesamten Gesellschaft eine wichtige Ressource – vielleicht sogar die wichtigste – im Umgang mit den auf uns zukommenden Menschheitsbedrohungen. Doch unser jetziges Gesellschaftssystem basiert nicht auf einem guten Miteinander und Verbundenheit, sondern auf Konkurrenz.

Luise Reddemann, mittlerweile 80-Jährige, sehr renommierte und erfahrene Psychotherapeutin und Ärztin, formulierte anlässlich eines Kongresses der Deutschen Gesellschaft für Verhaltenstherapie im März 2023 und angesichts der Beschäftigung mit all den Krisen unserer Zeit: »Das Thema Verbundenheit ist in den letzten Jahren durch neoliberale Gedanken wie selbstverständlich aus dem Blick geraten.« Es gelte nur noch das »Ich«, »Denk an Dich«. Menschen bräuchten aber ein »Da- und Mit-Sein«, was ja auch in der Psychotherapie ein bedeutendes Heilmittel sei. Die Fähigkeit zu lieben, sich um andere zu sorgen, Mitgefühl zu haben gehöre zum Menschsein. Und sie fragt: »Können wir es uns immer noch leisten, uns ausschließlich vom Neoliberalismus bestimmen zu lassen?«[174]

Ein neues Menschenbild

Unmittelbar daran schließt sich die Frage nach unserem Menschenbild und die Frage, nach welchen Kriterien wir den Wert eines Menschen zukünftig bemessen wollen. Wollen wir uns weiterhin dem neoliberalen Appell nach einer ständigen Steigerung und Optimierung fügen – trotz all seiner schädigenden Wirkungen für unseren Planeten und unsere Gesellschaft, aber auch für unsere psychische Gesundheit und vor allem die der jüngeren Menschen? Wollen wir weiter in einer Kultur des ständigen Bewertens und Vergleichens leben, in der wir alle in Konkurrenz zueinander stehen und dadurch zu »Getriebenen« werden? Und sollen auch zukünftige Generationen in einer Welt des Höher-Schneller-Weiter aufwachsen, in der sie stets in der Angst leben müssen, nicht »gut genug« zu sein, nicht »mithalten« zu können und ihren Wert als Mensch erst beweisen zu müssen? (vgl. Kap. 2 und Kap. 3). Als »Homo oeconomicus« sollen wir egoistisch nach unserer persönlichen Gewinnmaximierung (in Form von immer noch mehr Besitz und Konsummöglichkeiten) streben und dabei

Werte wie Solidarität und Verbundenheit mit anderen vermissen lassen. Wollen wir das tatsächlich? Macht uns das zufrieden und glücklich?[175]

Die gute Nachricht ist: Der Mensch scheint nicht so »egoistisch« zu sein, wie ihn unsere aktuellen Wirtschaftstheorien haben wollen. Er ist besser »als sein Ruf« – und »im Grunde gut«, wie der Historiker Rutger Bregman anhand von vielen Beispielen aus der Menschheitsgeschichte belegt. [176] Und eine weitere gute Nachricht ist: Menschen brauchen keinen immer weiter steigenden Konsum, um glücklich zu sein. Viele Studien belegen, dass sie ab einem bestimmten Wohlstandsniveau nicht mehr glücklicher werden, wenn sie immer noch mehr besitzen, sondern hier schnell eine Sättigung erreicht ist.[177]

Unser Verständnis von Freiheit

Auch unser Begriff von Freiheit müsste neu diskutiert werden.[178] Die Freiheit des Einzelnen endet da, wo sie die Freiheit anderer einschränkt. Und Menschen, die klimaschädlich handeln, schränken schon jetzt durch ihr Verhalten die Freiheit vieler Menschen in den von Klimaschäden betroffenen Regionen, vor allem auch in den ärmeren Ländern des globalen Südens, ein, aber beschneiden auch in erheblichem Maße die Freiheit aller zukünftigen Generationen, also auch die ihrer eigenen Kinder und Enkelkinder. Gerhard Reese, Professor für Umweltpsychologie an der Universität Landau, betont in einem Vortrag 2023[179], dass angesichts der Bedrohungen gerade durch die Klimakatastrophe Einschränkungen der »Freiheit« in Form von Regeln und Verboten durchaus hilfreich sein können; solche Regeln und Verbote seien der effektivste Weg, um kurzfristig Verhaltensänderungen bei möglichst vielen Menschen zu bewirken. Er nennt als Beispiele die Einführung des Rauchverbots in Innenräumen aus gesundheitlichen Gründen oder die Anschnallpflicht in Autos – beides Regeln, an die wir uns als Gesellschaft schnell gewöhnt haben und die innerhalb weniger Jahre zur Norm geworden sind, an die sich mittlerweile nahezu jede*r hält. Wieso sollte es dann nicht möglich sein, auch klimaschädliches Verhalten zu verbieten?

Doch mit der Begründung der »Freiheit des Einzelnen« werden bei uns immer wieder wichtige gesellschaftliche Entscheidungen verschoben oder aufgehoben, die der *Mehrheit* zugutekämen. Ist es nicht ein falsch verstandener Freiheitsbegriff, z. B. das Tempolimit auf deutschen Autobahnen nicht einführen zu wollen, weil doch der Einzelne frei entscheiden dürfen müsse, wie schnell er fahren möchte? Greife ich damit zu sehr in die »Freiheit« des Individuums ein? Und wieviel Prozent der Menschen würden wirklich »in ihrer Freiheit« beschränkt, wenn man Flüge innerhalb Deutschlands verbieten würde? Letztlich betrifft das nur 2 bis 4 % der Bevölkerung, die dann vielleicht kleine Abstriche in ihrer Bequemlichkeit akzeptieren müssten. Und auch ein Verbot von SUVs in den deutschen Innenstädten würde nur wenige treffen. Wie viele von uns benötigen wirklich SUVs? Und wieviel Prozent unserer Bevölkerung würde es treffen, wenn wir ab sofort z. B. Privatjets, Luxusyachten und touristische Weltraumflüge, die erhebliche CO_2-Emmisionen verursachen, schlichtweg verbieten würden? Gerade die sehr Reichen und Wohlhabenden haben in den letzten Jahren zu einem erheblichen Teil durch ihren Lebensstil den Klimawandel »befeuert«. Studien haben gezeigt, dass das reichste Prozent der Weltbevölkerung mehr Emissionen verursacht als die gesamte ärmere Hälfte der Weltbevölkerung. So tragen z. B. Privatjets zu Freizeit- und Businesszwecken auch maßgeblich dazu bei, dass lediglich 1 % der Weltbevölkerung für die Hälfte der gesamten Flugmissionen weltweit verantwortlich sind.[180] Als Beispiel nennt Maja Göpel Bill Gates, der einer Analyse zufolge durch seine Flugreisen im Jahre 2017 1.600 Tonnen CO^2 ausstieß; er habe damit allein durch seine *Flüge* (seinen sonstigen Konsum nicht eingerechnet) in *einem* Jahr das *Lebens*budget an CO^2 von 38 Menschen verbraucht – also alles, was sie für Heizen, Mobilität und Konsum noch ausgeben dürften, um die 1,5-Grad-Grenze nicht zu überschreiten.[181] Was wäre also so falsch an der Einführung von Kontingenten und Verboten, vor allem im Bereich des Konsums von Luxusgütern, die für alle gelten würden und aus denen sich niemand »herauskaufen« könnte?

Soziale Gerechtigkeit

Eng damit im Zusammenhang steht auch das Thema Gerechtigkeit. Die von mir befragten jungen Menschen wünschen sich nahezu alle eine solidarische und gerechtere Welt. Und damit ist nicht nur die oben bereits angesprochene Generationengerechtigkeit gemeint. Wir sollten uns fragen: Wie wichtig ist uns als Gesellschaft dieses Thema? Welche Regeln möchten wir uns diesbezüglich geben?

Welche Veränderungen wären z. B. in unserem Schulsystem möglich, in dem der Erfolg der Einzelnen immer noch sehr von ihrem sozioökonomischen Hintergrund bestimmt ist und in dem viele junge Menschen schon früh durch ständige Bewertungen und zu großen Leistungsdruck demotiviert und verunsichert werden? (vgl. Kap. 3). Wünschenswert wäre ein System, das junge Menschen in ihren individuellen Stärken fördert, sie auch in schwierigen Situationen motiviert, Zeit für die eigene Persönlichkeitsentwicklung lässt und auch eine gute erste berufliche Orientierung ermöglicht. Wünschenswert wäre es sicherlich auch, wenn Fächer mit mehr »Zukunftsrelevanz« in den Fächerkanon aufgenommen würden wie z. B. Medienkompetenz/Informatik, Ethik, Ökologie und Ökonomie, Gesundheit, Klimaschutz.

Und wie wollen wir als Gesellschaft weiter mit der aktuell immer größer werdenden Schere zwischen Arm und Reich, die bei uns in Deutschland vor allem durch die extreme Ungleichverteilung bei Besitz und Vermögen bedingt ist, umgehen? Es scheint nicht verantwortbar, z. B. ein Steuersystem beizubehalten, das zu immer noch größerer Ungleichverteilung führt. Selbst renommierte Ökonom*innen fordern hier dringend ein Umdenken im Sinne einer grundlegenden Steuerreform. Die Frage wäre durchaus zu stellen: Warum *dürfen* einzelne Menschen überhaupt so reich sein, dass sie Milliarden »besitzen«, während andere (aktuell in unserem Land vor allem Alleinstehende mit Kindern) selbst bei voller Erwerbstätigkeit ihren Lebensunterhalt nicht bestreiten können? Wieso lassen wir das als Gesellschaft zu? Wenn die sechs reichsten Personen unseres Landes mehr Vermögen besitzen als die ärmsten 40% der Bevölkerung zusammen (vgl. Kap. 6), ist das dann gerecht? Wie wäre es, wenn wir uns für Solidarabgaben der »Superreichen« einsetzen würden (allein in Deutschland gibt es laut Oxfam[182] 117 Milliardäre), die dann z. B. zur Finanzierung eines sozial gerechten Ausbaus einer Energieversorgung mit erneuerbaren Energien eingesetzt werden könnten? International könnte einiges geschehen, wenn die Weltgemeinschaft sich diesbezüglich einig wäre: Maja Göpel gibt eine Schätzung wieder, nach der international aktuell 8.2 Billionen (!) Dollar (das seien 10% des weltweiten Bruttoinlandsproduktes) von den vermögenden Menschen dieser Welt in Steueroasen versteckt seien, und formuliert die Frage: Was wäre, wenn dieses Geld weltweit für den Aufbau von Gesundheitssystemen, Bildungseinrichtungen, resilienter Landwirtschaft und erneuerbarer Energieversorgung für Menschen ohne viel Kaufkraft eingesetzt werden würde?[183] Und könnten nicht auch diejenigen (Einzelpersonen, aber auch Konzerne), die die meisten Schäden an unserer Umwelt anrichten, für diese Schäden haftbar gemacht werden und entsprechende Zahlungen leisten müssen?

Solche und ähnliche Fragen sollten wir alle uns stellen und dazu beitragen, egal ob jung oder alt, dass diese Fragen öffentlich diskutiert werden. Wir sollten durch einen umfassenden Diskurs darüber unsere Demokratie wiederbeleben und uns dann ggf. auch für Änderungen einsetzen. Vielleicht schließen sich ja auch viele der Älteren dem Wunsch junger Menschen nach einer solidarischeren, gerechteren und nachhaltigeren Welt an?

Neue Regeln, Ideen und Visionen für die anstehende Transformation unserer Wirtschaft und Gesellschaft

Die gute Nachricht ist hier: Ein Wandel wäre möglich, denn die Regeln, nach denen unser aktuelles Wirtschaftssystem funktioniert und die uns dadurch aufgezwungenen Normen und Automatismen, sind nicht »in Stein gemeißelt«: Sie sind veränderbar. Wir haben sie in den letzten Jahrzehnten selbst geschaffen. Warum sollten wir sie dann nicht auch erneut ändern können?[184]

Der Kabarettist Max Uthoff formuliert in einem Interview pointiert: »Es macht mich fassungslos, dass wir ein Wirtschaftssystem akzeptieren, das auf Ausgrenzung, Ausbeutung, Profitmaximierung, Selbstoptimierung basiert. Und mit welcher Überheblichkeit Teile der bürgerlichen Presse und viele Regierende und Wohlhabende das für selbstverständlich halten.«[185] Es gilt, diese Selbstverständlichkeiten zu hinterfragen und dies auch in die Öffentlichkeit zu bringen.

Verständlicherweise fällt es uns allen schwer, die Erzählung vom immerwährenden Wachstum, die lange Sicherheit bot, aufzugeben (vgl. Kap. 6). Das verunsichert, schürt vielleicht bei manchen sogar Ängste. Sie aufzugeben, bedeutet den Verlust der jahrelangen (Schein-)Perspektive, es könne immer so weiter gehen und mit immer mehr Wachstum werde es uns allen auch langfristig immer besser gehen. Doch dieses Versprechen hat sich als Illusion entpuppt und ist nicht einlösbar. Es gibt daher keine Alternative dazu, nach Alternativen zu suchen.

Wir brauchen für unsere Wirtschaft und Gesellschaft nun *neue* Ideen und Regeln, mit denen wir die ökologische, aber auch die soziale Transformation »stemmen« können – Ideen jenseits von Staatssozialismus und Turbokapitalismus, jenseits von überregulierenden Verbotsregimen und grenzenlosem Individualismus. Dabei geht es *nicht* darum, unser demokratisches System als solches in Frage zu stellen, sondern im Gegenteil: es wieder neu zu beleben! Es gilt vor allem, vieles von dem zurückzunehmen, was sich in den letzten 30 Jahren durch den Vormarsch neoliberaler Politik zum Unguten entwickelt hat. Die Politik sollte sich zukünftig nicht mehr darauf beschränken lassen, dem »freien« Markt« gute Rahmenbedingungen zu schaffen, sondern wir alle und auch die Politik sollten Regeln für eine Wirtschaft formulieren und eine Wirtschaft gestalten, die dem Wohle der *gesamten* Gesellschaft (und nicht primär dem weniger großer Konzerne, Unternehmen und Großaktionäre) dient. Und dabei sollten die ökologische und die soziale Frage immer zusammen bedacht und nicht gegeneinander ausgespielt werden. Der Weg in eine klimafreundliche, nachhaltige Zukunft und auch die Bewahrung unserer Demokratie kann nur gelingen, wenn wir diesen Weg sozial gerecht gestalten. Wie dringend dieses Zusammendenken ist, zeigt eine 2023 veröffentlichte Studie des Umweltbundesamtes, in der drei von vier Befragten erwarten, dass die Folgen des stärkeren Klimaschutzes die Schere zwischen Arm und Reich vergrößern werden. 39 % äußern die Angst vor einem sozialen Abstieg aufgrund des Umbaus. Unter den Befragten mit niedrigen Einkommen trifft das sogar auf die Hälfte zu.[186] Es kann nicht sein, dass Menschen sich in unserem Land Klimaschutzmaßnahmen, die doch ein gesellschaftliches Anliegen von uns allen sind, nicht leisten können.

Wieso sollte es nicht möglich sein, zu »wirtschaften« *ohne* ständiges Wachstum und *ohne* ständige Konsumsteigerungen? Wieso sollte es nicht möglich sein, den vorhandenen Wohlstand gerechter auf alle Menschen zu verteilen und gleichzeitig mit den restlichen verbliebenen Ressourcen unseres Planeten schonender umzugehen? Wenn sich dadurch auch das psychische Leid vieler junger Menschen reduzieren ließe – umso besser!

10 Was hilft? Was tun?

Ich bin keine Soziologin, Ökonomin, Politikwissenschaftlerin oder Klimaforscherin. Doch auch diesbezüglich sind mir im Laufe meiner Recherchen und Gespräche einige Ideen und Vorschläge begegnet, die vielleicht Teil einer Lösung sein könnten und die ich hier beispielhaft – ohne Anspruch auf Vollständigkeit und in Form von Fragen, die zum Nachdenken anregen sollen – wiedergeben möchte.

Wie wäre es z. B., wenn wir zukünftig – in Abkehr vom Narrativ des immerwährenden Wachstums – den »Wohlstand« eines Landes nicht mehr am sog. BIP (Bruttoinlandsprodukt), also am *materiellen* Wachstum messen würden, sondern an Kriterien wie Lebensqualität, Qualität der zwischenmenschlichen Beziehungen, Gesundheit, Bildung, Nachhaltigkeit und soziale Gerechtigkeit?

Und wie wäre es, wenn wir zukünftig mit weniger *materiellem* Konsum zufrieden wären, dafür aber nicht mehr mit voller Wochenstundenzahl arbeiten müssten, weil wir nicht mehr so viel Geld bräuchten, um all diesen Konsum zu finanzieren, und weil wir mehr tauschen, Gegenstände teilen und reparieren, Gebrauchtes nutzen und wiederverwerten würden? Einer Welt des »Zeitwohlstands«, in der wir dann alle nicht nur mehr Zeit für uns selbst, sondern auch für unsere Kinder und Partner*innen, ältere Menschen, Nachbarn und Freund*innen, aber auch für Muße, für Aufenthalte in der Natur, für Kunst und Kultur hätten. Vertreter*innen der sog. Postwachstumsökonomie[187] zeichnen das Bild vom guten Leben in einer zukünftigen Welt ohne Wachstum und mit weniger Konsum, in der es uns allen sogar besser gehen könnte.

Und warum sollte es nicht möglich sein, durch die zum Teil oben schon genannten Maßnahmen (konsequente progressive Besteuerung von Einzelnen und Konzernen, Klima-Solidarabgaben der sehr Reichen und Superreichen, Schließen von Steuerschlupflöchern, Haftbarmachung derjenigen Einzelpersonen und Konzerne, die die höchsten Emissionen verursachen, für die von ihnen angerichteten Umweltschäden etc.) reichlich Geld zur Verfügung zu haben, um den umweltgerechten Ausbau unserer Energieversorgung, unserer Mobilität, unserer Industrie und unserer Landwirtschaft zügig und vor allem auch sozial gerecht gestalten zu können?

Wie wäre es zudem, wenn wir den Bereich unserer Energieversorgung neu organisieren würden? Wie destruktiv z. B. ein gewinnorientierter

10 Was hilft? Was tun?

Energiesektor ist, verdeutlichen die aktuell explodierenden Energiekosten für uns alle, denen Milliardengewinne der großen Energiekonzerne gegenüberstehen. Wie wäre es z. b., wenn das Modell von Kommunen um sich greifen würde, die bereits jetzt in Eigenregie und mit Bürger*innenbeteiligung nicht-profitorientierte Solar- und Windkraftparks betreiben, deren Überschüsse dann wiederum in den Bau z. B. von Kitas oder Schulen fließen können?

Und warum sollte es nicht insgesamt auch möglich sein, Industrie und Unternehmen mehr zu Nachhaltigkeit und Gemeinwohlorientierung zu verpflichten und zukünftig mehr Unternehmensstrukturen zu schaffen (z. B. nicht profit-orientierte Genossenschaften, selbstverwaltete Betriebe, demokratisch organisierte kommunale Unternehmen, öffentliche Investitionsgesellschaften), in denen wir als Gesellschaft, Mitarbeitende und Bürger*innen mitbestimmen könnten, was getan wird?[188] Wie wäre es, wenn wir zukünftig die Wirtschaft als demokratisch bestimmt begreifen würden?

Und wäre es nicht auch eine interessante Idee, eine gute Versorgung bezüglich der wichtigsten Grundbedürfnisse für *alle* in unserer Gesellschaft herzustellen, indem wir für unsere »Daseinsvorsorge« relevante Unternehmen (nicht nur im Bereich der Energieversorgung, sondern auch in den Bereichen Wohnen, Mobilität, Gesundheitsversorgung) dem »Markt« entzögen? Sie könnten – wie es das Grundgesetz explizit erlaubt und eine Initiative in Berlin bereits mit großer Zustimmung einfordert – »vergesellschaftet« werden und in öffentliche Hände (z. B. als genossenschaftliche, kommunale oder landeseigene Strukturen) überführt werden. Sie wären dann dazu verpflichtet, für die Bedürfnisse der Bevölkerung zu produzieren, dürften keine Profite generieren und wären demokratisch kontrolliert.[189] Dadurch wäre dann langfristig eine günstigere und sicherere Grundversorgung der Bevölkerung in all diesen Bereichen möglich; so könnte die Vision eines »öffentlichen Luxus«[190] für alle Realität werden.

Und was konkret eine schnelle Senkung von klimaschädlichen Emissionen betrifft: Warum sollten nicht auch einige der oben bereits genannten Verbote und Kontingentierungen schnell eine große Wirkung erzielen können – und uns allen bei manchen Entscheidungen im Alltag auch ein nachhaltiges Leben erleichtern? Und warum könnten wir nicht auch ein früheres »Aus« für alle fossilen Brennstoffe und auch Verbrennungsmotoren fordern? Wie wäre diesbezüglich z. B. die Vision, die Automobilindustrie rasch in eine »Mobilitätsindustrie« umzuwandeln, die dann E-Autos, E-Busse, E-Kleinstfahrzeuge für Lieferdienste in den Innenstädten, E-Fahrräder, aber vielleicht auch Straßenbahnen und Züge herstellen würde? Damit könnte das Know-how der dort tätigen Techniker*innen, Ingenieur*innen und Arbeiter*innen genutzt werden und keine*r von ihnen müsste bei der Transformation unserer Gesellschaft in Richtung Klimaneutralität Angst um den Verlust seines Arbeitsplatzes haben.

Dies sind nur einige Beispiele von sicher noch sehr viel zahlreicheren kreativen Ideen für ein gerechteres und nachhaltigeres Wirtschaftssystem, die bisher nur wenig gesellschaftliche und mediale Aufmerksamkeit erhalten. Manches scheint visionär; manches wäre aber auch schon sehr kurzfristig umsetzbar. Doch der politische Wille zur Umsetzung fehlt. Dazu haben sich bestehende Macht- und Besitzstrukturen zu sehr verfestigt. Wir sollten diese Strukturen massiv kritisieren und in Frage stellen – wir haben keine andere Wahl. Schon Bertolt Brecht sagte einmal: »Wer will, dass die Welt so bleibt wie sie ist, will nicht, dass sie bleibt«. Junge Menschen – und auch wir alle – brauchen neue Visionen und Narrative für ein gelungenes und gutes Leben in einer Welt, deren Ressourcen definitiv begrenzt sind. Daran mitzuarbeiten und nach neuen Lösungen zu suchen – dazu möchte ich aufrufen. Für die Weiterbeschäftigung mit diesen Ideen möchte ich auf die entsprechende Literatur im Anhang verweisen.[191]

Eine stärkere Regulation der Tech-Konzerne und ein faktenbasierter, kritischer, aber konstruktiver Journalismus

Eine Hoffnung gebende Vorstellung zum Schutz der jüngeren Generationen, aber auch von uns allen, wäre es zudem, die großen Tech-Konzerne in ihren schädigenden Wirkungen auf die Einzelnen, aber auch auf ganze Gesellschaften (vor allem gesellschaftliche Spaltung und Verstärkung demokratiefeindlicher Tendenzen) stärker regulieren zu können. Erste Schritte wurden auf europäischer Ebene nun mit dem »Digital Service Act« (DSA), der am 25.08.2023 in Kraft trat, getätigt. Die Unternehmen müssen jetzt z. B. Gewaltaufrufe und Terrorpropaganda schneller als bisher entfernen. Auch müssen sie der EU-Kommission regelmäßig berichten, inwiefern ihre Plattformen etwa die psychische Gesundheit oder die Meinungsfreiheit gefährden. Inwieweit dies ausreicht, bleibt abzuwarten, denn es werden ja weiter Algorithmen eingesetzt, um die »screentime« der Nutzer*innen zu maximieren und damit Profite zu generieren. Hier könnte es eine Vision sein, irgendwann nicht-profitorientierte Plattform-Alternativen zu haben, wie sie Aktivist*innen in diesem Bereich schon seit Jahren fordern. Wir sollten versuchen, unsere Autonomie gegenüber diesen Medien zu bewahren und sie im Gegenteil mehr dazu nutzen, gesellschaftlich relevante Themen in einem *guten* Sinne zu diskutieren und dort eine neue Gesprächs- und Konfliktkultur zu entwickeln: eine Kultur des Zuhörens, Nachfragens, Verstehens, Abwägens und des gegenseitigen Respekts trotz unterschiedlicher Meinungen. Warum könnten nicht wir alle, die dort aktiv sind, versuchen, die sozialen Medien zu einem freundlicheren Ort zu machen?

Wünschenswert und Hoffnung gebend für junge Menschen wäre es auch, wenn sie in ihren Anliegen in journalistischen Formaten mehr »Gehör« fänden und gerade die Klimakatastrophe dabei – faktenbasiert – noch mehr in all ihren Zusammenhängen und ihrer Verwobenheit mit den anderen Krisen unserer Zeit (auch den negativen gesellschaftlichen Entwicklungen) präsent wäre. Und wenn bestimmte Medien sich zügeln würden in ihrer Wortwahl und der Diskreditierung von Menschen, die sich diesbezüglich engagieren. Wünschenswert wäre auch ein *konstruktiver* Journalismus, der uns – und vor allem junge Menschen – nicht täglich mit einer Flut von negativen Nachrichten »erschlagen« würde, sondern – falls vorhanden – auch ausgewogen über positive Entwicklungen und Lösungsansätze zu den genannten Themen berichten würde. Hier gibt es bereits einige gute Ansätze; sie könnten aber noch deutlich ausgebaut werden. Beispiele für einen solchen konstruktiven Journalismus sind – um hier nur einige herauszugreifen – das Online-Nachrichtenmagazin »Perspective Daily«, ein Podcast der »Zeit« mit dem Titel »Auch das noch?«, die Dokumentationsreihe »Gute Nachrichten vom Planeten« bei Arte oder auch die ZDF-Wissenschaftsserie »Leschs Kosmos«. Verschiedene kleinere Zeitschriftenmagazine von christlichen Herausgeber*innen wie »Publik-Forum«, »Frings« und »Chrismon« stellen zudem ebenfalls regelmäßig bewundernswerte Einzelne und Gruppen aus der ganzen Welt vor, die in

10 Was hilft? Was tun?

ihrem direkten Umfeld (ihrer landwirtschaftlichen Kooperative, in ihrem Stadtviertel oder in ihrer Schule oder auch auf politischer Ebene) kreative Ideen erfolgreich umsetzen. Natürlich gilt es hierbei nicht, falschen, naiven Optimismus zu verbreiten, der angesichts der Weltlage nicht angemessen ist. Aber es gilt, Mut zu machen und zu motivieren, nach Lösungen zu suchen, und es gilt, gute Ideen auch zu verbreiten.

Aus der kollektiven Lähmung und Starre heraus ins Handeln kommen

Wie die bisherigen Ausführungen zeigen, gibt es keine einfachen Lösungen für die Probleme unserer Zeit. Aber es gibt durchaus viele Ansatzpunkte und Forderungen, für die wir uns alle einsetzen könnten – die Jüngeren und auch alle älter als 30-Jährigen. Und statt in Ohnmachtserleben und Lähmung zu verharren, sollten wir handeln. Denn, wie ich in Kapitel 7 und 9 bereits beschrieben habe: Das beste Mittel gegen Angst und Ohnmacht ist ein Handeln gegen die wahrgenommene Bedrohung, um sich dadurch wieder als selbstwirksam erleben zu können.

Was speziell ein Engagement für den Klimaschutz betrifft, benennen Leah Dohm und Mareike Schulze in ihrem Buch »Klimagefühle. Wie wir an der Umweltkrise wachsen, statt zu verzweifeln.«[192] zahlreiche konkrete Handlungsmöglichkeiten. Für Menschen, die sich engagieren wollen, wird besonders empfohlen, sich einer Gruppe wie z. B. den FFF oder einer ihren verschiedenen Untergruppen (Parents for Future, Scientists for Future etc.) anzuschließen. Wir können uns aber auch in anderen Umweltorganisationen, Initiativen, politischen Parteien oder Gewerkschaften engagieren. Nach Gerhard Reese führt *gemeinsames* Handeln, wie z. B. die Planung von Aktionen mit anderen zusammen, zum Erleben *kollektiver* Wirksamkeit, was wiederum das eigene Selbstwirksamkeitserleben stärken kann.[193]

Dohm und Schulze machen Hoffnung, wenn sie beschreiben, wie sich auch langfristig soziale Normen in Richtung eines klimafreundlichen, nachhaltigen Verhaltens verändern können, wenn sehr viele von uns ihr individuelles Konsumverhalten ändern. Je mehr Menschen z. B. auf Flugreisen und Kreuzfahrten verzichten, möglichst wenig Auto fahren, sich vegan oder vegetarisch ernähren, sich in ihren Ansprüchen auf Wohnraum und Konsum beschränken und auch in ihren Wohngemeinschaften, Familien, Schulen, Universitäten, bei ihren Arbeitgebern klimafreundliche Maßnahmen anregen, desto mehr kann ein nachhaltiges Handeln zur sozialen Norm, zum »Mainstream«, zum neuen »kategorischen Imperativ« werden – und andere Menschen hätten das Bedürfnis, diesen neuen Normen ebenfalls zu entsprechen, um sich zugehörig und anerkannt zu fühlen.

Aber auch sie stellen ganz klar heraus: Noch wichtiger ist es, politisch aktiv zu werden und auf raschere gesamtgesellschaftliche, strukturelle Veränderungen hinzuwirken. Es könne jede*r dazu beitragen: Wir können mit vielen Menschen ins Gespräch kommen und sie zur Reflektion anregen. Wir können politische Aktionen planen oder daran teilnehmen. Wir können schriftlich unsere Meinung ausdrücken, indem wir z. B. Briefe an Abgeordnete unseres Wahlkreises schreiben, Petitionen starten und unterzeichnen oder auch in den Social Media klar Stellung beziehen. Wir können juristische Möglichkeiten ausschöpfen bzw. diesbezügliche Schritte vorbereiten helfen. Wir können an Demonstrationen teilnehmen, denn auch diese können eine große Wirkung entfalten. Und auch wenn wir nicht federführend in irgendeinem Bereich auftreten wollen und können, können wir viele Aktionen durch logistische Arbeit oder finanzielle Spenden unterstützen und z. B. auch unser Geld in nachhaltigen Projekten anlegen.[194]

Bei all diesen Handlungen gelte es, sich durch Misserfolge nicht frustrieren zu lassen und selbst kleine Erfolge zu »feiern«: Jedes Zehntel Grad weniger an Erderwärmung rettet Menschenleben durch weniger Dürren, weniger Hitzetote, weniger Überschwemmungen. Die Zeit dränge, doch jede*r habe immer noch viele Handlungsoptionen!

Und damit möchte ich zum Abschluss überleiten:

Was gibt den von mir Befragten Mut und Hoffnung? Es sind vor allem wieder auch die Menschen – zu wissen, mit den eigenen Sorgen und Ängsten nicht allein zu sein und zu sehen, dass viele sich schon einsetzen und engagieren.

M., 24 J., schreibt: »Mut machen mir tatsächlich Bewegungen wie ›Fridays for Future‹. Es fühlt sich gut an zu wissen, dass es viele junge Menschen gibt, die ähnlich zu denken scheinen und die ähnliche Sorgen und Ängste haben. ... Ich glaube fest daran, dass einzelne Menschen große Dinge bewirken können. Wenn jeder Mensch sich in seiner Lebensweise hinterfragen würde, hätten wir wahrscheinlich schon etwas gewonnen!«

Und P., 26 J., schreibt: »Mir macht es Mut zu erinnern, wie viele Menschen in unserer Gesellschaft Strukturen kritisieren und Probleme adressieren und erkennen, und ich mit alldem nicht alleine bin.«

Hoffnung und Kraft geben besonders Menschen, die sich bereits in bewundernswerter Weise engagieren und damit bereits Großes bewirkt haben – wie z. B. Greta Thunberg, die als 15-Jährige 2018 mit ihrem Schulstreik eine weltweite Bewegung auslöste, für die seither Millionen Menschen auf die Straße gegangen sind. Klimaschutz ist heute aus Politik, Gesellschaft und Wirtschaft nicht mehr wegzudenken; und auch der vorgezogene Kohleausstieg in Deutschland ebenso wie das Urteil des Bundesverfassungsgerichts 2021 zur Generationengerechtigkeit beim Klimaschutz wären ohne diese Bewegung wohl nicht zustande gekommen. Junge Menschen in den Fridays for Future (FFF) haben hier gemeinsam die Welt verändert und eine ungeahnte Macht entfalten können.[195]

Hoffnung geben auch die vielen anderen Menschen, die z. B. als Wissenschaftler*innen kluge Ideen entwickeln oder als Aktivist*innen kämpfen, um die Politik in den verschiedenen hier angesprochenen gesellschaftlichen Themenbereichen wachzurütteln.

Auch die Tatsache, dass der Klimawandel in der deutschen Bevölkerung heute so präsent ist wie nie zuvor, macht Hoffnung. Glaubt man Umfragen, so ist die Mehrheit der Deutschen sogar bereit, für notwendige Maßnahmen Einschränkungen hinzunehmen und zu verzichten. Demnach gilt es, parteiübergreifend eine Strategie zu entwickeln, um der Klimakrise angemessen begegnen zu können, was derzeit aber noch durch diejenigen Kräfte, die durch Geld und Macht von den bestehenden Strukturen profitieren, verhindert wird.

Prof. Claudia Kemfert vom Deutschen Institut für Wirtschaftsforschung (DIW) glaubt bezüglich des Kampfs gegen die Klimakrise dennoch, dass wir derzeit an einem Wendepunkt stehen und gerade jetzt die Chance zu einem echten Wandel besteht: »Trotz aller Probleme und Schwierigkeiten, trotz aller Rückschläge geht es in die richtige Richtung. Wir sind jetzt an einem Punkt angekommen, an dem es politisch kein Zurück gibt. Die ›Fridays‹ sind eine globale Bewegung geworden. Es gibt weltweit eine überwältigende Mehrheit für den Wandel. ... Wir brauchen grundlegende Veränderungen, einen echten Strukturwandel, eine neue industrielle Revolution. Wir müssen jegliches Wirtschaften auf Nachhaltigkeit und Klimaschutz ausrichten. Dafür brauchen wir einen bunten Strauß an Instrumenten aus Ordnungsrecht und ökonomischen Rahmenbedingungen. Die Politik muss diese Instrumente schaffen und zur Verfügung stellen, die Menschen müssen sie verantwortungsbewusst, kreativ und harmonisch einsetzen. Dann ist Klimaschutz nicht Verbot, Verzicht und Askese, sondern Freiheit, Selbstwirksamkeit und Spaß. Deswegen sollten wir uns nicht frustrieren lassen, wenn wir zu geringe Erfolge sehen. Es gibt sie! Wer müde wird, sollte eine kurze Pause machen und frische Kraft sammeln, um so schnell wie möglich zurückzukommen. Denn das Umsteuern ist in greifbarer Nähe. Wir sind an einem Wendepunkt. Jetzt besteht die Chance für einen echten Wandel. Und immer mehr machen mit. Darüber freue ich mich. Das gibt mir Kraft.« [196]

Doch auch, wenn wir manchmal nur wenig Hoffnung haben, dass unser Handeln erfolgreich sein wird: Wir sollten handeln! Wir sollten – wie auch schon meine Gesprächspartnerin N., 26 J., in Kapitel 9 formulierte – darauf vertrauen, das Richtige zu tun, ohne uns von der Ungewissheit des zu erwartenden Erfolgs lähmen zu lassen. Denn: Wenn wir *nicht* handeln führt dies zum größtmöglichen Misserfolg – Handeln bedeutet zumindest die *Chance* auf einen Erfolg.[197] Und dieses Handeln kann, gerade wenn es in Verbundenheit mit anderen geschieht, uns sogar stärken und Kraft geben.

Greta Thunberg beschreibt die Haltung, nicht auf »Hoffnung« zu warten, sondern Hoffnung durch das eigene Handeln zu *entwickeln*: »The one thing we need more than hope is action. Once we start to act, hope is everywhere. So instead of looking for hope, look for action. Then, and only then, hope will come.«[198]

Und meine Gesprächspartnerin N., 26 J., formuliert weiter: »Ich versuche, mir meine Hoffnung zu bewahren. Wenn das aber mal nicht klappt, hilft es mir zwischen Hoffnung und Zuversicht zu unterscheiden. Also einerseits dem Glauben, dass alles besser werden wird in unserer Welt und andererseits dem Glauben, dass zwar nicht zwingend alles besser werden wird, aber dass ich ... einen Weg finden werde, mit den neuen Gegebenheiten in der Zukunft zu leben und mich damit zu ›arrangieren‹. Ich glaube fest daran, dass wir uns für eine bessere Zukunft einsetzen müssen, aber ich glaube auch, dass wir auf unsere Anpassungsfähigkeit bauen müssen, dass das Leben in Zukunft zwar ganz anders sein wird als jetzt, aber dass es dann trotzdem noch lebenswert ist. Darauf vertraue ich.«

11 Persönliche Schlussbemerkung: Wehrt Euch!

Ich habe in diesem Buch die immensen gesellschaftlichen Belastungen und Anforderungen herauszuarbeiten versucht, denen sich heute 20- bis 30-Jährige gegenübergestellt sehen – und die sich deutlich von denen unterscheiden, mit denen ihre Eltern oder Großeltern in diesem Alter konfrontiert waren.

Dass die in zahlreichen Studien und Umfragen beklagte besorgniserregende Zunahme von psychischen Erkrankungen bei jungen Erwachsenen in den letzten Jahren mit den hier beschriebenen Belastungen und Stressoren (vgl. Kap. 2 bis 9) zusammenhängt, ist damit nicht wissenschaftlich »erwiesen«. Differenzierte wissenschaftliche Studien zu diesem Thema sind rar, und ich möchte sie hiermit auch explizit anregen. Der Zusammenhang ist für mich persönlich jedoch geradezu offensichtlich, denn die von meinen Befragten angesichts all dieser Belastungen geschilderten Empfindungen – von Erschöpfung, Verunsicherungen im Selbstwerterleben, massiven Zukunftsängsten bis hin zu Ohnmachtserleben und Resignation – stellen einen hohen Risikofaktor für die Entstehung schwerwiegender psychischer Störungen dar. Viele von ihnen sind am Limit, an ihren Grenzen.[199]

Meines Erachtens ergeht aus dem hier Dargestellten an uns alle als Gesellschaft der Auftrag, die Belastungen für junge Menschen schnellstmöglich zu vermindern und sie bei der Gestaltung einer für sie (noch) lebenswerten Zukunft zu unterstützen, wenn wir ihre psychische Gesundheit und die der nachfolgender Generationen schützen und erhalten wollen. Dazu gilt es, die Steigerungs-, Beschleunigungs- und Wachstumslogik unseres aktuellen Denkens und Wirtschaftens mit all ihren schädigenden Folgen für unseren Planeten, unsere Demokratie, aber auch gerade für die Psyche junger Menschen zu hinterfragen und zu überwinden.[200]

11 Persönliche Schlussbemerkung: Wehrt Euch!

Anregungen zur Reflektion der einzelnen Themen habe ich bereits am Ende der einzelnen Kapitel gegeben; einige Ideen, die Hoffnung geben könnten, habe ich in Kap. 10 formuliert.

Als Psychotherapeutin ist es mir dabei wichtig zu betonen, dass auf das einzelne Individuum bezogene Maßnahmen zur Steigerung ihrer »Belastbarkeit« hier zu kurz greifen. Natürlich können auf individueller Ebene z. B. Entspannungs- und Stressbewältigungskurse, Achtsamkeits- und Resilienztrainings und – bei schweren Leidenszuständen – auch eine Psychotherapie kurzfristig sehr hilfreich sein, und ich möchte deren Bedeutung für die einzelnen betroffenen jungen Menschen keinesfalls schmälern. Doch solche Maßnahmen lösen das Problem nicht und entlasten uns nicht von unserer gesellschaftlichen Verantwortung. Denn wie sollen die einzelnen Individuen *langfristig* »gesunden« können, wenn die »krankmachenden« und »erschöpfenden« gesellschaftlichen Bedingungen, in denen sie leben, weiter andauern? Und wie sollen zukünftige Generationen davor geschützt werden, nicht ebenfalls zu erkranken? Wo ist die Grenze der Steigerung der Belastbarkeit der Einzelnen? Und welchen Preis wollen wir als Gesellschaft dafür zahlen? Was speziell die Psychotherapie betrifft, so sollte sie m. E. nicht dabei stehen bleiben bzw. sich dazu »funktionalisieren« lassen, die einzelnen Individuen darin zu stärken, belastende gesellschaftliche Bedingungen »besser auszuhalten«, sondern sie sollte sie auch darin unterstützen, manch »krankmachende« Bedingung unserer Gesellschaft zu reflektieren und sich dagegen zur Wehr zu setzen.[201]

Im Sinne eines »Wehrt Euch«[202] *möchte ich die hier im Fokus stehenden 20- bis 30-jährigen Leser*innen ermutigen:*

Benennt Euer Leid, sprecht miteinander darüber, wie es Euch geht, teilt Euch anderen mit! Versucht Euch nicht alle gegenseitig damit zu blenden, wie perfekt Ihr doch mit all den Anforderungen »coped«. Teilt Eure Sorgen und Ängste. Vielen geht es ähnlich wie Euch – Ihr seid nicht allein.

Wehrt Euch gegen neoliberale Selbstoptimierungszwänge, wehrt Euch gegen die vielen »musts«, die Euch diktiert werden! Erlaubt Euch ein anderes Menschenbild als das, das Euch vermittelt worden ist. Akzeptiert Euch mit Euren Stärken *und* Schwächen, verzeiht Euch Fehler und Misserfolge! Und vergleicht Euch nicht ständig mit den »perfekten Anderen«.

11 Persönliche Schlussbemerkung: Wehrt Euch!

Schaut auf Eure Stärken! Bringt Euch ein mit Euren Fähigkeiten in soziale und politische Kontexte. Engagiert Euch, setzt Euch ein für Eure Zukunft! Sucht dabei nach Verbundenheit mit anderen – denn die Verbundenheit mit anderen ist wichtiger als je zuvor in einer Welt, die so unsicher und schnelllebig ist wie sie noch nie war. Sucht nicht nur Ansatzpunkte für Veränderungen in Eurem eigenen Verhalten, sondern fordert auch von Politik und Gesellschaft Änderungen und neue Regeln ein. Denn die Regeln, die sich eine Gesellschaft gibt – und auch die, die sie ihrer Wirtschaft gibt – sind änderbar.

Sucht selbst nach neuen Ideen und Visionen für unser gesellschaftliches Zusammenleben! Vielleicht gibt es ja Lösungen, von denen wir heute noch gar nichts ahnen? Überlegt Euch, was Euch wirklich wichtig ist und gut tut in Eurem Leben – und was nicht! Stellt Euch eine Welt, wie Ihr sie Euch wünscht, konkret vor! Traut Euch, von einem guten Leben zu träumen! Dann habt Ihr auch die Kraft, dafür zu kämpfen. Bleibt nicht in Angst und Ohnmachtserleben »stecken«! *Jeder*r* von Euch kann *irgendetwas* tun.

Überfordert Euch dabei aber nicht! Genießt Euer Leben, gönnt Euch »Auszeiten« – trotz allem. Seid nicht zu streng mit Euch – auch nicht in Eurem Aktivismus! Verliert dabei nicht Euren Lebensmut und Eure Lebensfreude. Feiert Eure Erfolge, auch wenn sie noch so klein sind. Es *gibt* Fortschritte – und die Hoffnung wächst mit Eurem Handeln.

Alle älteren Leser*innen, insbesondere die Eltern der hier betroffenen jungen Menschen, aber auch alle, die in unserer Gesellschaft und in der Politik Verantwortung für junge Menschen tragen, möchte ich aufrufen:

Seht dem Leiden der Jüngeren nicht einfach weiter teilnahmslos zu. Schaut hin! Es sind Eure Kinder und Enkelkinder, um die es hier geht. Hört ihnen zu, versucht Euch in ihre Situation hineinzuversetzen, kommt mit ihnen ins Gespräch. Sie haben keine adäquate Vertretung im Parlament. Sie haben keine demokratische Macht – sie brauchen Eure Unterstützung.

Schaut Euch die wissenschaftlichen Fakten zu den schädigenden Folgen unseres aktuellen Wachstumsnarrativs an, insbesondere zum Thema Klimakatastrophe und den weiteren ökologischen Krisen, aber auch zum Thema soziale Gerechtigkeit und gesellschaftliche Spaltung! Begrenzt Euch in Eurem materiellen Konsum, hinterfragt Eure Werte und Euren

11 Persönliche Schlussbemerkung: Wehrt Euch!

Lebensstil und hinterfragt auch Eure politischen Haltungen! Werdet politisch aktiv – im Sinne einer für Eure Kinder lebenswerten Zukunft! Ihr seid die größte Bevölkerungsgruppe, Ihr habt die meisten Wählerstimmen. Viele von Euch sind in leitenden Positionen in Wirtschaft, Gesellschaft und Politik tätig. Entsprechend groß wäre Eure Macht, dringend notwendige Maßnahmen (insbesondere für die schnellstmögliche Senkung aller klimaschädlichen Emissionen und für mehr soziale Gerechtigkeit in unserer Gesellschaft) anzustoßen. Beschäftigt Euch mit Alternativen zu unserem jetzigen wirtschaftlichen Handeln und verhelft diesbezüglichen Ideen zu mehr medialer Aufmerksamkeit, so dass sie auch öffentlich diskutiert werden können! Und unterstützt mit Eurem Geld die zahlreichen Initiativen und Projekte, die sich bereits jetzt für eine nachhaltigere und sozial gerechtere Welt einsetzen!

Noch können wir – die älteren und die jüngeren gemeinsam – einiges tun, um vor allem zur Verhinderung der schlimmsten Folgen des Klimawandels (als der größten und mit vielen anderen Krisen eng verwobenen Katastrophe unseres Jahrhunderts) beizutragen. Vieles ist schon unwiderruflich zerstört, vieles kann aber auch noch gerettet werden! Fangt an! Vielleicht hilft dabei das Bild, dass es sich bei der Klimakatastrophe um einen »Notfall« der gesamten Menschheit handelt (analog zu einem medizinischen Notfall), bei dem wir aufgefordert sind, *sofort* (mit vielleicht noch nicht optimalen Maßnahmen) aktiv zu werden, statt auf perfekte Lösungen zu warten?

Wenn dadurch – und durch die grundsätzlichen Veränderungen unseres Wertesystems in Richtung auf eine solidarischere Gesellschaft – vielen jungen Menschen schon heute viel psychisches Leid erspart bliebe und sie mit mehr Hoffnung und Zuversicht in ihr Leben starten könnten, wäre das wunderbar!

Wir haben keine Zeit zu verlieren – aber viel für uns *und* unsere Kinder zu gewinnen!

Einige weiterführende Informationen

Tipps zum Weiterlesen

Erschöpfung und Überforderung durch unsere beschleunigte, nach Optimierung strebende Gesellschaft

Bröckling, U. (2016). Das unternehmerische Selbst. Soziologie einer Subjektivierungsform (6. Aufl.). Berlin: Suhrkamp.
Ehrenberg, A. (2004). Das erschöpfte Selbst. Depression und Gesellschaft in der Gegenwart. Frankfurt a. M. und New York: Campus.
Fuchs, T., Iwer, L. & Micali, St. (Hrsg.). (2018). Das überforderte Subjekt. Zeitdiagnosen einer beschleunigten Gesellschaft. Berlin: Suhrkamp.
Han, Byung-Chul (2010). Die Müdigkeitsgesellschaft. Berlin: Matthes & Seitz.
Harari. Y. N. (2018). 21 Lektionen für das 21. Jahrhundert. München: Beck.
Illouz, E. (Hrsg.). (2018). Wa(h)re Gefühle. Authentizität im Konsumkapitalismus. Berlin: Suhrkamp.
King, V., Gerisch, B. & Rosa, H. (Hrsg.). (2021). »Lost in Perfection«. Zur Optimierung von Gesellschaft und Psyche (2. Aufl.). Berlin: Suhrkamp.
Nassehi, A. (2021). Unbehagen. Theorie der überforderten Gesellschaft. München: Beck.
Röcke, A. (2021). Soziologie der Selbstoptimierung. Berlin: Suhrkamp.
Willemsen, R. (2016). Wer wir waren. Zukunftsrede. Frankfurt: S. Fischer-Verlag (posthum veröffentlicht)

Speziell zum Thema Zeiterleben/Beschleunigung

Bücker, T. (2022). Alle Zeit. Eine Frage von Macht und Freiheit. Berlin: Ullstein
Lesch, H., Geißler, K. A. & Geißler, J. (2021). Alles eine Frage der Zeit. Warum die »Zeit ist Geld«-Logik Mensch und Natur teuer zu stehen kommt. München: Oekom.

Rosa, H. (2020). Beschleunigung. Die Veränderung der Zeitstrukturen in der Moderne (12. Aufl.). Frankfurt: Suhrkamp. (vorgelegt 2004 als Habilitationsschrift an der Universität Jena)
Rosa, H. (2013) Beschleunigung und Entfremdung. Entwurf einer kritischen Theorie spätmoderner Zeitlichkeit. Berlin: Suhrkamp.

Für neue Narrative, hoffnunggebende Visionen

Bregman, R. (2019). Utopien für Realisten (2. Aufl.). Hamburg: Rowohlt.
Bregman, R. (2022). Im Grunde gut. Eine neue Geschichte der Menschheit (6. Aufl.). Hamburg: Rowohlt.
communia & BUND Jugend (2023). Öffentlicher Luxus. Berlin: Dietz-Verlag.
Deutsche Wohnen & Co enteignen (Hrsg.). (2022). Wie Vergesellschaftung gelingt. Zum Stand der Debatte. Berlin: Parthas Verlag.
Folkers, M. & Paech, N. (2020). All you need is less. München: Oekom.
Göpel, M. (2021). Unsere Welt neu denken. Eine Einladung. Berlin: Ullstein
Göpel, M. (2022). Wir können auch anders. Aufbruch in die Welt von morgen. Berlin: Ullstein.
Herrmann, U. (2022). Warum Wachstum und Klimaschutz nicht vereinbar sind – und wie wir in Zukunft leben werden. Köln: Kiepenheuer & Witsch.
v. Hirschhausen, Eckart (2021). Mensch Erde! Wir könnten es so schön haben. München: DTV-Verlag.
Mattert, J., Valentukeviciute, L. & Waßmuth, C. (2017). Gemeinwohl als Zukunftsaufgabe. Öffentliche Infrastrukturen zwischen Daseinsvorsorge und Finanzmärkten. In: Schriften zu Wirtschaft und Sozialem, Bd. 20, Berlin: Heinrich-Böll-Stiftung.
Paech, N. (2012). Befreiung vom Überfluss: Auf dem Weg in die Postwachstumsökonomie. München: Oekom.
Rosa, H. (2019). Resonanz. Eine Soziologie der Weltbeziehung (6. Aufl.). Berlin: Suhrkamp.
Empfehlenswert sind zudem der Podcast »Future Histories« (www.futurehistories.today), das wirtschaftsphilosophische Magazin »agora42« (https://agora42.de) sowie die diesbezüglichen Beiträge in den Online-Magazinen »Perspective Daily« (https://perspective-daily.de) und »klimareporter« (www.klimareporter.de).

Zum Thema Psychologie und Klimakrise

Dohm, L. & Schulze, M. (2022). Klimagefühle. Wie wir an der Umweltkrise wachsen, statt zu verzweifeln. München: Knaur.

Dohm, L., Peter, F. & van Bronswijk, K. (Hrsg.). (2021). Climate Action – Psychologie der Klimakrise. Handlungshemmnisse und Handlungsmöglichkeiten. Gießen: Psychosozial-Verlag.

Van Bronswijk, K. & Hausmann, Ch. (Hrsg.). (2022). Climate Emotions. Klimakrise und psychische Gesundheit. Gießen: Psychosozial-Verlag.

Zum Thema Activist Burnout und nachhaltiger Aktivismus

Luthmann, T. (2019). Politisch aktiv sein und bleiben. Handbuch Nachhaltiger Aktivismus. Münster: Unrast Verlag.

Adressen und Anlaufstellen

Dieses Buch ist kein Buch über Psychotherapie und auch kein Ratgeber. Dennoch ist es mir ein wichtiges Anliegen, die jungen Leser*innen auf die Möglichkeit hinzuweisen, eine Psychotherapie in Anspruch nehmen zu können. Ich möchte alle jungen Menschen, die angesichts der hier beschriebenen Belastungen in schwere Leidenszustände geraten und ihren Lebensmut zu verlieren drohen, dringend nahelegen, sich professionelle Hilfe zu holen, ggf. auch in Form einer Psychotherapie. Eine Psychotherapie kann u. a. auch helfen, sich von als selbstschädigend erkannten (auch gesellschaftlich induzierten) Normen und Werten zu distanzieren, sich mit seinen Stärken *und* Schwächen besser zu akzeptieren und sich der eigenen Bedürfnisse klarer zu werden: Was ist mir wirklich wie wichtig *in* meinem Leben? Was tut mir gut? Gerade im Umgang mit Angst und Ohnmachtserleben kann und darf eine Psychotherapie m. E. durchaus auch Anschlussmöglichkeiten für konkretes Handeln erarbeiten (Wo, an welcher Stelle und ggf. mit wem zusammen kann ich konkret dazu beitragen, von mir befürchtete zukünftige negative Entwicklungen abzuwenden?) und die Betroffenen so dabei unterstützen, sich wieder als handlungsfähig erleben zu können.

Die Indikationsstellung für eine ambulante Psychotherapie erfolgt durch approbierte und zugelassene (psychologische oder auch ärztliche) Psychotherapeut*innen. Wenn die diagnostischen Kriterien für eine behandlungsbedürftige psychische Störung nach ICD 10 (bald ICD 11), z.B. für eine Depression, eine Angststörung oder eine Essstörung erfüllt sind, übernehmen die Krankenkassen die Kosten für eine Psychotherapie.

Adressen von Psychotherapeut*innen finden sich auf den Seiten der Psychotherapeutenkammern (der Bundespsychotherapeutenkammer: www.bptk.de/service/therapeutensuche.html, aber auch der verschiedenen Länderkammern, z.B. www.ptk-nrw.de). Auch die Deutsche Psychotherapeuten-Vereinigung bietet eine Online-Suche nach psychotherapeutischen Praxen an. Und auch auf den Informationsseiten der verschiedenen Krankenkassen finden sich zahlreiche Informationen und Adressen.

Bei leichteren Beschwerden möchte ich vor allem die bereits erwähnten Informationsseiten und Videos der Techniker-Krankenkasse empfehlen. https://www.tk.de/techniker/die-quarterlife-crisis---das-studium-2078096. Hier können vor allem junge Studierende sehen, wie verbreitet die in diesem Buch beschriebenen Empfindungen auch bei anderen Gleichaltrigen sind und sich diesbezüglich viele hilfreiche Tipps und Ideen holen. Auch Achtsamkeits- und Stressbewältigungstrainings können kurzfristig entlastend sein und Erschöpfung abbauen bzw. auch erste Reflektionsprozesse zur eigenen Lebensgestaltung anregen.

Adressen speziell für Aktivist*innen, die sich in ihrem Aktivismus überfordern (Stichwort »Activist Burnout«) finden sich auf den Seiten der »Psychologists/Psychotherapists for Future« (»Psy4F«, www.psy4f.org). Sie bieten eine kostenfreie Erstberatung (bis zu drei Sitzungen) für Klimaengagierte an, aber auch Workshops und Vorträge zu den Themen »Umgang mit Klimagefühlen« und »Nachhaltiger Aktivismus«.

Anmerkungen und Quellen

1 Warum dieses Buch?

1 Techniker Krankenkasse. Die Quaterlife-Crisis. Das Studium. Zugriff am 14.04.2023 unter: www.tk.de/techniker/die-quarterlife-crisis---das-studium-2078096
2 Barmer. Arztreport 2018. Zugriff am 25.06.2023 unter: www.barmer.de/gesundheit-verstehen/psyche/psychische-erkrankungen/psychisch-kranke-studierende-1056490
3 LinkedIn Corporation (2018). Quarter-Life-Crisis – Das unterschätzte Massenphänomen bei Mittzwanzigern. Zugriff am 04.01.2023 unter: www.presseportal.de/pm/64022/3878627
4 www.zeit.de/gesundheit/2023-06/studierende-burnout-gesundheitsreport-techniker-krankenkasse, 28.06.2023, Zugriff am 28.06.2023. Laut der Umfrage an rund tausend Studierenden bezeichneten sich im Januar 2023 68 % als durch Stress erschöpft, 55 % klagten über Kopfschmerzen, 55 % auch über Rückenschmerzen, 53 % litten unter Konzentrationsstörungen, 43 % unter Schlafproblemen, 37 % bezeichneten sich als *stark* emotional erschöpft. Die erhöhte psychische Belastung spiegle sich auch in einer häufigeren Verschreibung von Antidepressiva bei den bei der TK versicherten Studierenden wider.
5 AXA Pressemitteilung: AXA Mental Health Report (2023) vom 28.02.2023, Zugriff am 01.03.2023 unter: www.axa.de/presse/axa-mental-health-report-2023
6 Die Gespräche fanden zum größten Teil von Oktober bis Dezember 2022 mit zu diesem Zeitpunkt 20- bis 30-Jährigen statt. Bei den hier zitierten jungen Leuten handelt es sich also um Angehörige der Geburtsjahrgänge 1992–2002. Ich nenne sie hier Mittzwanziger*innen oder junge Erwachsene. Von den Generationenbezeichnungen Y und Z habe ich bewusst Abstand genommen, da sie wissenschaftlich umstritten und m. E. nicht aussagekräftig sind. Die Anfangsbuchstaben der Vornamen wurden willkürlich gewählt, um keine Rückschlüsse auf die betroffenen Personen zu ermöglichen.

2 Optimierungsdruck und Perfektionismus: »Nie gut genug sein«

7 Diese Ausführungen sind erst einmal unabhängig von dem »Dauerkrisenmodus«, in dem wir uns seit einigen Jahren befinden und auf den ich in den späteren Kapiteln stärker eingehen werde.
8 Sonnenmoser, M. (2022). Der Drang zur Optimierung. Deutsches Ärzteblatt (Ausgabe PP), 8/2022, 353–355
9 vgl. ebd., S. 354 mit Ergänzungen durch die Verfasserin
10 Flett, G. & Hewitt, P. (2022). Perfectionism in Childhood and Adolescence: A Developmental Approach. Washington (DC): APA-Books.
11 Curran, Th. & Hill, P. (2019). Perfectionism is increasing over time: A meta-analysis of birth cohort differences from 1989 to 2016. Psychological Bulletin, Vol. 145, Nr. 4, 410–429
12 ebd. S. 413
13 Day, M. (2021). Der Neoliberalismus untergräbt unser Selbstwertgefühl. Zugriff am 31.01.2022 unter https://jacobin.de/artikel/der-neoliberalismus-untergraebt-unser-selbstwertgefuehl-perfektionismus-depression-angststoerung-thomas-curran-andrew-hill
14 s. Curran & Hill (2019), S. 420–421
15 Limburg, K., Watson, H. J., Hagger, M. S. & Egan, S. J. (2017). The relationship between perfectionism and psychopathology: A meta-analysis. Journal of Clinical Psychology, 73, 1301–1326
16 vgl. Bröckling, U (2016). Das Unternehmerische Selbst (6. Aufl.). Berlin: Suhrkamp; Göpel, M. (2021). Unsere Welt neu denken. Eine Einladung. Berlin: Ullstein; Piketty, Th. (2014). Das Kapital im 21. Jahrhundert. München: Beck Verlag.
17 Röcke, A. (2021). Soziologie der Selbstoptimierung. Berlin: Suhrkamp, S. 7–8
18 vgl. ebd., deren differenzierte Ausführungen hier nur unvollständig und verkürzt wiedergegeben werden können
19 vgl. für eine kurze Zusammenfassung der Kognitiven Therapietheorien: Wilken, B. (2018). Methoden der kognitiven Umstrukturierung. Ein Leitfaden für die psychotherapeutische Praxis. Stuttgart: Kohlhammer
20 vgl. ebd.
21 vgl. Röcke (2021)
22 vgl. Bröckling (2016)
23 ebd., S. 7
24 Mau, St. (2017). Das metrische Wir. Über die Quantifizierung des Sozialen. Berlin: Suhrkamp (S. 183)
25 Bröckling (2016), Klappentext
26 vgl. dazu Wilken (2018). Die Angst, die Menschen dabei erleben, wenn sie ihren persönlichen Wert bedroht sehen, wurde schon in den 1980er Jahren von dem ame-

rikanischen Psychologen Albert Ellis, einem der Begründer der kognitiven Verhaltenstherapie, treffend als »ego-anxiety« beschrieben. Sie geht mit absoluten Forderungen an die eigene Leistungsfähigkeit (z. B. »Ich muss stets perfekt sein.«) und/oder die Anerkennung durch möglichst viele andere (»Ich muss von möglichst vielen Menschen anerkannt und geschätzt werden.«) und globalen negativen Selbstbewertungen (»Ich bin ein Versager« bzw. »Ich bin nicht liebenswert.«) im Falle eines Nichterreichens dieser Forderungen einher.

27 Bühring, P. (2022). Stigmatisierung psychischer Erkrankungen. Die »zweite Krankheit«. Deutsches Ärzteblatt (Ausgabe PP), 11/22, S. 481
28 z. B. www.uni-muenster.de/Prokrastinationsambulanz/index.html oder www.fu-berlin.de/sites/studienberatung/projekte/prokrastinationspraxis/index.html
29 Techniker Krankenkasse. Die Quaterlife-Crisis. Das Studium. Zugriff am 14.04.2023 unter: www.tk.de/techniker/die-quarterlife-crisis--das-studium-2078096

3 Beschleunigung und durchgetaktete Lebensabläufe schon seit der Kindheit: G8, Bologna-Reform & Co.

30 Rosa, H. (2020). Beschleunigung. Die Veränderung der Zeitstrukturen in der Moderne (12. Aufl.). Frankfurt: Suhrkamp. (vorgelegt 2004 als Habilitationsschrift an der Universität Jena); Rosa, H. (2013). Beschleunigung und Entfremdung. Berlin: Suhrkamp.
31 Rosa (2020), S. 11
32 ebd., S. 471
33 ebd., S. 462–463
34 ebd., S. 13
35 ebd., S. 434
36 Keupp. H. (2016). Jenseits der sozialen Amnesie. Vortrag auf dem Kongreß der Deutschen Psychotherapeuten-Vereinigung vom 21./22.10.2016 zum Thema »Psychotherapie zwischen Anpassung und Autonomie«. In: Psychotherapie Aktuell. Deutsche Psychotherapeutenvereinigung, 4/2016, S. 13
37 Während Niedersachsen als erstes Land früh wieder mit der G8 Reform brach und zum Abitur nach 9 Jahren zurückkehrte (erster G8 Abschluss 2011, letzter G8-Abschluss 2019), und danach auch schon weitere Bundesländer folgten, findet der letzte G8-Abschluss im bevölkerungsreichsten Bundesland NRW erst in 2025 statt (erster

Abschluss 2013); auch in Bayern und Schleswig-Holstein steht die Rückkehr zum alten System erst für 2024 und 2025 an.
38 zur finanziellen Situation heutiger Studierender vgl. die in Kap. 6 genannten Zahlen
39 Stegmayr, H. (2018). Strukturwandel an deutschen Hochschulen: Auswirkungen auf die psychosoziale Situation von Studierenden und die Beratungseinrichtungen. Verhaltenstherapie und Psychosoziale Praxis, 50 (3), 579–592
40 ebd., S. 584
41 ebd., S. 584
42 Techniker Krankenkasse, Zugriff am 14.04.2023
43 Stegmayr (2018), S. 586–587
44 Statistisches Landesamt IT NRW, in »NRW: Mehr Schulabgänger ohne Hauptschulabschluss«, Westfälische Nachrichten, Ausgabe vom 30.05.2023
45 Klemm, K. (2023), zit. in o.g. Artikel
46 Sonnenmoser, M. (2022). Der Drang zur Optimierung. Deutsches Ärzteblatt (Ausgabe PP), 8/2022, 353–355
47 Curran, Th. & Hill, A.P. (2022). Young people's perceptions of their parents expectations and criticism are increasing over time: Implications for perfectionism. Psychological Bulletin, Vol. 148, Nos 1–2, 107–128 (https://doi.org/10.1037/bul0000347)
48 ebd., S. 122

4 Social Media: Soziale Vergleiche, FOMO und die Vermarktung des Selbst

49 Göpel (2021), S. 69
50 Tholl, G. »Eine Welt ohne www war möglich. Internet ist vor 30 Jahren für die Öffentlichkeit freigegeben worden.« In: Westfälische Nachrichten, Ausgabe vom 25.04.2023
51 Facebook: Geschichte des größten sozialen Netzwerks. In: tz. 04. Februar 2021, Zugriff am 03.01.2023. www.tz.de/multimedia/facebook-social-network-geschichte-funktionen-privatsphaere-datenschutz-kontroversen-90191373.html
52 Michael Spehr: Whatsapp erobert die Welt. In: FAZ. 20. Januar 2015, Zugriff am 03.01.2023 unter: www.faz.net/-gyc-7yqi6
53 Thomas Houston: Instagram for Android now available. In: The Verge. 3. April 2012, Zugriff am 03.01.2023 unter: www.theverge.com/2012/4/3/2922607/instagram-for-android-available-in-google-play-store

54 Lukas Böhl: Wer hat TikTok erfunden? In: Stuttgarter Nachrichten. 08. Januar 2021, Zugriff am 03.01.2023 unter: www.stuttgarter-nachrichten.de/inhalt.wer-hat-tiktok-erfunden-mhsd.425048a7-f189-4e1c-bc1d-c8f00d6b13e5.html
55 vgl. Techniker Krankenkasse, Zugriff am 14.04.2023
56 Habermann, K. (2021). Eltern-Guide Social Media. Berlin: Springer, S. 68–71
57 vgl. Wolfgang Koch, Ergebnisse der ARD/ZDF-Onlinestudie 2022: Reichweiten von Social-Media-Plattformen und Messengern, Media Perspektiven 10/2022, S. 471, 473–475. Zugriff am 03.01.2023 unter: https://www.ard-zdf-onlinestudie.de/files/2022/2210_Koch.pdf).
58 vgl. Habermann (2021), S. 93–94 und 228
59 Tenzer. F.: Tägliche Nutzungsdauer von Smartphones in Deutschland nach Altersgruppe 2023. In: Statista. 21. Februar 2023, Zugriff am 25.02.2023 unter: https://de.statista.com/statistik/daten/studie/714974/umfrage/taegliche-nutzungsdauer-von-smartphones-in-deutschland/#:~:text=Diese%20Statistik%20zeigt%20das%20Ergebnis,rund%20151%20Minuten%20pro%20Tag
60 Paul, R. (2023). Nomophobie: Angst vor der Trennung vom eigenen Smartphone. In: Westfälische Nachrichten, Ausgabe vom 06.03.2023
61 Thiel, K. (2022). Von Aufwärtsvergleichen und Abwärtsspiralen: Soziale Vergleiche auf Instagram. In: Leibniz-Institut für Medienforschung, Hans-Bredow-Institut. 21. Februar 2022, Zugriff am 03.01.2023 unter: https://leibniz-hbi.de/de/blog/soziale-vergleiche-auf-instagram
62 ebd.
63 Richter-Kuhlmann, E. (2023). Problematischer Trend. Selbstoptimierung. Deutsches Ärzteblatt (Ausgabe PP), 4/ 2023, S. 174
64 vgl. Habermann (2021), S. 30
65 ebd., S. 87–89, vgl. dazu den in Kap. 3 schon von Hartmut Rosa benutzten Begriff der »Verpassensangst«
66 vgl. Ulrich Reinhardt, Freizeit-Monitor 2019. In: Stiftung für Zukunftsfragen, Forschung aktuell, Newsletter, Ausgabe 286, 40. Jg., vom 12.09.2019. Zugriff am 26.04.2023 unter: https://stiftungfuerzukunftsfragen.de/pdfs-download-inkl-grafiken/Forschung-Aktuell-286-Freizeit-Monitor-2019.pdf
67 vgl. Berberich, G. (Hrsg.) (2022). Soziale Ängste bei jungen Erwachsenen. Ein Praxisbuch zur multimodalen Therapie. Stuttgart: Schattauer Verlag.
68 Gefahren beim Umgang mit sozialen Medien. In: AOK Gesundheitsmagazin. 05. März 2021, Zugriff am 03.01.2023 unter: www.aok.de/pk/magazin/koerper-psyche/psychologie/der-einfluss-sozialer-medien-auf-die-psyche
69 Habermann (2021), S. 84
70 56 Millionen regelmäßige Zeitungsleser. In: Die Zeitungen. Zugriff am 04.01.2023 unter: www.die-zeitungen.de/argumente/reichweiten.html
71 Commons, J. (2019). Wie die Nachrichten mich an den Rand der Verzweiflung trieben. In: Refinery29. 18. September 2019, Zugriff am 22.09.2023 unter: www.refinery29.com/de-de/nachrichten-social-media-angst-psychisch-gesund-krank

72 Nahai, N. (2017). Webs Of Influence: The Psychology of Online Persuasion. London: Pearson; zit. nach Commons, J. (2019)
73 vgl. Commons, J. (2019), Interview mit Dr. Steven Raphael
74 Steinigeweg, J. (2021). Soziale Verantwortung statt Resignation. In: Publizistik (Vierteljahreshefte für Kommunikationsforschung), 66, 489–511. Zugriff am 05.05. 2023 unter: https://link.springer.com/article/10.1007/s11616-021-00681-0
75 Lembke, Anna, Medical Director of Addiction Medicine at Stanford University, zitiert nach: Orlowski, J. (2017). The social dilemma. Netflix. Zugriff am 03.01.2023; vgl. auch Habermann (2021), S. 12
76 vgl. Habermann (2021), S. 17
77 ebd. S. 90
78 ebd. S. 137 fff
79 Ulrich Mendgen: Interview Nobelpreisträgerin Ressa. In: tagesschau.de. vom 12.05. 2022, Zugriff am 04.03.2023
80 vgl. Herbert Reul: Vorstellung des NRW-Verfassungsschutzberichtes 2022, am 13.04. 2023. »Leider hetzt und radikalisiert es sich in den sozialen Medien leicht. Das sind große Herausforderungen für die Demokratie.« Zitiert nach: Kramer-Santel, C.: Putins Gift. Kampf gegen prorussische Propaganda. Westfälische Nachrichten, Ausgabe vom 14.04.2023
81 Andreas Storm am 14.03.2023. Zugriff am 12.04.2023 unter: www.dak.de/dak/bundesthemen/dak-studie-in-pandemie-hat-sich-mediensucht-verdoppelt-2612364.html#/
82 Wie sehr die Lebenswirklichkeit mancher Jugendlicher, ihre ganze Sprach- und Denkwelt durch die Digitalisierung und durch das Leben mit Sozialen Medien durchwirkt ist, zeigt der – für manch Ältere sehr verstörend wirkende – Roman von Julia von Lucadou (2022) mit dem Titel »Tick Tack«, in dem sie das Lebensgefühl der Generation TikTok und u.a. auch ihre Therapie nach einem Suizidversuch beschreibt: Von Lucadou, J. (2022). Tick Tack. Berlin: Hanser Verlag.

5 Die Vielfalt der Optionen: Angst vor falschen Entscheidungen und Suche nach Orientierung

83 vgl. auch Nassehi, A. (2021). Unbehagen. Theorie der überforderten Gesellschaft. München: Beck
84 Meißner, A. (2017). Psychologische Aspekte der Umweltkrise. Mehr Nachhaltigkeit und Natur. Deutsches Ärzteblatt (Ausgabe PP). 9/2017, S. 440

85 Gabriele Trost: Fernsehgeschichte in Deutschland. In: planet-wissen.de. 8. November 2019, Zugriff am 09.03.2023 unter: www.planet-wissen.de/kultur/medien/fernsehgeschichte_in_deutschland/index.html
86 Anzahl der privaten Programme im deutschen Fernsehen in den Jahren 2006 bis 2020. In: statista.com. 1. Mai 2021, Zugriff am 09.03.2023 unter: https://de.statista.com/statistik/daten/studie/158624/umfrage/anzahl-der-programme-im-deutschen-fernsehen/#:~:text=Im%20Jahr%202020%20gab%20es,76%20auf%2098%20Angebote%20gestiegen
87 Nirmalarajah Asokan: Wie viele Filme hat Netflix in Deutschland im Vergleich zu anderen Ländern? In: futurezone.de. 6. Dezember 2020. Zugriff am 09.03.2023 unter: www.futurezone.de/entertainment/streaming/article231063064/wie-viele-filme-hat-netflix.html
88 Zahl der Hochschulen hat sich fast verdreifacht. In: spiegel.de. 13. März 2017, Zugriff am 09.03.2023 unter: www.spiegel.de/lebenundlernen/uni/studium-zahl-der-hochschulen-und-unis-hat-sich-seit-1990-fast-verdreifacht-a-1138501.html
89 Statistisches Bundesamt: Hochschularten (Wintersemester). In: destatis.de. 5. August 2022. Zugriff am 09.03.2023 unter: www.destatis.de/DE/Themen/Gesellschaft-Umwelt/Bildung-Forschung-Kultur/Hochschulen/Tabellen/hochschulen-hochschularten.html?nn=209416
90 https://studiengaenge.zeit.de. Zugriff am 24.03.2023
91 HRK: Statistische Daten zu Studienangeboten an Hochschulen in Deutschland – Wintersemester 2021/2022, S. 9. In: Statistiken zur Hochschulpolitik 1/2021, Graue Reihe. Zugriff am 09.03.2023 unter: www.hrk.de/fileadmin/redaktion/hrk/02-Dokumente/02-10-Publikationsdatenbank/Stat-2021-01_WS_2021_22.pdf
92 vgl. Immer mehr Studiengänge. In: faz.net. 10. Oktober 2019. Zugriff am 09.03.2023 unter: www.faz.net/aktuell/karriere-hochschule/hoersaal/angebot-an-studiengaengen-ist-gross-16426893.html
93 www.dailymotion.com/video/x7xdcxv
94 Rosa (2013), S. 23
95 vgl. auch zu diesem Begriff Rosa (2013)
96 Bühring, P. (2022). Einsamkeit und soziale Isolation. Auf der Suche nach Evidenz. Deutsches Ärzteblatt (Ausgabe PP), 7/ 2022
97 Das Bundesministerium für Familie, Senioren, Frauen und Jugend (BMFSJ) hat deshalb 2022 das »Kompetenznetz Einsamkeit (KNE)« ins Leben gerufen, das der Vorbeugung und Bekämpfung von Einsamkeit dienen soll. Großbritannien und Japan haben bereits ein »Einsamkeitsministerium«, die Niederlande einen Aktionsplan.
98 https://awarewomenartists.com/en/artiste/jenny-holzer/, Zugriff am 25.06.2023
99 vgl. Illouz, E. (Hrsg.) (2018). Wa(h)re Gefühle. Authentizität im Konsumkapitalismus. Berlin: Suhrkamp.
100 Tatsumi, N. (2019). Die Kunst des Wegwerfens. Wie man sich von unnötigem Ballast befreit und dadurch mehr Freude am Leben hat. Kandern: Narayana Verlag.

Anmerkungen und Quellen

101 Robinson, O. C. & Wright, G. R. T. (2013). The prevalence, types and perceived outcomes of crisis episodes in early adulthood and midlife: A structured retrospective-autobiographical study. International Journal of Behavioural Development, 37, 407–416. doi:10.1177/0165025413492464
102 Burkhart, Steffi. In: Techniker Krankenkasse, Zugriff am 14.04.2023
103 vgl. auch diesbezüglich Burkhart, Steffi, ebd.

6 Das Aus des Narrativs von immer mehr Wachstum und Konsum: Finanzielle Sorgen, Mangel an bezahlbarem Wohnraum und Arbeitsplatzunsicherheit

104 Göpel (2021), S. 13
105 vgl. ebd., S. 78
106 ebd., S. 28
107 ebd., S. 30
108 ebd., S. 31
109 ebd., S. 36
110 Curran & Hill (2019), S. 410
111 Curran & Hill (2022), S. 122
112 Göpel (2021), S. 167
113 Curran & Hill (2022), S. 122
114 www.oxfam.de/system/files/documents/oxfam_factsheet_davos-2023_umsteuern.pdf (Bericht vom 16.01.2023)
115 Marcel Fratzscher, Präsident des Deutschen Instituts für Wirtschaftsforschung (DIW). In: t-online.de. 17. Januar 2023. Zugriff am 09.03.2023 unter: www.t-online.de/finanzen/unternehmen-verbraucher/id_100112468/die-schere-zwischen-arm-und-reich-in-deutschland-die-kluft-wird-sich-vertiefen-.html
116 Sabine Werth, 03.09.2022. Zugriff am 24.04.2023 unter: www.t-online.de/nachrichten/deutschland/gesellschaft/id_100046686/gruenderin-der-ersten-tafel-so-schlimm-war-es-noch-nie-.html
117 www.oxfam.de/system/files/documents/oxfam_factsheet_davos-2023_umsteuern.pdf (Bericht vom 16.01.2023)
118 Stilling, J. (2022). Epochenbruch mit Wohlstandsdelle. Reduzierung der Abhängigkeit hat einen hohen Preis. In: Westfälische Nachrichten, Ausgabe vom 14.10.2022

119 https://amp.zdf.de/nachrichten/wirtschaft/wohnungsmarkt-mieterbund-100.html (Studie des Pestel-Instituts und des Bauforschungsinstituts ARGE)
120 vgl. Stegmayr (2018), S. 585
121 Viele Studierende armutsgefährdet. In: tagesschau.de. 16. November 2022. Zugriff am 09.03.2023 unter: www.tagesschau.de/inland/gesellschaft/studierende-armutsgefaehrdet-101.html
122 vgl. Stegmayr (2018), S. 585
123 dpa-Meldung »Corona. Pandemiebelastung für junge Menschen steigt«, in: Deutsches Ärzteblatt (Ausgabe PP), 3/2022, S. 100
124 Schnetzer, S. & Hurrelman, K. (2022a). Jugend in Deutschland – Trendstudie Winter 2022/23. Die Wohlstandsjahre sind vorbei: Psyche, Finanzen, Verzicht. Datajockey Verlag, Kempten (Umfrage vom Oktober 2022), S. 10
125 Keupp, H. (2019). Die erschöpften Subjekte und die Revolution. Arbeit 4.0. In: Verhaltenstherapie und psychosoziale Praxis, 51. Jg. (2), S. 287
126 vgl. ebd.
127 Harari, Y. (2018). 21 Lektionen für das 21. Jahrhundert (Zusammenfassung bei blinkist, Zugriff am 20.02.2023)
128 Graeber, D. (2018). Bullshit-Jobs. Vom wahren Sinn der Arbeit. Stuttgart: Klett-Cotta.

7 Die Klimakatastrophe: Zukunftsangst und reduzierte Zukunftsperspektive

129 Macha, K. (2023). »Die Klimakatastrophe ist nicht nur eine vorübergehende Krise auf der Bühne unseres Lebens, sondern bedroht die Bühne selbst.« In: Verhaltenstherapie und psychosoziale Praxis, 55 (1), S. 139
130 Fischer, M.: »Guteress warnt bei UN-Generaldebatte: Unsere Welt ist in großer Gefahr.«, in: WN, Ausgabe vom 21.09.2022
131 Drebes, J.: »Eröffnungstag des Weltklimagipfels in Ägypten: Weckruf in der Wüste.«, in: WN, Ausgabe vom 08.11.2022
132 Stadt-muenster.de/vhs, Online-Vortragsreihe vhs.wissen live. Vortrag am 18.04.2023. Mojib Latif: »Können wir der Klimakrise noch etwas entgegensetzen?«
133 vgl. Göpel (2021), S. 34ff
134 ebd., S. 35 und 198
135 Ballester, J., Quijal-Zamorano, M. et al. (2023). Heat-related mortality in Europe during the summer of 2022. Nature Medicine, Artikel online veröffentlicht am 10.07.2023 unter https://doi.org/10.1038/s41591-023-0249-z

Anmerkungen und Quellen

136 Walinski, A., Sander, J. et al. (2023). Auswirkungen des Klimawandels auf die psychische Gesundheit. Deutsches Ärzteblatt (Ausgabe PP), 3/2023, S. 128–134
137 vgl. Bundespsychotherapeutenkammer (BPtK) – Standpunkt: »Klimakrise und psychische Gesundheit. Informationen und politischer Handlungsbedarf« vom 28.09.2023. Zugriff am 14.10.2023 unter: https://bptk.de/standpunkte/publication/; Beerheide, R. (2022) Klimawandel. Die mit Abstand größte Krise. Deutsches Ärzteblatt (Ausgabe PP), 12/2022,
138 Macha (2023), S. 139
139 Prof. Dr. Andreas Meyer-Lindenberg, Direktor am Zentralinstitut für Seelische Gesundheit und Präsident der Fachgesellschaft DGPPN in einem Artikel der FAZ, Ausgabe vom 8.3.2023
140 Macha (2023), S. 139f
141 Thunberg, G. (2022). Das Klimabuch. Frankfurt a.M.: S. Fischer Verlag
142 s. Anhang
143 »2019 gab das Statistische Bundesamt bekannt, dass derzeit ein Fünftel aller Frauen in Deutschland kein eigenes Kind bekommt. Grund hierfür ist laut der BAT-Stiftung für Zukunftsfragen in 46% aller Fälle der Faktor Zukunftssicherheit: Knapp die Hälfte der Bürgerinnen und Bürger sorge sich um die künftige gesellschaftliche Entwicklung, dazu zähle auch der Klimawandel.« (Uta-Caecilia Nabert: Keine Zukunft – keine Kinder: Warum Frauen in der Klimakrise auf Nachwuchs verzichten. In: Frankfurter Rundschau. 25. August 2021. Zugriff am 05.01.2023 unter: https://www.fr.de/zukunft/keine-zukunft-keine-kinder-warum-frauen-in-der-klimakrise-auf-nachwuchs-verzichten-90941584.html)
144 Dohm, L. & Schulze, M. (2022). Klimagefühle. Wie wir an der Umweltkrise wachsen, statt zu verzweifeln. München: Knaur; Dohm, L., Peter, F. & van Bronswijk, K. (Hrsg.). (2021). Climate Action – Psychologie der Klimakrise. Handlungshemmnisse und Handlungsmöglichkeiten. Gießen: Psychosozial-Verlag
145 Laut Statista (Statista Research Department, Artikel vom 26.09.2023) lag Deutschland bei den energiebedingten CO^2-Emissionen pro Kopf 2021 bei 8,09 Tonnen; Indien z.B. hatte nur einen Ausstoß vom 1,93 Tonnen pro Kopf. Durchschnittlich entstanden im Jahr 2021 weltweit 4,7 Tonnen pro Kopf; vgl. dazu auch die Angaben in einem Bericht der Wirtschaftswoche vom 08.09.2023, Zugriff am 14.11.2023 unter https://www.wiwo.de/politik/ausland/co2-ausstoss-deutschland-und-weltweit-der-vergleich-diese-laender-stossen-am-meisten-co2-aus/29263872.html
146 In: Dohm & Schulze (2022)
147 vgl. Beerheide, R. (2022) Klimawandel. Die mit Abstand größte Krise. Deutsches Ärzteblatt (Ausgabe PP), 12/2022
148 vgl. www.tagesschau.de/wirtschaft/klimawandel-milliarden-kosten-deutschland-101.html, Bericht vom 06.03.2023, Zugriff am: 24.06.2023

8 Real gewordene Dystopien (Coronakrise, Ukraine-Krieg ...): »Was kommt jetzt noch alles?«

149 Thunberg (2022)
150 Schnetzer & Hurrelman (2022a), S. 4
151 Schnetzer, S. & Hurrelman, K. (2022b). Jugend in Deutschland – Trendstudie Sommer 2022. Jugend im Dauerkrisen-Modus -Klima, Corona, Krieg. Datajockey Verlag, Kempten (Umfrage vom März 2022), S. 17
152 vgl. Sophia Schirmer »Junge Erwachsene in der Pandemie. Alle leiden. Punkt.«, Spiegel, Online-Ausgabe vom 09.03.2021. Zugriff am 25.02.2023.
153 Eckhart von Hirschhausen, in: ARD-Dokumentation »Hirschhausen – Was von Corona übrig bleibt«. Zugriff am 20.06.2023 unter: www.ardmediathek.de/video/hirschhausens-check-up/hirschhausen-was-von-corona-uebrig-bleibt/das-erste/Y3JpZ DovL2Rhc2Vyc3RlLmRlL2hpcnNjaGhhdXNlbnMtY2hlY2stdXAvMjAy MyOwNi0xMl8yMC0xNS1NRVNa
154 dpa-Meldung, Deutsches Ärzteblatt (Ausgabe PP), 9/2020, S.388
155 afp Meldung »Junge Menschen und Corona. Klage über Vereinsamung und Zukunftsangst«. In: Deutsches Ärzteblatt (Ausgabe PP), 5/2021, S. 198
156 dpa-Meldung: »Menschen mit Depression. Situation im Lockdown massiv verschlechtert«. In: Deutsches Ärzteblatt (Ausgabe PP), 4/2021, S. 150
157 DPTV (2022). »Patientenanfragen weiterhin 40% über Vor-Corona-Zeit.«, In: Psychotherapie aktuell, Ausgabe 4/2022, S. 78
158 Schnetzer & Hurrelman (2022b), S. 4–11
159 Schnetzer & Hurrelman (2022a), S. 15
160 Ratzsch, J. (2022). Die Zuversicht schwindet. Jugendforscher legen Trendstudie vor: das Ende der Wohlstandsjahre löst Ängste aus. In: Westfälische Nachrichten, Ausgabe vom 22.11.2022
161 Grahn, S. L. (2022). Jugendliche fürchten Ende der Wohlstandsjahre. In: Zeit-Online, 21.11.2022. Zugriff am 03.01.2023 unter: www.zeit.de/gesellschaft/2022-11/jugendstudie-deutschland-sorgen-inflation-krieg
162 Dpa-Meldung »Europas Jugend wird immer pessimistischer«, Umfrage unter 16- bis 26-Jährigen; zitiert nach Westfälische Nachrichten, Ausgabe vom 16.06.2023; Grundlage ist die »Jugendstudie 2023« der TUI-Stiftung. Zugriff am 30.06.2023 unter: www.tui-stiftung.de/unsere-projekte/junges-europa-die-jugendstudie-der-tui-stiftung/jugendstudie-2023/
163 Repöhler, R. (2023). »Psychische Erkrankungen: Jugendliche müssen häufiger in stationäre Behandlung. Mehr Mädchen mit Ängsten«, in: Westfälische Nachrichten, Ausgabe vom 02.06.2023; Grundlage ist eine Studie der DAK, Zugriff am 03.06.2023 unter: www.dak.de/dak/bundesthemen/immer-mehr-maedchen-mit-aengsten-im-krankenhaus-2622580.html#/

164 Andreas Storm, ebd.

9 Ohnmachtserleben und Resignation: »keine Macht haben«, »sich nicht gesehen/gehört fühlen von den älteren Generationen«

165 https://de.statista.com/statistik/daten/studie/1365/umfrage/bevoelkerung-deutschlands-nach-altersgruppen/ Zugriff am 20.06.2023
166 Deutscher Bundestag, 2022
167 vgl. Christoph Driessen: »Die Letzte Generation und der Staat: Droht jetzt eine Eskalation. Appelle an beide Seiten.« In: Westfälische Nachrichten, Ausgabe vom 18.06.2023
168 ebd.
169 Peter, F. (2022). Ökokrisen und Resilienz. Von der individuellen zur Systemperspektive. In: Verhaltenstherapie und psychosoziale Praxis, 54 (2), S. 248
170 Willemsen, R. (2016). Wer wir waren. Zukunftsrede. Frankfurt, S. Fischer-Verlag, S. 51

10 Was hilft? Was tun? Hoffnung gebende Ideen und gesellschaftliche Visionen

171 Dies ist eine Schätzung aus verschiedenen Umfragen und den jährlich veröffentlichten Daten der großen Krankenkassen; vgl. auch die bereits benannten diesbezüglichen Studien
172 Stephan Rixen, Mitglied des Deutschen Ethikrates. In: Bühring, P. (2022). Coronapandemie. Solidarität und Gerechtigkeit für junge Menschen. Deutsches Ärzteblatt (Ausgabe PP), Heft 12/2022, S. 556
173 vgl. Rainer Schlegel, Präsident des Bundessozialgerichts, im Interview mit Wolfgang Janisch und Roland Preuß. In: Süddeutsche Zeitung, Ausgabe vom 5./6.8.2023

174 Reddemann, L. (2023). Existenzielle Themen in der Psychotherapie mit traumatisierten Menschen. Vortrag auf dem 32. Kongress der Deutschen Gesellschaft für Verhaltenstherapie in Berlin am 16.03.2023
175 Maja Göpel (2021, S. 72 f.) formuliert: »Die Mehrheit in den Wirtschaftswissenschaften denkt den Menschen immer noch als eine egoistische Kreatur, der es nur um den eigenen Vorteil geht ... Dieses Menschenbild ist falsch und muss dringend einem Update unterzogen werden. Ein System, das Egoismus belohnt, erzieht zum Egoismus. Wir brauchen eine Neubetrachtung der Werte, die Menschen in ihrer kooperativen Lebendigkeit stützen.«
176 Bregman, R. (2020). Im Grunde gut. Eine neue Geschichte der Menschheit. Berlin: Rowohlt.
177 Dieses Phänomen wird als Easterlin-Paradox bezeichnet, vgl. u.a. Göpel (2021), S. 119
178 So fragt z.B. auch Niko Paech, Professor für Volkswirtschaft an der Universität Siegen, beim Online-Lunchtalk der Deutschen Psychotherapeutenvereinigung am 08.11.2023 zum Thema »Grenzen des Wachstums – eine Zerreißprobe für die Menschheit?«: »Was darf sich ein einzelnes Individuum an materiellen Freiheiten erlauben, ohne über seine ökologischen und sozialen Verhältnisse zu leben?«, abrufbar unter: www.dptv.de/lunchtalk
179 Reese, G. (2023). Nur noch kurz die Welt retten? Die Rolle der Psychologie beim Umgang mit sozial-ökologischen Krisen. Vortrag auf dem 32. Kongress der Deutschen Gesellschaft für Verhaltenstherapie in Berlin am 15.03.2023
180 vgl. Frauke Berger »Warum Milliardäre und Klimarettung nicht vereinbar sind«, In: Perspective Daily, Ausgabe vom 18.03.2023
181 vgl. Göpel (2021), S. 159
182 www.oxfam.de/system/files/documents/oxfam_factsheet_davos-2023_umsteuern.pdf (Bericht vom 16.01.2023); laut einer ZDF-Dokumentation besitzen nach neuen Daten Deutschlands Milliardäre sogar noch mindestens 500 Milliarden Euro mehr als bisher angenommen. vgl. www.zdf.de/nachrichten/wirtschaft/superreiche-vermoegen-deutschland-100.html, Zugriff am 15.12.2023
183 vgl. Göpel (2021), S. 167
184 vgl. ebd., S. 22
185 Max Uthoff, Interview, in: Chrismon, 5/2023
186 Studie des Umweltbundesamtes »Umweltbewusstsein in Deutschland 2022«. Zugriff am 04.08.2023 unter: www.umweltbundesamt.de/publikationen/umweltbewusstsein-in-deutschland-2022
187 z.B. Rosa, H. (2019). Resonanz. Eine Soziologie der Weltbeziehung. Berlin: Suhrkamp Taschenbuch; Paech, N. (2012). Befreiung vom Überfluß: Auf dem Weg in eine Postwachstumsökonomie. München: OekomVerlag
188 vgl. dazu z.B. die verschiedenen Positionen in dem Herausgeberband von Alex Demirovic (2018) zum Thema »Wirtschaftsdemokratie neu denken«, abrufbar unter: www.rosalux.de/fileadmin/rls_uploads/pdfs/sonst_publikationen/Wirtschaftsdemokratie_Demirovic.pdf

189 »Vergesellschaftung« bedeutet dabei nicht »Verstaatlichung«, sondern die Überführung in Gemeineigentum und demokratische sowie gemeinwohlorientierte Bewirtschaftung.
190 Communia & BUND Jugend (Hrsg.) (2023). Öffentlicher Luxus. Berlin: Karl Dietz Verlag
191 Siehe unter »Tipps zum Weiterlesen«
192 Dohm & Schulze (2022)
193 vgl. Fritsche, I., Barth, M. & Reese, G. (2021). Klimaschutz als kollektives Handeln. Die psychologische Forschung zur Rolle sozialer Identität. In: Dohm & van Bronswijk (2021), S. 229–250.
194 Auch Geldanlagen in nachhaltigen Projekten bieten langfristig eine gute Möglichkeit, positive Veränderungen zu bewirken.
195 Auch wenn manche der aktuellen Äußerungen Greta Thunbergs zum Teil umstritten sind, sind ihre Leistungen diesbezüglich doch besonders hervorzuheben.
196 Claudia Kemfert in: Dohm & Schulze (2022), S. 173/174
197 vgl. Gregor Hagedorn, in: ebd, S. 181
198 Greta Thunberg, TEDxStockholm, Dezember 2018

11 Persönliche Schlussbemerkung: Wehrt Euch!

199 Dabei habe ich mich Im Kontext dieses Buches insbesondere mit den Lebensbedingungen und Lebensperspektiven von Studierenden und angehenden jungen Akademiker*innen befasst, denen ich in meinem Praxisumfeld am häufigsten begegne. Insgesamt sollten diese Zusammenhänge natürlich auch für andere Angehörige dieser Altersgruppe und vor allem auch für die noch jüngeren, nachfolgenden Generationen untersucht werden, bei denen Kinder- und Jugendärzt*innen und -psychotherapeut*innen in jüngster Zeit ebenfalls bereits vor alarmierenden Entwicklungen warnen.
200 vgl. diesbezüglich auch die Forderungen von Hartmut Rosa in seinen Büchern »Resonanz« und »Beschleunigung und Entfremdung«
201 vgl. auch Keupp (2016)
202 vgl. Hessel, St. (2011). Empört Euch. Berlin: Ullstein